JN275356

くらしを楽しむ | 庭木の本

A Book
of
Garden Trees
to Enjoy
Your Life

協力：一般社団法人 日本植木協会

講談社

くらしを楽しむ
庭木の本

A Book of Garden Trees to Enjoy Your Life

目次

テーマで楽しむ花図鑑

Contents

本書の使い方 6
植物の部位の名称と形態 8

Chapter 1 早春の花木

アカシア・アセビ 12
コブシ 11
ウメ（花ウメ） 14
キブシ・ジンチョウゲ 16
サンシュユ 17
サクラ 18
ジューンベリー 20
トサミズキ・ミツマタ 21
ボケ 22
マンサク 23
モモ（花モモ） 24
ユキヤナギ 25
レンギョウ 26
ウンナンオウバイ・オウバイ・
フォサーギラ・ヒュウガミズキ・ロドレイア 27

Chapter 2 春の花木

ウツギ 28
エニシダ 29
オオデマリ 30
オガタマノキ・カルミア 31
コデマリ・スズランノキ 32
シャクナゲ 33
常緑性ガマズミ 34
トキワマンサク 35
ツツジ 36
ツバキ 40
トチノキ 42
バイカウツ 43

*本書は2008年に刊行した『ガーデン植物大図鑑』の'ガーデン樹木図鑑'の一部を割愛し、判型をコンパクトにしたものです。

ハナズオウ	44
ハナカイドウ・ハンカチノキ	45
バラ（木立バラ）	46
バラ（半つるバラ）（つるバラ）	49
ハナミズキ	52
ブラシノキ・モクレンモドキ	53
モクレン	54
ヤマボウシ	56
ボタン	58
ヤマブキ・ライラック	59
アメリカヒトツバタゴ・ウグイスカグラ・オオチョウジガマズミ・キングサリ'ボッシー'・コルクウイッチア・シロヤマブキ	60
セイヨウサンザシ・テマリカンボク・ニワザクラ・ハクウンボク・ムシカリ・リキュウバイ	61

Chapter 3 夏の花木

アジサイの仲間	62
アベリア	66
アブチロン・アメリカデイコ	67
イリシウム（シキミ）	68
エンゼルストランペット・オオベニウツギ	69
キョウチクトウ	70
クチナシ・クロバナロウバイ	71
サルスベリ	72
シモツケ	74
シコンノボタン・セイヨウニンジンボク	75
スモークツリー	76
タイサンボク	77
ナツツバキ	78
ヒペリカム	80
ネムノキ・フヨウ	81
ブッドレア	82
ムクゲ	83
ラベンダー・ランタナ	84

キソケイ・ギンバイカ・ザクロ・ホザキシモツケ・ホザキナナカマド	85

Chapter 4 秋・冬の花木

キンモクセイ	86
ジャノメエリカ・ハナセンナ	87
サザンカ	88
ハギ	90
ヒイラギナンテン・ロウバイ	91

Chapter 5 常緑樹

アオキ	92
イヌツゲ	93
オリーブ	94
カナメモチ・クスノキ	95
グミ'ギルトエッジ'・ゲッケイジュ	96
サカキ・シイ（スダジイ）	97
シマトネリコ	98
シャリンバイ・セイヨウイワナンテン	99
セイヨウヒイラギ	100
ソヨゴ・ナギイカダ	101
ツゲの仲間	102
ナンテン	103
ニオイシュロラン・ヒイラギ	104
ヒサカキ・マサキ	105
モチノキ・ヤツデ	106
モッコク	107
ヤマモモ	108
ユズリハ・ユッカ	109
リガストラム	110
ウバメガシ・カクレミノ・クロガネモチ・サルココッカ・サンゴジュ・シャシャンボ	111

シラカシ・セイヨウバクチノキ'オットーロイケン'・
ソテツ・タラヨウ・トベラ　112
ハイノキ・ハクチョウゲ・ヒイラギモクセイ・
マテバシイ・ヤブコウジ・ローズマリー　113

Chapter 6　落葉樹

エゴノキ　114
エンジュ　115
イチョウ・カシワ　116
カツラ・コバノズイナ　117
カエデの仲間　118
クロモジの仲間　122
コナラ　123
サンゴミズキ・シデ　124
シラカバ・トネリコ　125
ドウダンツツジ　126
ナツハゼ・ナンキンハゼ　127
ニシキギ・ニセアカシア　128
ブナ　129
マルバノキ・リョウブ　130
メギ　131
ヤナギ　132
アオダモ・アオハダ・アズキナシ・
アメリカテマリシモツケ　133
ウルムス'ダンピエリ・オーレア'・カイノキ・
ギョリュウ・シダレグワ・
ニッサ シルバチカ　134
チャンチン'フラミンゴ'・ネジキ・
ハゼノキ・ベニバスモモ・
ミズキ'バリエガータ'　135

コラム
花にも劣らぬ華やかさ。
秋の紅葉を楽しもう　136

Chapter 7　実もの

ウメモドキ　138
イチゴノキ・コトネアスター　139
ガマズミ　140
コムラサキ　141
センリョウ・ツリバナ　142
ナナカマド・ニワウメ　143
ピラカンサ　144
ヒメリンゴ・マンリョウ　145
イイギリ・オトコヨウゾメ・カマツカ・
カラタチバナ・ケンポナシ・ナツメ　146
ハナイカダ・マユミ・ミヤマシキミ・
ユスラウメ　147

Chapter 8　コニファー

イチイ・キャラボク'キンキャラ'　148
ヨーロッパイチイ'ファステギアータ'・
アリゾナイトスギ'サルフレア'・'ブルー・アイス'・
イタリアンサイプレス'スウェンズ・ゴールド'　149
モントレーイトスギ'オーレア'・'ゴールドクレスト'
・コノテガシワ'エレガンティシマ'・
'オーレア・ナナ'　150
コノテガシワ'フィリフォルミス'・'ローズダリス'・
サワラ'ゴールデン・モップ'・
'フィリフェラ・オーレア'　151
サワラ'ボールバード'・
カナダトウヒ'コニカ'・'サンダース・ブルー'・
コーカサストウヒ'オーレア'　152
コロラドトウヒ'グラウカ・グロボーサ'・'ポプシー'・
ヨーロッパトウヒ・
ヨーロッパトウヒ'アクロコナ'　153
ヨーロッパトウヒ'ペンデュラ'・
ニオイヒバ'グリーン・コーン'　154

ニオイヒバ'グロボーサ'・'スマラグ'・
'ヨーロッパ・ゴールド'・'ラインゴールド' …… 155
ヒノキ'カマクラヒバ'・'クリプシー'・
'ナナ・グラシリス'・'ナナ・ルテア' …… 156
ヒマラヤシーダー・アトラスシーダー'グラウカ'・
'グラウカ・ペンデュラ'・
アメリカハイビャクシン'ウイルトニー' …… 157
アメリカハイビャクシン'マザー・ローデ'・
エンピツビャクシン'グレイ・オウル'・
'バーキィー'・
コロラドビャクシン'スカイロケット' …… 158
コロラドビャクシン'ブルー・ヘブン'・
ニイタカビャクシン'ブルー・カーペット'・
'ブルー・スター'・
ハイネズ'ブルー・パシフィック' …… 159
ハイビャクシン・
フィツェリアナビャクシン'セイブルック・ゴールド'・
コロラドモミ'カンディカンス'・
ノーブルモミ'グラウカ' …… 160
レイランドヒノキ・
レイランドヒノキ'ゴールド・ライダー'
・ローソンヒノキ'エルウッディ'・
'コルムナリス・グラウカ' …… 161
マツ …… 162
コラム
伝統の庭園樹、マツ類を見直そう …… 162

Chapter 9 家庭果樹

カンキツ類 …… 164
カキ …… 167
イチジク・キウイフルーツ …… 168
ビワ・フェイジョア …… 169
フサスグリ・ラズベリー …… 170
ブドウ …… 171
ブルーベリー …… 172
アンズ・ウメ(実ウメ)・カリン・グミ(ナツグミ)・
ザクロ(実ザクロ)・ブラックベリー …… 173

Chapter 10 つる植物

アケビ・イタビカズラ …… 174
カロライナジャスミン・ツタ …… 175
クレマチス …… 176
ツキヌキニンドウ …… 180
ツルマサキ・ナツユキカズラ …… 181
テイカカズラ …… 182
トケイソウ …… 183
ハゴロモジャスミン・ムベ …… 184
ノウゼンカズラ …… 185
フジ …… 186
ヘデラ …… 188
イワガラミ・ツルウメモドキ・ツルハナナス・
ハーデンベルギア・ビグノニア・
ビナンカズラ …… 189

Chapter 11 タケ&ササ類

クマザサの仲間 …… 190
モウソウチク …… 192
マダケ・ダイミョウチク …… 194
カンチク・クロチク・シホウチク・
ナリヒラダケ・ホウオウチク・
ラッキョウチク …… 195

剪定の目的と効果 …… 196
美しい木姿にするために知っておきたい
「枝の切り方」 …… 196
花芽のつき方(開花習性)6つのタイプ …… 200
植物名音順索引 …… 202
執筆者紹介・協力一覧 …… 207

本書の使い方

　本書は、庭木の手入れをしたい方、新しい樹種に興味がある方のために、おすすめの庭木を紹介し、手入れの仕方を初心者にもわかりやすく解説しました。

　昔から庭木として用いられてきた定番から、最近出回るようになった新樹種・新品種を収録してあります。各項目には、植物の紹介や用途、植えつけ方、整枝・剪定、ふやし方などを写真とイラストでわかりやすく解説しました。

　植物の基礎知識としてP8に《植物の部位の名称と形態》、作業の基礎知識としてP196に《剪定の目的と効果》、P198に《美しい木姿にするために知っておきたい「枝の切り方」》、P200に《花芽のつき方（開花習性）6つのタイプ》を設けましたので、参考にしてください。

図鑑の見方：
　庭木を、植物写真、作例写真、植物データと解説で説明しています。
　項目名は、取り上げる植物の栽培事情などにより、属名や品種名など適宜異なります。「類」と記した場合は、その植物の仲間を総称して説明しています。
＊本書のデータは関東から関西の平野部を基準としています。

図鑑の分類：
　各樹木の分類と配列は以下の通り。花木は開花順に「早春の花木」21項目、「春の花木」39項目、「夏の花木」29項目、「秋・冬の花木」7項目、続いて「常緑樹」45項目、「落葉樹」37項目、「実もの」22項目、「コニファー」53項目、「家庭果樹」16項目、「つる植物」21項目、「タケ＆ササ類」10項目の300項目を収録してあります。

〈植物データ〉

解　説：
「おすすめ品種」「植えつけ」「整枝・剪定」「四季の管理」「苗のふやし方」「病害虫」など、その植物で知っておきたい情報を過不足なく解説した

欄外コラム：
その植物に関するエピソードや文化史、役立ち情報を適宜記した

コンパクトに維持するポイント：
植えたままで放っておくと、樹種によってはどんどん大きくなってしまいます。限られたスペースの中で楽しむために欠かせない情報

写真でていねいに解説：
剪定や栽培などに関する情報をプロセス写真などで詳述した

〈植物データ〉の見方

学名：
世界共通の植物の名称。

漢字表記と別名：
漢字での表記がある場合は漢字表記を、有力な別名がある場合は別名を記した

原産地：
その植物、園芸種の場合は親となった植物が、自生している代表的な地域

花色：
花色を●赤●桃●紫●橙●黄●緑○白●黒●茶●青の10系統に分類した。絞りや複色などは印象の強い色に含めた

用途：
庭の中心となる主木、風景をつくる景観樹、庭の各所でアクセントとなる添景樹、前庭、壁面、棚仕立て、アーチ、フェンス、トレリス、パーゴラ、グラウンドカバー、盆栽、採果用など、その植物の主な用途を記した

植物名：
一般に流通している名称

ヤマボウシ

Cornus kousa ［異］*Benthamidia japonica*

山法師　〈別名：ヤマグルマ〉

分　類：ミズキ科ミズキ属の落葉樹
原産地：本州、四国、九州、朝鮮半島、中国
開花期：5〜6月
花芽のつき方：タイプ❷
花　色：●●
用　途：添景樹、前庭

シンボルツリー：
見た人にその家を印象づけるシンボルツリーに適した植物にアイコンを印した

分　類：
科名、俗名など植物学上の分類と園芸分類。

開花期／観賞期：
花はもっとも見頃の時期、実ものは観賞適期

花芽のつき方：
花芽ができるパターンを6つに分類した（詳細はP200〜201参照）

各種アイコン：
❀＝花に観賞価値がある
🌿＝葉に観賞価値がある
🍒＝観賞価値のある実がなる
🍎＝食用に適する実がなる
🍁🌼＝紅葉、黄葉に観賞価値がある
🌸＝香りがよい
🪴＝鉢栽培に適する

日　照：
その植物が好む、または育てることができる日照条件
☀日なた＝1日に4時間以上直射日光が当たる場所
⛅半日陰＝4時間未満〜2時間以上の直射日光が当たるか、木漏れ日など1日を通して明るい場所
☁日陰＝直射日光がある程度当たるが2時間未満。もしくは間接光で明るい場所

耐寒性：
露地で越冬できる目安
マークなし＝沖縄など以外では越冬できない
❄＝無霜地帯では越冬可能
❄❄＝根が凍らなければ越冬可能
❄❄❄＝−10℃程度にも耐える

土壌湿度：
その植物が好む土壌の状態
○＝極めて乾燥した土壌を好む
◐＝適湿な土壌を好む
●＝常に湿潤な状態を好む

樹形・樹高：
樹木の一般的な自然樹形で生長する高さや観賞に値する高さ

栽培カレンダー：
植物の生育サイクルと主な管理の目安を表にした。生育サイクルは、「芽吹き」「開花」「花芽分化」「紅葉」「果実」など、主な管理は「施肥」「植えつけ」「剪定」などの適期を記した

植栽可能域：
露地植えできるおおよその範囲を記した。ただし、あくまで目安で、標高や日照条件、品種などで異なる

管理の要点：
栽培上、特に注意を要する点などをイラストで詳細に解説した

◇特記事項

● 植物名の日本語表記について：
植物名はカタカナ表記とし、学名、外国語由来の種名、品種名などは日本での慣用的な読み方とした。属名と種名は語の切れ目に・を入れた。また園芸品種名は''でくくった

● 学名について：
イタリック体で表記し、園芸品種名は''でくくり立体にした
なお、基本的に次の略号を使用している
cv.：園芸品種の略記号で、不明の園芸品種を記す。複数形はcvs./f.：品種の略記号/sp.：不明の種を示す。複数形はspp./ssp.：亜種の略記号/var.：変種の略記号/x：交雑種を意味する記号

● 誌面の都合により、植物項目によっては「植物データ」を省略している

植物の部位の名称と形態

植物の部分の名称や形を覚えると、園芸書の理解や植物の種類を見分けるときに役立ちます。

木と草の違い

木は、専門的には木本といい、地上部が多年にわたって肥大生長し、木化する植物です。さらに、樹高（高木、低木）や冬に落葉するかしないか（常緑、半常緑、落葉）、葉の形態（広葉樹、針葉樹）などで分類されます。

草は、専門的には草本といい、地上部の生存期間は短く、茎は木化せず、肥大生長しない植物です。多年にわたって生長する草本を多年草、1年で命のサイクルを終える植物を一年草といいます。なお、多年草のうち、一定期間地上部を枯らし地下部だけで休眠するものを宿根草、肥大した地下部だけで休眠するものを球根といいます。

木と草には、実際には区別しにくい植物が多数存在します。タケ・ササは、木本と草本の両方の性質をあわせ持っている植物です。

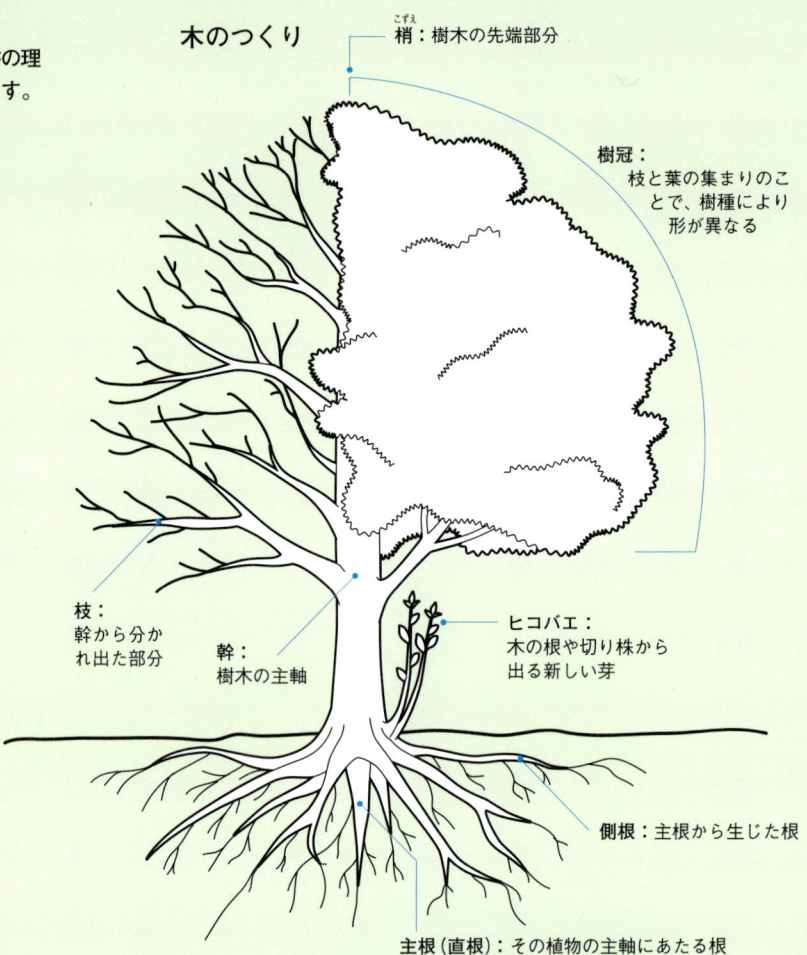

木のつくり

- 梢：樹木の先端部分
- 樹冠：枝と葉の集まりのことで、樹種により形が異なる
- 枝：幹から分かれ出た部分
- 幹：樹木の主軸
- ヒコバエ：木の根や切り株から出る新しい芽
- 側根：主根から生じた根
- 主根（直根）：その植物の主軸にあたる根

樹高

特に定義はないが、一般的に、5m以上生長するものを高木、それ未満を低木としている。ほかに、15m以上に達するものを大高木、6〜15mを中高木、3〜6mを小高木、1〜3mを低木、1m未満を小低木とする分け方などもある。

高木
低木

- つる性植物：自立できずよじのぼっていく植物で、木本と草本に分かれる
- 針葉樹：針状の細い葉を持ち、耐寒性に優れる
- 落葉樹：1年のうちのある期間、葉をすべて落とすもの
- 常緑樹：1年を通じて葉をつけているもの

花のつくり

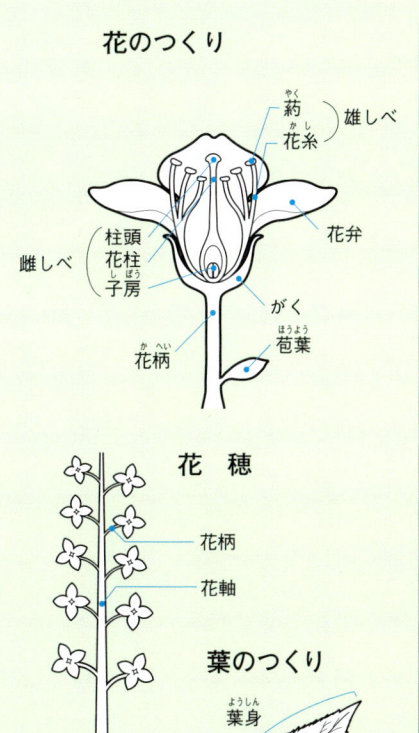

- 雄しべ（葯・花糸）
- 雌しべ（柱頭・花柱・子房）
- 花弁
- がく
- 花柄
- 苞葉

花穂

- 花柄
- 花軸

葉のつくり

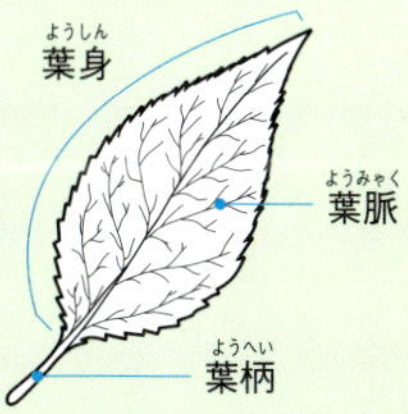

- 葉身
- 葉脈
- 葉柄

花の形

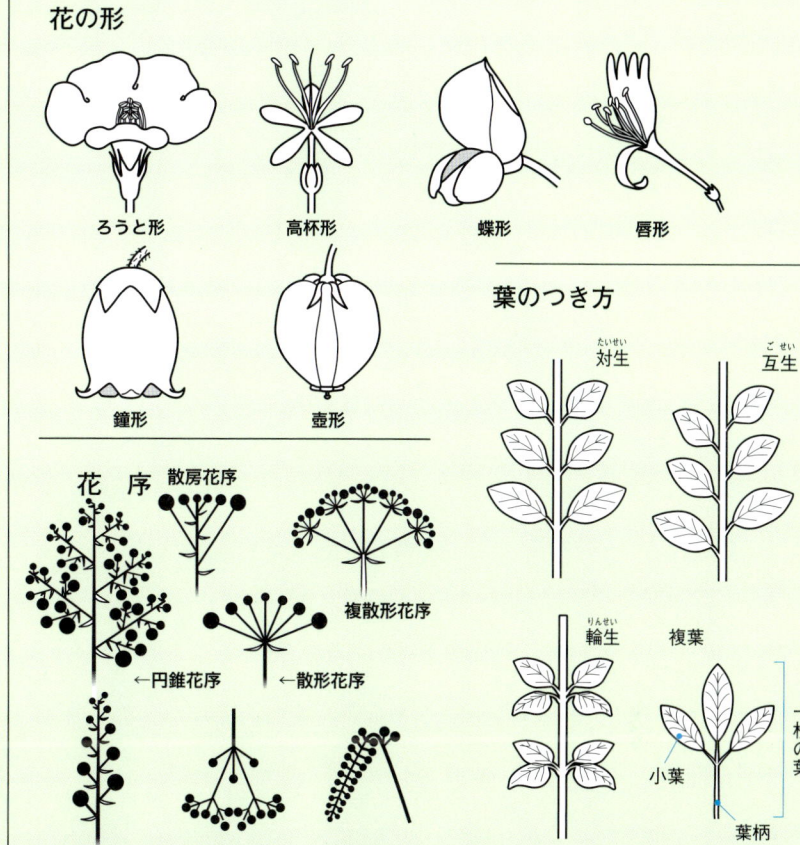

- ろうと形
- 高杯形
- 蝶形
- 唇形
- 鐘形
- 壺形

花序

- 円錐花序
- 散房花序
- 散形花序
- 複散形花序
- 総状花序
- 集散花序
- 尾状花序

葉のつき方

- 対生
- 互生
- 輪生
- 複葉（小葉・一枚の葉・葉柄）

葉の形

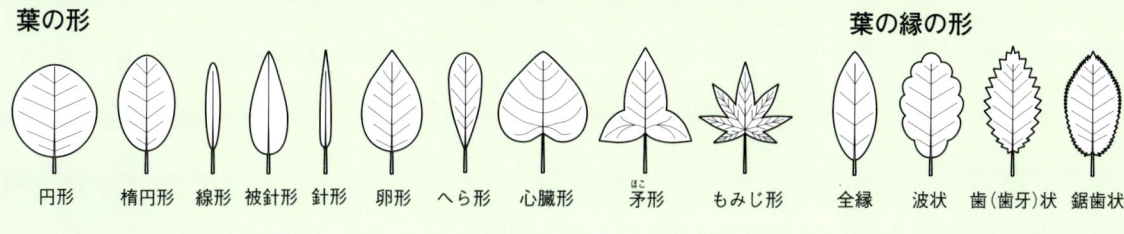

- 円形
- 楕円形
- 線形
- 被針形
- 針形
- 卵形
- へら形
- 心臓形
- 矛形
- もみじ形

葉の縁の形

- 全縁
- 波状
- 歯（歯牙）状
- 鋸歯状
- 欠刻状

枝の名称

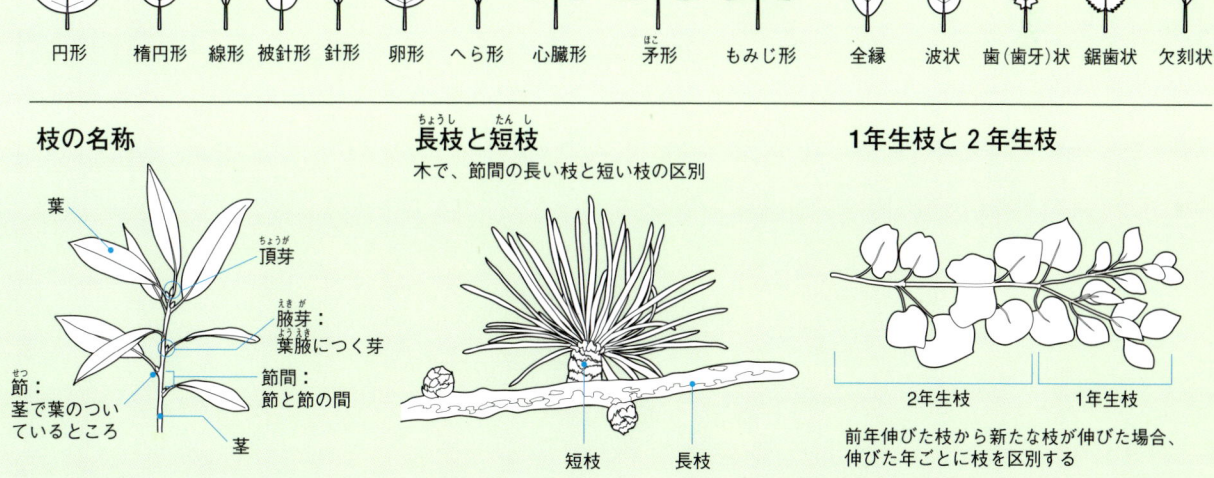

- 葉
- 頂芽
- 腋芽：葉腋につく芽
- 節間：節と節の間
- 節：茎で葉のついているところ
- 茎

長枝と短枝

木で、節間の長い枝と短い枝の区別

- 短枝
- 長枝

1年生枝と2年生枝

- 2年生枝
- 1年生枝

前年伸びた枝から新たな枝が伸びた場合、伸びた年ごとに枝を区別する

Garden Trees to enjoy your life

庭は身近で自然と触れ合うことのできる、
現代人にとって心の癒やされる憩いの場です。
日本の庭では、四季折々さまざまな樹木が活躍します。
樹木の性質や扱い方を知り、適材適所と無理のない管理で、
優美な樹形と葉、花や実を楽しみましょう。

シンボルツリーのハナミズキ（白）と
誘引した黄モッコウバラが咲く家。

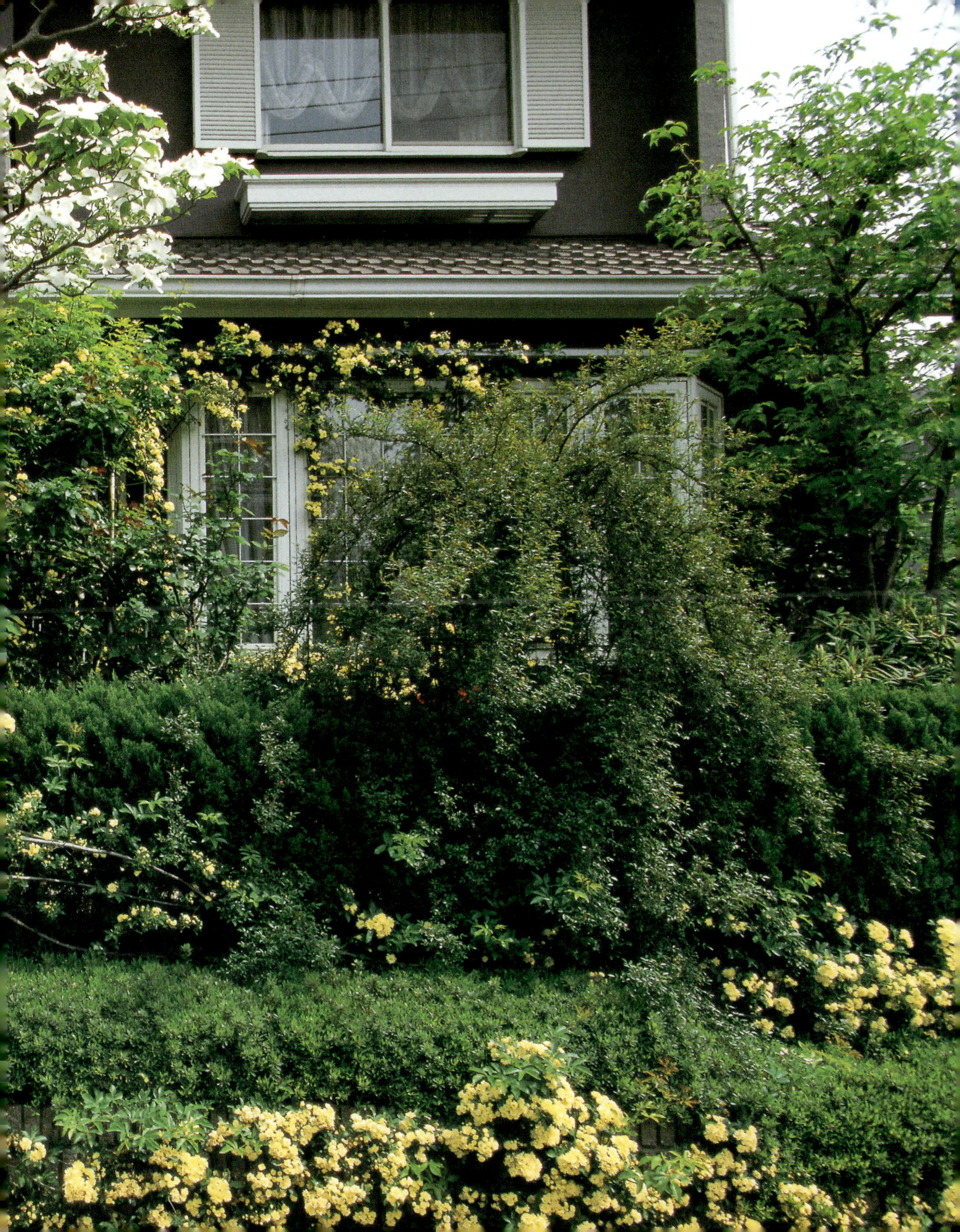

早春の花木

アカシア
Acacia

分　類：マメ科アカシア属の常緑小中木
原産地：南半球の亜熱帯〜熱帯。オーストラリアに多い
開花期：2〜3月　　花　芽：タイプ 1
花　色：●　　　　用　途：景観樹
樹　高：3〜5m
植栽可能域：東京近辺以西

ギンヨウアカシア

ギンヨウアカシア'プルプレア'

フサアカシア

ガーデニングブームで人気の出たおしゃれな花木

昨今の温暖化で植栽範囲がいちだんと広がりました。折からのガーデニングブームで、いっそう人気の出た花木です。

おすすめの種類　ギンヨウアカシア…最も多く植えられているアカシアで、葉が銀灰色なのでこの名があります。別名ミモザアカシア。ギンヨウアカシア'プルプレア'…新梢が紫紅色で美しい。フサアカシア…濃緑色の枝葉が特徴。

植えつけ　日当たり、水はけのよいところがよく、適期は4〜5月上旬。大きめな穴を掘って植えつけ、支柱を取りつけます。

整枝・剪定　生育が早く、放任すると大きな樹冠となります。強風による枝折れを防ぐためにも、花の終わった直後に枝の切りつめや枝抜きを行うとよいでしょう。

四季の管理　強風で枝や幹が折れたり割れたりしがちです。樹冠は小さく保ち、支柱もきちんと取りつけておきたいものです。

苗のふやし方　実生法によります。

病害虫　特に見られません。

▶ コンパクトに維持するポイント

花の終わった直後に強く切りつめますが、切り口に保護剤を塗っておきます。

アセビ
Pieris japonica

馬酔木〈別名：アセボ、アセミ、アシビ〉

分　類：ツツジ科アセビ属の常緑性低木〜大低木
原産地：本州、四国、九州
開花期：3〜4月　　花　芽：タイプ 1
花　色：●●○
用　途：景観樹、寄せ植え　樹　高：1〜3m
植栽可能域：本州、四国、九州

アセビ

アカバナアセビ

'スプリング・ベル'

日陰にも強く、生長は緩やか。手がかからず育てやすい名脇役

枝先に花穂を下垂させて壺形の小花を多数咲かせます。生長が緩やかなので手間がかからず、日陰に耐える点も魅力です。和風の庭では昔から重宝されてきましたが、明るい洋風の庭にも、よくマッチします。

おすすめの種類　斑入りアセビ…白覆輪葉。生長が遅い。アカバナアセビ…淡紅色の花。'クリスマス・チア'…赤花で多花性。'五色アセビ'…新梢が赤色から黄紅色となる美しい品種。

植えつけ　1〜2月と盛夏時を除けば、いつでも扱えます。火山灰質の軽い土に腐葉土を多く混ぜ、水はけよく高めに植えます。

整枝・剪定　樹冠内部の細かい枝を切り取る程度でよく、12〜2月頃に行います。

四季の管理　2月に油粕と粒状化成肥料を半々に混ぜたものを施す程度です。

苗のふやし方　7月に挿し木でふやします。

病害虫　風通しが悪いと根元にテッポウムシやボクトウガの幼虫が食入したり、葉にグンバイムシが発生することがあります。

▶ コンパクトに維持するポイント

樹冠から飛び出したとび枝や、根元から出るヒコバエを切り取る程度でよいでしょう。

コブシ

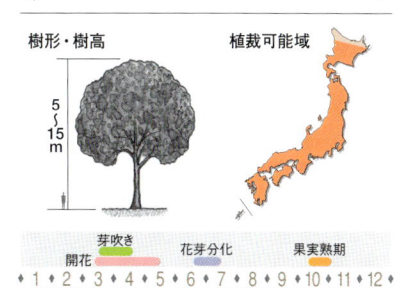

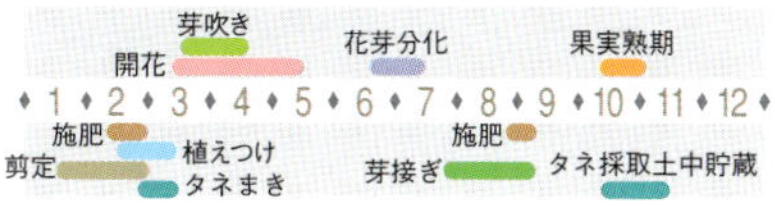

Magnolia praecocissima

辛夷、木欄

〈別名：ヤマアララギ、コブシハジカミ〉

分　類：モクレン科モクレン属の落葉性高木
原産地：日本全土、韓国・済州島
開花期：3～5月（寒冷地）
花　芽：タイプ❷
花　色：○ ●
用　途：景観樹

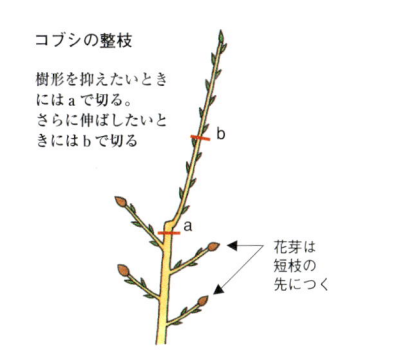

満開のコブシ。人里近くの野山に咲いて、古くから春の到来を告げた

花後に結んだコブシの実 　　基本種は6弁花 　　'ワダス・メモリー'

シデコブシ 　　シデコブシ'ツー・ストーン' 　　シデコブシ'バレリーナ'

里山の春を代表する花木。
葉が出るより先に、一面に咲く
純白の花は見事

　春の到来を告げる花のひとつ。身近な山地に多く見られますが、木がかなり大きくなるところから、近年の都会地の小住宅には合いませんが、少し広い庭であれば、シンボルツリーとして絶好です。小庭には、後述するシデコブシが適します。

おすすめの種類　シデコブシ…別名ヒメコブシと呼び、愛知県を中心としたごく限られた地域に自生する大低木で、紅花のベニコブシをはじめ多くの園芸品種があります。タムシバ…寒冷な山地に自生する小高木で花や枝葉の芳香のよいのが特徴。'ワダス・メモリー'…コブシとタムシバの交雑種で樹形が整い、毎年花をよく咲かせるのが特徴。

植えつけ　2月中旬から3月上旬までが適期。芽が動き始めてからだと活着しにくいので注意してください。最近の苗はほとんどが鉢仕立てですが、モクレンの仲間は根が粗く、また切られるのを嫌うので、根鉢の土を落とさないでそっくり植えることがコツです。植え穴は大きめに掘り、堆肥を多めに入れて高めに植えつけます。

整枝・剪定　適期は1～2月です。この時期には蕾がはっきり分かるので、蕾のない長い枝や込みすぎている部分の枝抜きをします。

四季の管理　チッ素肥料は枝をよく伸ばす反面、花つきが悪くなるので、リン酸分を多めに施したいものです。

苗のふやし方　コブシ、タムシバは実生により、ほかの園芸種は3月の切り接ぎ、7月下旬～9月上旬の芽接ぎでふやします。

病害虫　ときおりテッポウムシの発生が見られるので早めに駆除します。

▶ **コンパクトに維持するポイント**

コブシやタムシバは鉢仕立てしか手はありません。シデコブシは適切な枝抜きを行えば、かなりコンパクトな樹形を維持できます。

コブシとハクモクレンとを見分けるには、まず花色。コブシは純白だがハクモクレンは淡い乳黄色を帯びるほか、コブシの花弁よりハクモクレンの花弁は広い。

ウメ（花ウメ）

Prunus mume

梅

分　類：バラ科サクラ属の落葉性高木
原産地：中国（詳細は不詳）
開花期：2～3月
花　芽：タイプ ❶
花　色：● ● ○
用　途：景観樹、盆栽

樹形・樹高
5～8m

植栽可能域

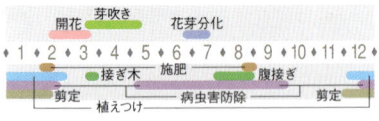

開花	芽吹き		花芽分化								
1	2	3	4	5	6	7	8	9	10	11	12

接ぎ木　施肥　腹接ぎ
剪定　植えつけ　病虫害防除　剪定

ウメの整枝

長い枝を5～6節残して切り取る

長い枝には蕾がつかないので、aまたはbで切る

夏の剪定（6月下旬）　　冬の剪定

早春の花木

冬枯れの庭に咲き薫る凜とした姿が魅力。品種も驚くほど多彩

　今さら説明するまでもなく香りのよい花を咲かせる花木です。春早くから寒風にさらされ花を咲かせる強靱さが古来、中国の文人たちの琴線に触れ、一年中緑を失わないマツ、タケとともに「歳寒三友」と称されました。渡来の経緯などはっきりしていない点は多くありますが、サクラとともに日本人の心の花として親しまれています。

おすすめの種類　古くから「野梅性」「紅梅性」「豊後性」「杏性」の4系統に分けられてきましたが、豊後性と杏性は似ている点が多いところから両種をまとめて3系統に分ける場合もあります。

野梅性…冬至梅、紅冬至、曙、見驚、八重寒紅、思いの儘、一重野梅など。**紅梅性**…大盃、鹿児島紅、内裏、紅筆など。**豊後性**…開運、越後獅子、黒田、白牡丹、未開紅、楊貴妃など。**杏性**…江南無所、八朔など。

植えつけ　12月～2月が植えつけの適期です。植え穴は大きめに掘り、堆肥を10～15ℓ入れて土とよく混ぜ、高めに植えつけます。将来、枝が十分張れるだけの空間を周囲に取っておきたいものです。地上部は仕立て方によっては切りつめておきます。

整枝・剪定　剪定は12月中旬～2月上旬に行います。蕾は短枝の葉腋によくつくので、長く伸びた枝は場所によってはつけ根から切り取るか、20～30cm残して切りつめ、短枝を多く出させるようにします。また、樹冠内部の細かい枝は切り取り、通風、採光を図ることも大切です。

四季の管理　2月上旬と8月下旬に油粕と骨粉を5対5、または6対4に混ぜたものを施します。

苗のふやし方　台木は実生で、園芸品種は接ぎ木でふやします。実生は6月に熟した果実を集め、土中に2週間ほど埋めて果肉を腐らせてからタネを水洗いし、砂と混ぜ

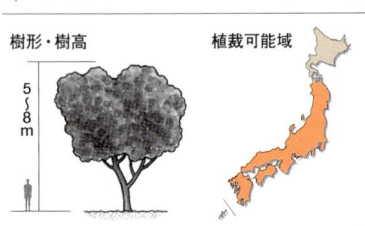

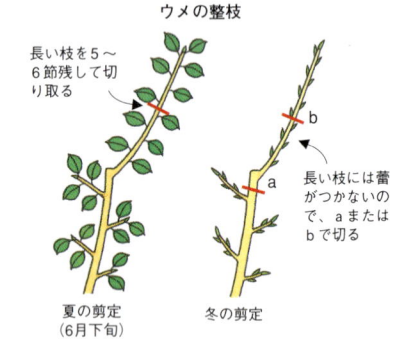

枝垂れウメの咲く庭（3月、鎌倉にて）

ウメの整枝は3～4年に1度、込み合った太枝をノコギリで間引くのがコツ。徒長枝の枝先を切るだけではよい姿にはなりません。

'花香実' 花も美しく、また果実も利用できる

'月の桂' 野梅系、青軸性。早咲き

'紅冬至' 野梅系。極早咲き

'見驚' 野梅系。遅咲き。八重大輪

'八重寒紅' 野梅系。極早咲き。八重中輪

'大盃' 緋梅系紅梅性。早咲き。大輪

'紅千鳥' 緋梅系、紅梅性。蝶弁を交える

'玉英' 野梅系。小輪

て土中に埋めておきます。これを翌年2月下旬に取り出してまきます。十分肥培すると2年で台木に使えます。切り接ぎは3月下旬に、腹接ぎは7月下旬〜8月に行います。

病害虫 カイガラムシ、アブラムシ、コスカシバの幼虫、オビカレハ、黒斑病など多く見られるので、適切に早めに駆除します。また冬期に石灰硫黄合剤を2〜3回散布しておくのも効果があります。

コンパクトに維持するポイント

ウメは強剪定が可能なので、ある程度抑えることができます。また鉢仕立てによって小さく仕立てられます。

'豊後梅' 豊後系。アンズとウメの交雑種。遅咲き

'白滝枝垂れ' 野梅系。遅咲き。八重中輪

早春の花木

キブシ

Stachyurus praecox

木五倍子〈別名：キフジ、マメブシ〉

分　類：キブシ科キブシ属の落葉低木～大低木
原産地：本州、四国、九州
開花期：3月　　花芽：タイプ❶
花　色：●●
用　途：景観樹、雑木の庭の植栽、鉢植え
樹　高：1～1.5m　植栽可能域：日本全土

花房が長いハチジョウキビシ　　キブシ

ハチジョウキビシ'アカバナ'

独特の長い花穂が枝一面に。半日陰でも育つ丈夫な花木

　身近な山地に見られるためか、あまり庭には植えられませんが、風情のある美しい花です。樹勢が強く狭い場所でも育てやすいので、もっと利用したい花木です。
おすすめの種類　ベニバナキブシ…淡紅色の美花。ハチジョウキブシ…枝葉、花がや や大きい。これにも赤花種があります。
植えつけ　2月中旬～3月上旬が適期です。植え穴はやや大きめに掘り、腐葉土を10ℓくらい穴に入れて土と混ぜ、高めに植えつけ、支柱を取りつけておきます。
整枝・剪定　元気のよい枝を放任すると株は年々大きくなるので、開花枝は3年くらいで切り取ります。徒長枝は発生次第切り取っていきます。
四季の管理　肥料過多は枝葉ばかり繁って しまい花つきが悪くなるので注意します。
苗のふやし方　実生もできますが挿し木が一般的です。挿し穂は2月上旬に採り、土中に埋めておき3月上旬～中旬に挿します。
病害虫　テッポウムシかコウモリガの発生が見られる程度なので早めに駆除します。

▶ **コンパクトに維持するポイント**
毎年冬の間に、強い枝を間引いて生長を抑えます。または、鉢植えで育てます。

ジンチョウゲ

Daphne odora

沈丁花

分　類：ジンチョウゲ科ジンチョウゲ属の常緑性低木
原産地：中国中部～南部、ヒマラヤ地方
開花期：3～4月　　花芽：タイプ❷
花　色：●○　用　途：植え込み、生け垣
樹　高：1～1.5m
植栽可能域：関東以西の温暖な地域

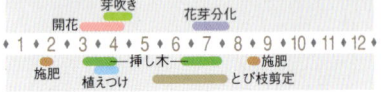

花の香りのよさは随一。ただし、株の寿命は短い

ジンチョウゲ

清楚なシロバナジンチョウゲ

代表的な芳香花。木の寿命が短いので挿し木をして更新を

　室町時代に渡来したといわれます。花の芳香がすばらしく、常緑性の葉は光沢のある革質で樹形もこんもり仕上がり、クチナシやロウバイとともによく植えられています。
おすすめの種類　フイリジンチョウゲ、シロバナジンチョウゲ、フイリシロバナジンチョウゲ、ミナリジンチョウゲなどがあります。
植えつけ　粘土質だと1～2年で枯死します。植え穴には堆肥を入れて土と混ぜ、高めに植えます。傷んでいる根は切り取りますが、健全な根は絶対に切らないことがコツです。
整枝・剪定　若木のうちは樹冠を乱すようなとび枝を出すので、このような枝はつけ根から切りますが、そうした枝以外、ほとんど整枝・剪定の必要はありません。
四季の管理　根が少なくて太く軟らかいた め、強風で根がちぎれて倒れることがあります。支柱を添えてよく固定しておきます。
苗のふやし方　前年枝を3月下旬に、または新梢を6月下旬～7月に挿します。
病害虫　過湿になると根腐れで簡単に枯死します。それ以外は特にありません。ただし、総じて短命な木です。

▶ **コンパクトに維持するポイント**
放任しても1m以内でよく樹形を整えます。

サンシュユ

Cornus officinalis

山茱萸

〈別名：ハルコガネバナ、アキサンゴ〉

分　類：ミズキ科ミズキ属の落葉性小〜中高木
原産地：朝鮮半島、中国
開花期：3月　果実熟期：10月下旬〜12月中旬
花　芽：タイプ 2
花　色：🟡
用　途：添景樹、盆栽

樹形・樹高
3〜7m

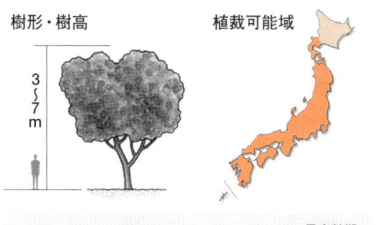

植栽可能域

1	2	3	4	5	6	7	8	9	10	11	12
開花			芽吹き						果実熟期		
施肥					寒冷地			施肥		タネ採り	
植えつけ											
剪定	タネまき	接ぎ木									

サンシュユの整枝

長い枝には花が咲かないので切りつめる。aまたはbで切る

短枝の先に蕾をつける

サンシュユは早春に咲く代表的な花木のひとつ。樹皮がはがれる様子も野趣に富んでいる

秋の紅葉と赤熟する果実も見どころ

サンシュユの花

春早くから枝を埋めて咲く黄金色の花は見事。果実はもともと薬用だった

　江戸時代中期に薬用として渡来した花木です。春に黄金色の小さな花を一ヵ所から20〜30個かたまって咲かせるところから「ハルコガネバナ」とも呼ばれ、また秋になると果柄の先に長い赤熟した1〜1.5cmの果実を枝一面につけるところから「アキサンゴ」とも呼ばれます。早春の花木のひとつとしてよく植えられ楽しまれています。

おすすめの種類　'金時'…毎年果実をよくつける品種。セイヨウサンシュユ'エレガンティシマ'…葉の縁に淡黄色の斑が美しく入ります。

植えつけ　落葉性なので2月、寒冷地では3月から4月上旬が適期。植え穴は大きめに掘り、腐葉土を多めに入れて高めに植え、支柱を取りつけて苗をしっかり固定します。

整枝・剪定　放任すると枝を四方に長く伸ばして大きな株になるので、小庭園では剪定が不可欠です。3年おきくらいに強剪定（2〜3月）を行うとよいでしょう。切った枝は花びんに挿しておけば長く楽しめます。

四季の管理　1〜2月に、堆肥に油粕か鶏糞を少し混ぜて根元周囲に埋め、8月下旬に油粕と粒状化成肥料を等量混ぜて根元にばらまきます。チッ素過多は、必要以上に枝を伸ばし、花つきが悪くなります。

苗のふやし方　実生でふやします。果実は秋に採り、果肉を取り除いて水洗い後、川砂と混ぜて土中に埋めておき、翌年2月下旬に取り出してまきます。園芸品種は3月に接ぎ木でふやします。

病害虫　カイガラムシ、アブラムシ、テッポウムシ、うどんこ病などが見られるので、発生を見たら早めに駆除します。

コンパクトに維持するポイント

高木となる性質なので、剪定だけでは限度があります。鉢植えをおすすめします。

サンシュユの乾燥果の生薬名は「山茱萸」。焼酎に漬けた山茱萸酒を毎日、杯に1〜2杯飲めば、疲労回復や冷え性などによいとされます。

サクラ

Prunus

桜

分　類	：バラ科サクラ属の落葉性大低木～高木
原産地	：東アジアを主とした北半球の温帯
開花期	：1～6月、10～12月
花　芽	：タイプ **2**
花　色	：●●●○
用　途	：景観樹、添景樹、盆栽

樹形・樹高
2～20m

植栽可能域

開花	芽吹き		花芽分化		開花	
1	2	3	4	5	6	7	8	9	10	11	12

施肥　　　植えつけ　　施肥
剪定　　　　　　　　　　　　芽接ぎ
カイガラムシ駆除　接ぎ木　挿し木　病虫害防除　カイガラムシ駆除

サクラの整枝

トップジンMペーストのような保護剤を塗っておく

太い枝を切ったときは、切り口に必ず保護剤を塗っておく

長く伸びた枝は、伸ばしたくないときはaで切り、少し大きくしたいときはbで切る

花芽

華やかな'ヤエベニシダレ'（別名、遠藤桜）

日本の春を代表する花木。種類が多いので、わが家の庭に適した種類を選ぶこと

　日本には多くの種があり、北海道北部から沖縄にかけて、その土地土地に適したサクラの自生が見られます。昔から春といえばサクラが思い浮かぶほど、私たちの生活の中にたっぷり入り込んだ花木の一つです。

おすすめの種類　地域ごとに多くの園芸種が見られるので、代表的なものをいくつかあげてみましょう。カンヒザクラ（寒緋桜）…台湾、中国南部に自生。沖縄にも野生化していて濃紅色の花を咲かせます。オオシマザクラ（大島桜）…房総から伊豆の潮風の当たる地域に自生する大型のサクラ。カワヅザクラ（河津桜）…サトザクラ系の園芸品種。シダレザクラ（枝垂れ桜）…エドヒガン系の品種で細い枝を長く垂らす。マメザクラ（豆桜）…小型のサクラで、富士山麓や箱根地方に多く見られるのでフジザクラとも呼びます。ジュウガツザクラ（十月桜）…エドヒガンとマメザクラの交雑種で八重咲き。フユザクラ（冬桜）…ヤマザクラとマメザクラの交雑種。オオヤマザクラ（大山桜）…北方系のヤマザクラ群。そのほか多くの園芸品種があります。

植えつけ　2月～3月上旬が適期ですが、鉢で仕立てた小苗であればもっと幅があります。植え穴はやや大きめに掘り、穴底に堆肥を入れて少し土を戻し、その上に苗を置いて高めに植え、しっかりした支柱を取りつけておくことも大切です。

整枝・剪定　昔から「桜切る馬鹿、梅切らぬ馬鹿」との諺があったように、サクラは切り口から腐敗菌が入り枝枯れしやすいため、剪定を嫌う代表的な木とされてきました。しかし、近年は切り口を保護するよい保護剤が開発されているので、太い枝でも不要な枝は切ることができます。剪定は1～2月が適期です。

四季の管理　サクラの根は浅く広く張るの

ソメイヨシノは枝が横に広がるので家庭には不向き。あまり枝が広がらないシダレザクラやヒガンザクラ、生育が緩やかなサトザクラ（八重桜）がおすすめです。

早春の花木

エドヒガン　3〜4月咲き。強健で寿命が長い

'普賢象'　サトザクラ系で4月下旬咲き

'鬱金'　サトザクラ系。花色は淡黄緑色

カンヒザクラ　暖地性で、開花は3月上旬と早咲き

リョクガクザクラ　マメザクラの変種で純白花。

寒桜　カンヒザクラとオオシマザクラとの交雑種

カワヅザクラ　2月上旬ごろから咲く早咲き種

ジュウガツザクラ　ヒガンザクラの園芸品種

で、周囲の踏圧をできるだけ防ぐよう注意し、ときどき堆肥などを敷いて土が固まるのを防ぎます。

苗のふやし方　基本種は実生で、園芸種は2〜3月の切り接ぎで、また8月〜9月上旬に芽接ぎでふやします。

病害虫　アメリカシロヒトリなどの毛虫類をはじめ、割合多く見られるので、発生次第早め早めに駆除します。

コンパクトに維持するポイント

大型のサクラは困難です。マメザクラなどの小型種を選ぶか、8〜10号の鉢仕立てで楽しむとよいでしょう。

シダレザクラ　別名イトザクラ。エドヒガン系

'陽光'　カンヒザクラの血を引く濃色の園芸品種

19

ジューンベリー

Amelanchier canadensis

〈別名：アメリカザイフリボク〉

分 類	バラ科ザイフリボク属の落葉性小高木
原産地	カナダ東南部～北米東部
開花期	4～5月　果実熟期：6月
花 芽	タイプ 4　花 色：○
用 途	景観樹
	果実は生食、ジャム、果実酒

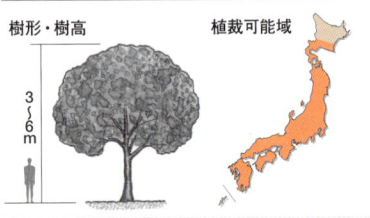

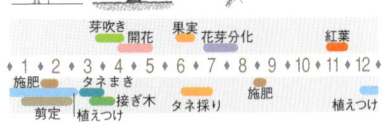

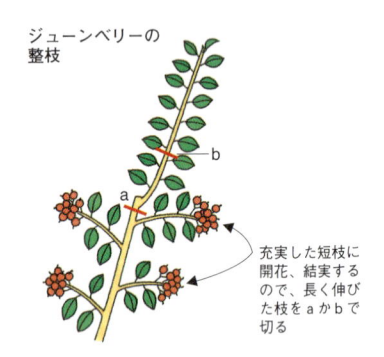

カシワバアジサイとジューンベリー。いずれもガーデニングの人気アイテム

初夏の日ざしを受けて輝く果実

ジューンベリーの花

6月に赤熟するのがジューンベリーの名の由来

ガーデニングブームで人気絶頂。花を観賞するだけでなく、6月に赤熟する果実も楽しい

　白い清楚な花、いろいろ利用できる赤く熟した果実、ジューンベリーというしゃれた呼び名、育てやすい小高木、それに住宅地の狭小化、ガーデニングブームなど、すべての点で現代の日本人の生活に合致したため、急速に普及してきた花木です。

おすすめの種類　'ロビン・ヒル'、'バレリーナ'、'ウイリアム' など。

植えつけ　12～2月が適期です。植え穴はやや大きめに掘り、堆肥か腐葉土を10ℓくらい入れて土とよく混ぜたら、鉢から抜いた根鉢をそのまま少し高めに植えつけます。苗木は細くて丈が高いので、支柱をしっかり取りつけておくことも大切です。

整枝・剪定　苗のラベルに品種名や性質が書かれていても、これを十分理解して購入する人は少なく、単にジューンベリーの名で求める人が多いようです。しかし、品種によっては2～2.5m程度でほとんど剪定の必要がないものもあれば、かなり大きくなるものもあります。整枝・剪定は1～2月が適期です。幹や枝をぶつぶつ切るようなことは避け、必ずつけ根で切り、大きな切り口には保護剤を塗って保護しておきます。

四季の管理　1～2月と8月下旬が施肥の適期です。チッ素肥料はできるだけ控えましょう。骨粉やバットグァノ（コウモリのふん）など、リン酸肥料が適しています。

苗のふやし方　単にジューンベリーの名で売られているものの多くは実生苗ですが、園芸品種は接ぎ木でふやします。

病害虫　風通しが悪いと、うどんこ病、ハマキムシ、テッポウムシなどの被害が見られるので、早めに駆除していきます。

> **コンパクトに維持するポイント**
> 大きくならない品種を選ぶのが第一。さらに適切な枝抜き剪定がポイントです。

日本に自生するザイフリボクもこの仲間。花序の形を「采配」に見立てた命名で、七五三縄の「四手」にも似るためシデザクラともいいます。

トサミズキ

Corylopsis spicata

土佐水木

分　類：マンサク科トサミズキ属の落葉性
　　　　低木～大低木
原産地：四国（高知県の一部）
開花期：3～4月　　花　芽：タイプ **1**
花　色：○
用　途：添景樹
樹　高：2～4m
植栽可能域：本州、四国、九州

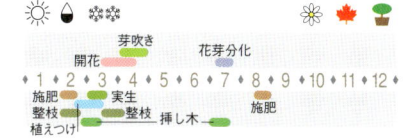

風情のある花姿は茶花としても愛されてきた　　咲き始めのトサミズキ　　トサミズキの若葉

すがすがしい淡黄色の花。じぐざぐに伸びる枝が特徴

　葉に先立って短い穂状花序を垂らし、黄色い小花を6～8個咲かせる代表的な春花木のひとつです。古くから茶庭などに植えられるほか、切り花としても使われます。

おすすめの種類　'スプリング・ゴールド'…葉が芽出しから秋まで黄金色の美しい品種。

'ニオイトサミズキ'…匂いのある品種で外観はほとんどトサミズキと変わりません。

植えつけ　2月下旬～3月が適期です。著しく乾く場所ならば堆肥や腐葉土を多めに入れて保湿性を持たせ、水はけよく高めに植えつけ、支柱をしっかり取りつけておきます。

整枝・剪定　花が三分から五分咲きくらいのときに切り取れば、切り花としても利用できるので、3月に切るとよいでしょう。剪定は大枝の枝抜きを主体とします。

四季の管理　肥料は油粕単用か粒状化成肥料を等量混ぜたものを2月と8月下旬の2回、根元に施してやるくらいで十分です。

苗のふやし方　実生、挿し木によってふやします。実生は3月上旬に、挿し木は2月下旬～3月上旬、および7月に行います。

病害虫　特に見られません。

コンパクトに維持するポイント

庭植えでは、強剪定によるしかありません。

ミツマタ

Edgeworthia chrysantha

三椏、三又

〈別名：ミツマタノキ、ミツマタコウゾ〉

分　類：ジンチョウゲ科ミツマタ属の落葉性低木
原産地：中国
開花期：3～4月　　花　芽：タイプ **2**
花　色：○○
用　途：景観樹、切り花　　樹高：1.2～1.6m
植栽可能域：東北地方南部以南

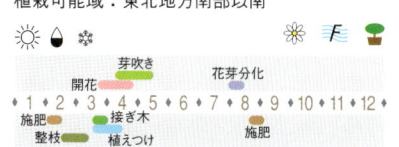

ミツマタの大株　　ウンナンミツマタ　　ベニバナミツマタ

枝が3方向に分岐するのが特徴。色鮮やかな赤花種も人気

　ほとんどの枝が3本に分岐するのが名の由来です。強い繊維質の樹皮を持ち、紙の原料とされます。小さな花が群がって蜂の巣状に咲き、甘い香りを放ちます。

おすすめの種類　ベニバナミツマタ…花筒の内側が朱赤色。ウンナンミツマタ…枝が太く、在来種より花序が大きくて芳香も強い。

植えつけ　3～4月上旬頃までが適期。やや傾斜地が適します。植え穴は大きめに掘り、堆肥を10ℓほど入れて土とよく混ぜ、水はけよく高植えとします。

整枝・剪定　ほとんど必要ありません。

四季の管理　1月下旬～2月と9月上旬に、油粕と粒状化成肥料を等量ずつ混ぜたものを施します。なお、移植は嫌います。

苗のふやし方　四国などではよく結実するので実生も容易ですが、一般にはヒコバエを取り木します。ベニバナミツマタやウンナンミツマタは3月に接ぎ木でふやします。

病害虫　まれにテッポウムシが見られる程度ですが、過湿地では根腐れに注意します。

コンパクトに維持するポイント

長い枝を根元で切り取り、若い枝を育てるようにします。ウンナンミツマタは枝があまり伸びないので放任してよいでしょう。

ボケ

Choenomeles speciosa

木 瓜 〈別名：カラボケ、ヨドボケ〉

分　類：バラ科ボケ属の落葉性低木
原産地：中国
開花期：3〜4月
花　芽：タイプ 1
花　色：●●○
用　途：添景樹、列植、生け垣、盆栽

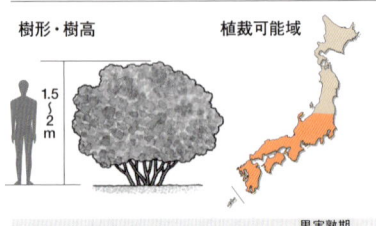

キャプション：
- 咲き分けの代表的名花 '東洋錦'
- '緋の御旗'。通称、寒ボケ 
- '東絞り' 
- '金鵄殿'。クリーム黄の人気品種 
- チョウジュバイ。最も小型の品種 

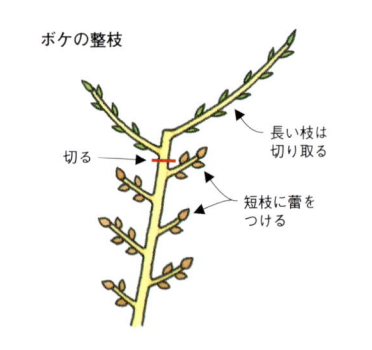

ひときわ明るい花色で早春の庭を彩る人気花木。大株に仕立てると見事

早春に咲く花の華やかさは魅力です。現在楽しまれているいろいろな花形、花色のボケは、中国原産のスペシオサの園芸品種で、平安時代に渡来して植えられてきた花木です。また、秋に淡黄色に熟した果実は芳香がよく、果実酒にすると、咳止めの効果があるといわれ、古くから利用されてきました。

おすすめの種類　'東洋錦'…紅白咲き分けの古い代表的な品種。'緋の御旗'…赤花一重大輪で、立性で切り花向き。'大八州'…白花大輪八重咲きの美花。'長寿楽'…紅色八重大輪の育てやすい品種。

植えつけ　根に根頭癌腫病がよくつくので、植えつけや植え替えは9〜10月が適期です。健全な根はむやみに切らないで植えつけますが、根に瘤がついていた場合は切り取り、石灰乳かトップジンMペーストを塗っておきます。鉢植えの場合、用土は赤土、鹿沼土、桐生砂か富士砂を混ぜて植えます。

整枝・剪定　花が咲き終わる4月中旬〜下旬に軽く行い、蕾のはっきり分かる2月に基本的な整枝剪定を行います。

四季の管理　2月に、油粕と骨粉を等量ずつ混ぜたものを根元周囲に溝を掘って埋め、8月下旬には油粕と粒状化成肥料を等量ずつ混ぜたものを根元にばらまいてやります。

苗のふやし方　挿し木は9月下旬頃がよく、10cmくらいの挿し穂を挿します。この時期に根伏せもできます。接ぎ木は3月下旬の切り接ぎ、8月に腹接ぎもできます。

病害虫　カイガラムシなどが見られるので早めに発見し、適切に駆除していきます。

コンパクトに維持するポイント

クサボケやチョウジュバイ（紅花と白花とがある）を選びます。いずれも0.2〜0.5mと低く、小品盆栽にも適します。

根頭癌腫病は春になって地温が高くなってから植え替えを行うと、根の傷口から病菌が侵入しやすい。そこで秋の植え替えが絶対ということになります。

マンサク

Hamamelis japonica

満作

分　類：マンサク科マンサク属の落葉性大低木～小高木
原産地：北海道～本州、四国、九州
開花期：2～3月　　花　芽：タイプ❷
花　色：🟡 🔴
用　途：添景樹、盆栽

樹形・樹高
3～6m

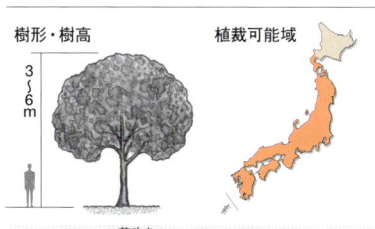

植栽可能域

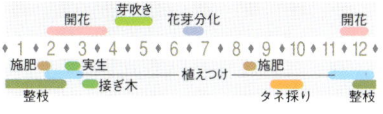

1	2	3	4	5	6	7	8	9	10	11	12
開花		芽吹き		花芽分化							開花
施肥	実生				植えつけ				施肥		
整枝	接ぎ木						タネ採り				整枝

マンサクの整枝
長い枝は5～10芽残して切る
短枝によく蕾をつける

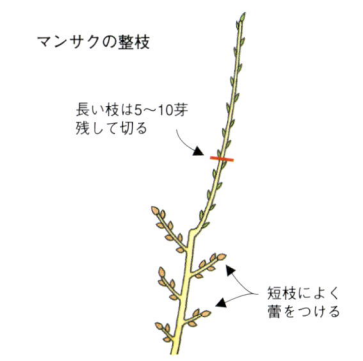

マンサクは、冬枯れの庭にいち早く春の到来を告げる

インターメディア'ダイアン'

シナマンサク'パリダ'

インターメディア'アーノルド・プロミス'

'アーノルド・プロミス'の秋の紅葉

早春の花木

紙細工のような面白い花弁。いかにも山の木らしい野趣あふれる花木です

　山地では緩い傾斜をもつ落葉樹林地に点在し、残雪の残る2～3月に黄色の小花を枝一面に咲かせ、ひときわ目立つ花木です。
　中国原産で花の大きなシナマンサクとの交配により多くの品種が作出され、これを「インターメディア系」と呼んでいます。
おすすめの品種　シダレマンサク…マンサクのシダレ種。インターメディア'アーノルド・プロミス'…鮮黄色の花をよくつける。立性で冬の葉落ちがよい。インターメディア'ダイアン'…大輪で樹勢の強い赤花の代表種。このほか、インターメディア系には、黄花大輪花で非常に花つきのよい'サンドラ'や、黄色大輪で銅赤色のすじが少し入る大輪花の'イェレナ'、など多くの品種があります。
植えつけ　2～3月上旬、および11月下旬～12月中旬が適期です。植え穴には堆肥または腐葉土を多めに入れ、根鉢は表面を半分程度崩して高めに植えつけ、支柱を取りつけておきます。
整枝・剪定　開花初期に剪定を行えば、切った枝は生け花として利用できます。剪定は3年に一度くらいの割合で行います。鉢植えや盆栽の剪定は花後に行います。
四季の管理　2月上旬と8月下旬に油粕と粒状化成肥料を等量ずつ混ぜたものを施し、6月上旬に粒状化成肥料を軽く施します。
苗のふやし方　接ぎ木でふやします。台木にはマンサクかイスノキの実生苗を使い、3月中旬～下旬に切り接ぎをします。
病害虫　これといったものは特に見られません。

コンパクトに維持するポイント
庭植えでは困難です。インターメディア'サンドラ'のように小さくてびっしり花をつける品種を選び、鉢で育てるとよいでしょう。

冬枯れの庭に咲くマンサクは決して派手な花ではないので、とかく木々の間に隠れがち。できれば濃緑色の常緑樹を背景に植えると繊細な花が浮き出ます。

モモ（花モモ）

Prunus persica

桃

分　類：バラ科サクラ属の落葉性小高木
原産地：中国
開花期：4月
花　芽：タイプ 2
花　色：● ● ○
用　途：景観樹

樹形・樹高
3〜5m

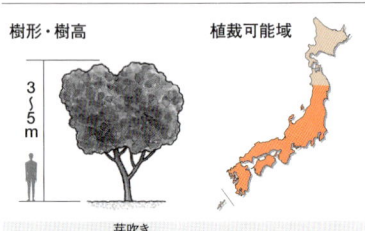

植栽可能域

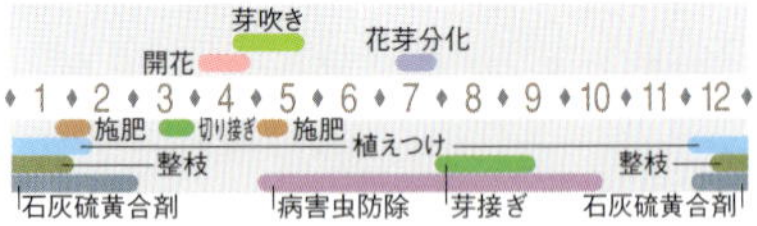

1	2	3	4	5	6	7	8	9	10	11	12
		開花	芽吹き		花芽分化						
	施肥		切り戻し	施肥							
				植えつけ							
		整枝							整枝		
石灰硫黄合剤			病害虫防除	芽接ぎ				石灰硫黄合剤			

ハナモモの整枝

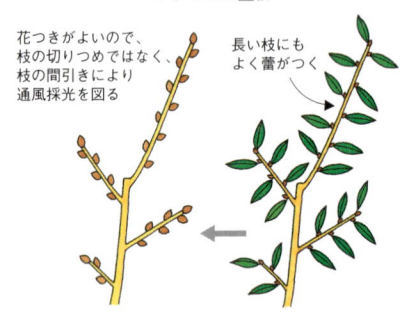

花つきがよいので、枝の切りつめではなく、枝の間引きにより通風採光を図る

長い枝にもよく蕾がつく

'残雪枝垂'

'源平桃'

'照手'系の3品種（紅、桃、白）

'菊桃'

紅やピンク、白色の花が陽春の庭を華やかに飾る。狭い庭に適した箒立ち性の品種も

　中国渡来の木ですが、栽培の歴史は非常に古く、すでに万葉集にモモの花が詠まれています。果樹としての品種ではなく、花の観賞を目的とする「花モモ」は、江戸時代に入ると多くの品種が作出されています。

おすすめの種類　'寒白'…白色八重咲きの中生種。'矢口'…桃色八重咲き。'菊桃'…紅色細弁の菊咲き。'源平桃'…八重咲きで紅白咲き分け。'源平枝垂'…紅白咲き分けの枝垂れ種。'照手'系…枝が箒状に立つ系統。

カラモモ（アメントウ）…矮性種で赤、紅、白花種があります。

植えつけ　耕土が深く水はけのよい肥沃な土壌が適します。地下水の高い庭では水はけを図るよう高植えとすることが大切です。植えつけは12〜1月が適期で、遅れると春の萌芽が遅れます。植え穴には堆肥を10〜20ℓ入れ、土とよく混ぜて高植えとし、支柱をしっかり取りつけます。

整枝・剪定　樹冠内部への通風、採光を図ることが大切です。12月下旬〜1月に剪定を行いますが、太い枝の切り口には保護剤を塗って腐敗を防ぎます。

四季の管理　移植を好まず、植えつけて5〜6年経過した株の移植は困難です。施肥は油粕と骨粉を半々に混ぜたものを1月下旬〜2月上旬に。また5月上旬に粒状化成肥料を追肥します。

苗のふやし方　3月に接ぎ木、または8月〜9月上旬に芽接ぎでふやします。実生も容易ですが、親株と異なった花になってしまいます。

病害虫　比較的多く見られるので、早め早めに駆除、防除していきます。

コンパクトに維持するポイント

よく枝伸びするので、矮性種以外は、鉢植えをおすすめします。

モモは古くから邪気を払う縁起木とされ、日本では3月の節句に、中国では春節（旧正月）にモモの切り枝を飾る風習が残されています。

ユキヤナギ

Spiraea thunbergii

雪柳 〈別名：コゴメバナ〉

分　類：バラ科シモツケ属の落葉性低木
原産地：中国とされているが、日本の低山の岩場に自生種が見られる。
開花期：3〜4月　　花　芽：タイプ 4
花　色：○ ●
用　途：添景樹、列植、鉢植え

樹形・樹高　植栽可能域

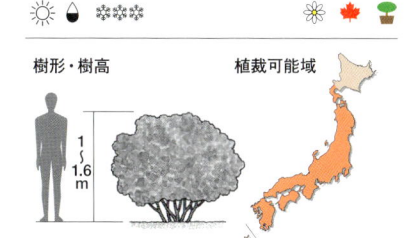

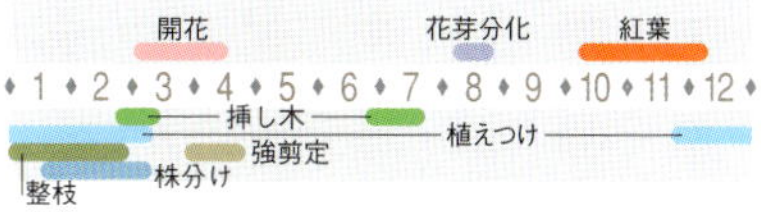

ユキヤナギの整枝

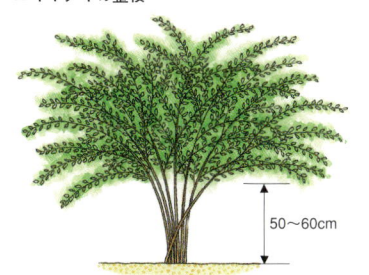

枝葉を15〜20本残してほかは切り取る。50〜60cmの部分の小枝をきれいに取り除き、その枝先から細い枝葉を出していく

春風にそよぐユキヤナギ

ユキヤナギ

シジミバナ

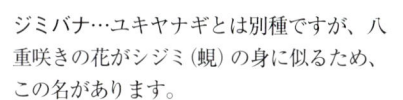

'フジノピンキー'

長い開花枝が弓状に枝垂れて、そよ風に揺れる姿は春の風物詩。フェンス沿いに列植しても見事

　古くから親しまれ、家庭の庭にも植えられてきた花木です。地際から多数叢生する細い枝は大きく湾曲し、各葉腋に白色5弁の小花が5〜6個固まって咲きます。早春咲きですが、暖かい地域では正月ごろから少しずつ咲き始めます。また、秋には美しく紅葉します。

おすすめの種類　'ヒメユキヤナギ'…枝幹の細い矮性種。'フジノピンキー'…蕾は紅色で、開花すると帯紅白色となります。シジミバナ…ユキヤナギとは別種ですが、八重咲きの花がシジミ（蜆）の身に似るため、この名があります。

植えつけ　11月下旬〜3月上旬と長い期間扱うことができます。地上部の割に根の張りが大きいので、枝幹を切らずに扱ってよいでしょう。植え穴には堆肥を10〜15ℓ入れ、根をよく広げて高めに植えつけます。

整枝・剪定　放任しても株は一定の大きさを保ちますが、地際から出るたくさんの枝幹を整理することをすすめます。また花の終わった直後の強剪定も可能です。

四季の管理　油粕と粒状化成肥料を等量に混ぜたものを2月上旬と8月下旬に根元に施します。

苗のふやし方　根元に枝幹をたくさん出すので1〜2月に株分けします。挿し木は前年生枝を15cm内外に切って2月下旬〜3月上旬に挿します。また、6〜7月の緑枝挿しも可能です。

病害虫　アブラムシ、カイガラムシ、ハマキムシなどが見られるので、早めに駆除していきます。

▶ **コンパクトに維持するポイント**

矮性種を植えるか、鉢植えで育てるとよいでしょう。また花の終わった直後に枝幹を短く切りつめてもよいでしょう。

ユキヤナギはシジミバナやコデマリとともにシモツケの仲間です。枝が長く枝垂れるので、大型のコンテナに植えてスタンダード仕立てにしてもよいでしょう。

レンギョウ

Forsythia suspensa

連翹 〈別名：レンギョウウツギ〉

分　類：モクセイ科レンギョウ属の落葉性、低木
原産地：中国
開花期：3〜4月
花　芽：タイプ **1**
花　色：●
用　途：添景樹、生け垣、鉢植え

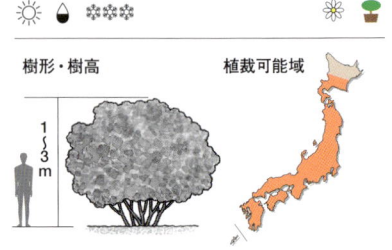

春の日ざしを浴びて黄金色に輝くシナレンギョウ

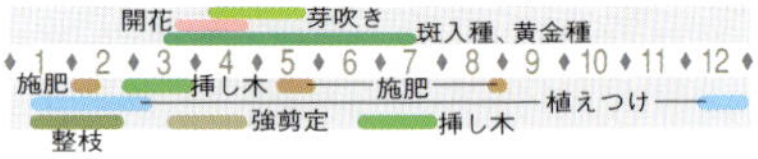

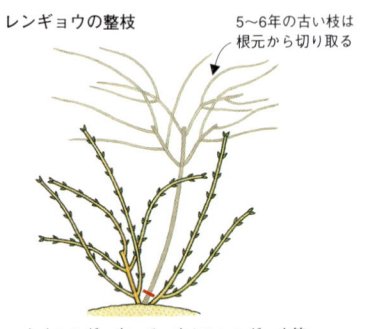

チョウセンレンギョウ

多花性の'リンウッド・ゴールド'

長い枝を埋めるようにして咲く黄金色の花は華麗そのもの。今ではヨーロッパでも大の人気

　目を射るような鮮黄色の花が印象的です。レンギョウは葉は対生し、細い枝条を2〜3mも伸ばし、花を葉腋に1個ずつ咲かせるところからツルレンギョウとも呼ばれ、古くから植えられてきました。ほかにいくつもの近縁種や園芸品種が見られます。

おすすめの種類　チョウセンレンギョウ…卵状披針形の葉は上半分に鋸歯があり下半分の幅が広い　シナレンギョウ…葉の幅は半分より上が広い　ヤマトレンギョウ…日本に自生。卵形または広卵形の葉を持ち、花つきは粗生する貴重種。'リンウッド・ゴールド'…大輪多花性で枝条は直上する。

植えつけ　1〜2月および12月頃が適期。植え穴は大きめに掘り、堆肥か腐葉土を多めに入れて土とよく混ぜ、水はけよく高めに植えつけます。このとき著しく樹形を乱す枝条は切り取るか切りつめておきます。

整枝・剪定　花の咲く直前に込みすぎている部分を整理していきます。全体を強く切りつめた場合は、その後、ある程度枝が密生するまでに3年くらいかかります。

四季の管理　2月と5月、それに8月下旬に施肥をします。2月と8月は油粕と骨粉または粒状化成肥料を等量ずつ混ぜたものを、5月には粒状化成肥料を追肥します。

苗のふやし方　挿し木で容易にふやせます。3月上旬に前年生枝を、6月下旬〜7月中旬に充実した今年生枝を10〜15cmに切って挿します。

病害虫　特にこれといったものは見られません。

コンパクトに維持するポイント

長く伸びた花枝を観賞したいので、庭植えの場合、あまり切りつめたくありません。コンパクトに仕立てたければ、矮性の品種を選ぶか鉢植えが適します。

シナレンギョウは咲き出すと同時に枝先の芽が緑の葉を展開させるのに対し、チョウセンレンギョウは咲き出すとき芽が伸び出ません。

ウンナンオウバイ
Jasminum mesnyi
雲南黄梅 〈別名：オウバイモドキ〉

分　類：モクセイ科ソケイ属の常緑性低木
原産地：中国西南部　　開花期：4～5月上旬
花　芽：タイプ 1　　花　色：●
用　途：添景樹　　　　樹　高：2～3m
植栽範囲：東北南部以南の太平洋岸沿いの暖地

オウバイに似ますが、オウバイが落葉性なのに対し本種は常緑性。また花冠が8～10裂するため二重咲きに見えます。地際から枝を叢生し、細い枝は長く伸びて下垂するので、狭い場所ではスタンダード仕立てで楽しむとよいでしょう。

オウバイ
Jasminum nudiflorum
黄梅、迎春花

分　類：モクセイ科ソケイ属の落葉性低木
原産地：中国南西部　　開花期：2～4月
花　芽：タイプ 1　　花　色：●
用　途：添景樹、生け垣、盆栽
樹　高：0.3～0.6m　植栽範囲：東北地方南部以南

この仲間では最も古く渡来した植物のひとつであり、盆栽として楽しまれるなど樹勢の強い早春の花木です。剪定・整枝は花が終わった直後がよく、それ以外は邪魔な枝を切る程度とします。3～9月頃までに挿せば容易に発根します。

フォサーギラ
Fothergilla gardenii

分　類：マンサク科フォサーギラ属の落葉性低木
原産地：北米ジョージア、バージニア州
開花期：4月　花　芽：タイプ 2　花　色：○
用　途：添景樹、群植　樹　高：1m内外
植栽範囲：北海道南部以南、四国、九州

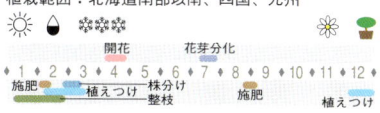

木は株立ちとなり、枝先に白いブラシ状の花を咲かせます。マンサク科なので園芸店などではシロバナマンサクの名で売られていることがありますが、まったく別属の植物です。病害虫もほとんど見られず育てやすい花木です。

ヒュウガミズキ
Corylopsis pauciflora
日向水木 〈別名：イヨミズキ〉

分　類：マンサク科トサミズキ属の落葉性低木
原産地：本州中部、四国、九州の限られた地域
開花期：3～4月　花　芽：タイプ 1
花　色：●　用　途：添景樹、境栽垣、盆栽
樹　高：0.7～1.5m
植栽範囲：東北南部以南、四国、九州

細い枝幹を地際から多数叢生し、枝の各葉腋に淡黄色の小花を2～3個穂状につけ下向きに咲かせます。病害もほとんどみられず、育てやすい花木です。特に整枝の必要はありませんが、狭い場所では落葉中に太い枝のみを整理します。

ロドレイア
Rhodoleia championii
〈別名：シャクナゲモドキ〉

分　類：マンサク科ロドレイア属の常緑性小高木
原産地：東南アジア～中国南部　開花期：4～5月
花　芽：タイプ 1　　花　色：●
用　途：添景樹　　　樹　高：3～7m
植栽範囲：関東以西、四国、九州

卵円形の厚葉は、光沢のある濃緑色。属名がRhodon（バラのような）とleios（滑らか）に由来するように花弁状の総苞片はバラかシャクナゲのような美しさです。近年は50～60cmの大きさでよく花を咲かせる個体もあります。

早春の花木

ウツギ

Deutzia crenata

空木 〈別名：ウノハナ〉

分　類：ユキノシタ科ウツギ属の落葉性低木
原産地：北海道〜四国、九州、奄美大島
開花期：5月下旬〜6月中旬
花　芽：タイプ 4
花　色：○
用　途：寄せ植え、ボーダー植栽、生け垣

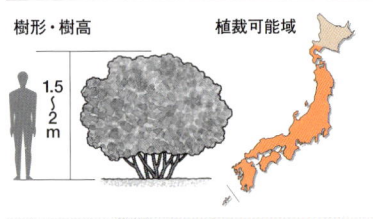

5〜6月頃、清楚な白花を枝いっぱいに咲かせるウツギ。万葉の時代からウノハナの名で親しまれてきた

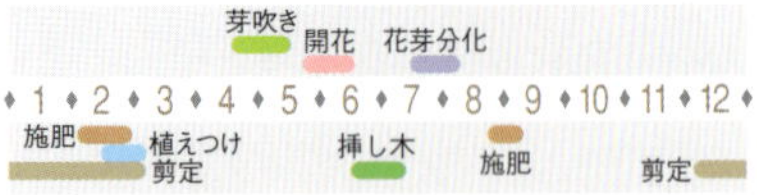

サラサウツギ

'ピンク・ポンポン' 　　ヒメウツギ 　　シロバナヤエウツギ

新緑に映える清楚な5弁の花。古くから「卯の花」の名で親しまれてきた花木

「卯の花の匂う垣根に…」と歌われ親しまれてきたように、6月に入った頃、垣根にあふれるほどに咲き誇るこの花は非常に丈夫で、育てやすい花木です。

おすすめの種類　シロバナヤエウツギ…八重咲きの品種。サラサウツギ…八重咲きで花弁の外側が淡紅色の美しい品種。ヒメウツギ…小低木で細かい枝条を開張し白い小花で株を覆います。'ピンク・ポンポン'…淡紅色の小花が毬状に固まって咲く美しい品種。エレガンティシマ'ロゼアリンド'…濃い紅色の美しい花を咲かせます。

植えつけ　多少痩せ地でも日当たり水はけのよい所であればよく育つ強健な花木です。植えつけは2月中旬〜3月上旬が適期。植え穴はやや大きめに掘り、腐葉土を10ℓほど入れてよく混ぜ、高めに植えつけます。

整枝・剪定　放任すると大きな株になるので、場所に合った株の大きさを維持する必要があります。新しく伸びた枝は2年めから花が咲き、年々花が多くなっていきますが、4年ほど咲かせたら根元から切り取りましょう。整枝は12〜2月の間に行います。

四季の管理　8月下旬〜9月上旬に油粕と粒状化成肥料を等量混ぜたものを根元に1〜2個くらい施します。

苗のふやし方　挿し木で行います。春挿しは2〜3月上旬に前年生枝を、緑枝挿しは今年生枝が充実し始めた頃がよく、6月中旬〜7月上旬に挿すとよく活着します。

病害虫　アブラムシ、ハマキムシ、テッポウムシ、うどんこ病などが見られるので、それぞれ早めに駆除していきます。

コンパクトに維持するポイント

庭植えではやや困難です。小さく維持するには鉢植えがよいのですが、根の張りがよいので植え替えは隔年に行います。

ウツギの名の由来は、幹が中空であることから「空木」と名づけられたもの。別名のウノハナは一説には「卯月」（陰暦4月）に咲く花の意ともいわれます。

エニシダ

Cytisus scoparius

金雀児〈別名：エニスダ〉

分　類：マメ科エニシダ属の落葉性低木
原産地：地中海沿岸
開花期：5〜6月
花　芽：タイプ 1
花　色：🟡🔴🩷
用　途：添景樹、寄せ植え、生け垣

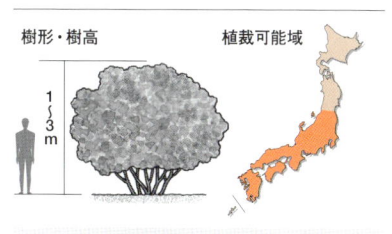

樹形・樹高　　　植栽可能域

1〜3m

芽吹き　開花　花芽分化
・1・2・3・4・5・6・7・8・9・10・11・12
　　　植えつけ　剪定(枝抜き)　植えつけ
　　　　　　　　　　　病虫害

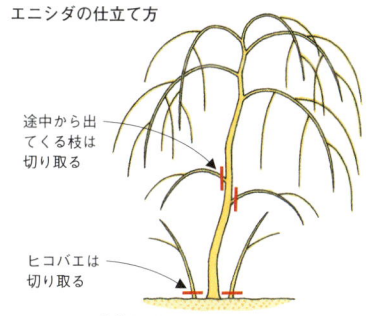

エニシダの仕立て方

途中から出てくる枝は切り取る

ヒコバエは切り取る

主幹を1本立てて、2mくらいのところから四方に枝を垂らしても面白い

前庭を明るく彩るエニシダの大株

ホオベニエニシダ

'クリムソン・キング'

'ゼーランディア'

エニシダ属だが別種のヒメエニシダ

陽春の庭に輝く黄金色花。生長は早く、大株となるが株の寿命は短い

　種名のscopariusは「ほうき状」を意味するように、濃緑色の長い枝を多数出して、各葉腋に1〜2個の鮮黄色の蝶形花を咲かせ、株全体が黄色に彩られます。
　エニシダは地中海沿岸地方を原産地とするため、温暖な気候を好みます。耐寒性はあるとはいうものの、庭植えで楽しめるのは東北地方南部以南です。
おすすめの種類　'アンドレアナム'（ホオベニエニシダ）…翼弁が暗赤色。'ゼーランディア'…ピンク系複色。シロバナエニシダ（別種）。その他多くの園芸種があります。ただし、基本的に短命な植物であることを念頭においてください。
植えつけ　3〜4月および9〜10月が適期。地堀り苗の移植は非常に難しいので鉢植え苗を求めます。根鉢は崩さず、できるだけ高めに植え、支柱を添えておきます。
整枝・剪定　根が太く粗いため、樹冠が大きくなると風に吹かれて倒木しやすいところから、枝抜きと支柱は必要です。枝抜きは花の終わった直後に行います。
四季の管理　根に根粒菌を持っているため、ほとんど施肥の必要はありません。
苗のふやし方　結実するものは実生で、果実をつけないものは挿し木で苗をつくります。実生は3月にタネをまき、挿し木は3〜4月または6月下旬〜7月上旬に行います。
病害虫　少しでも水はけが悪いと根腐れを起こしやすいので注意します。
　また、テッポウムシやコウモリガの幼虫による被害も見られるので早めに発見して駆除します。

▶ **コンパクトに維持するポイント**

枝抜きをするか、鉢植えによりますが、7〜8号以下の鉢で楽しむことは難しい花木です。育てるなら10号以上の鉢に植えます。

ヒメエニシダの名で鉢花として出回っているのは、同じエニシダ属ですが別種（ラケモサス）です。株や枝葉が小型で、黄色い小花を総状に咲かせます。

オオデマリ

Viburnum plicatum

大手毬〈別名：テマリバナ〉

分　類：スイカズラ科ガマズミ属の落葉性大低木
原産地：日本
　　　　（花がすべて装飾花となった園芸種）
開花期：5〜6月　　花芽：タイプ 4
花　色：○ ●
用　途：添景樹、前庭

樹形・樹高
1.5〜2m

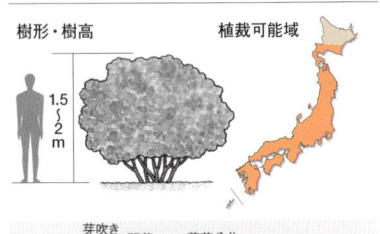

植栽可能域

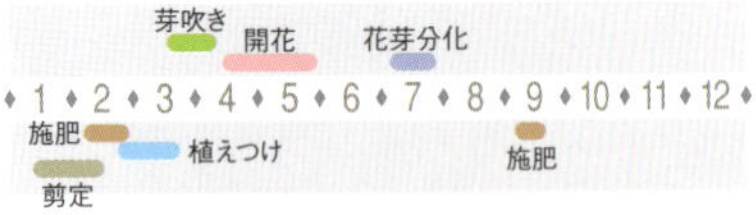

芽吹き　開花　花芽分化
1・2・3・4・5・6・7・8・9・10・11・12
施肥　　植えつけ　　施肥
剪定

オオデマリの整枝
冬の間に中心の長い枝を切り取り、樹冠が大きくなりすぎるのを防ぐ

手まり状の大きな花序が枝を埋めて咲く様子は美しく、アジサイとはまた異なった趣がある

アプローチ沿いに咲くオオデマリ

モモイロオオデマリ'ジェミニ'

ヤブデマリ'ピンク・ビューティー'

ヤブデマリ

陽春の庭を彩る豪華な花房。純白の花のほか、近年は美しいピンクの品種も。

　本種は本州から四国、九州に自生するヤブデマリの変種で、散房花序のすべての花が装飾花となった園芸種です。花は咲き始めは淡緑色を帯びますが、ゆっくりと咲き進むにつれて純白となります。
おすすめの種類　モモイロオオデマリ'ジェミニ'…樹勢が強く、手まり状の美花。
　'ピンク・ビューティー'…ヤブデマリの園芸品種で、咲き始めは白い花がやがて淡紅色を帯びる美花。花つきがよいのが特徴。

　'コンパクタ'…白色の花序は小さいのですが、株が小型で横開性なので、コンテナガーデンにも適します。このほか、多くの品種があります。
植えつけ　落葉性なので、2月下旬〜3月中旬くらいが適期です。半日陰でも育ちますが、紅花の品種は日当たりがよいほど鮮やかなピンクとなりますから、午前中はたっぷり日が当たるくらいの場所を選びましょう。土質は選びませんが、水はけがよく、腐植質に富んだ肥沃な土が適します。
整枝・剪定　1〜2月が適期ですが、徒長枝や細かい込みすぎた枝を切り取る程度でかまいません。

四季の管理　多肥の必要ありませんが、2月と9月上旬に、油粕と粒状化成肥料を2握りほど、根の周囲に施します。
苗のふやし方　挿し木によります。7月に今年性枝を挿します。
病害虫　通風、採光が悪いと、うどんこ病、ハマキムシ、テッポウムシの被害が見られます。花後、殺菌剤、殺虫剤を定期的に散布します。

コンパクトに維持するポイント

強い枝を切りつめるか、コンパクトタイプの品種を選びます。鉢植えも、花後の切りつめが大切です。

古い枝は衰えて、発生する小枝の勢いも弱くなって花房が小さくなります。4〜5年経った枝は切りつめて、勢いのよい枝に更新しましょう。

オガタマノキ

Michelia compressa

招霊の木 含笑 〈別名：トキワコブシ〉

分　類	モクレン科オガタマノキ属の常緑性高木
原産地	東海以西の太平洋岸沿いの暖地
開花期	4月　　花芽：タイプ 1
花　色	○ ●　　樹　高：5〜10m
用　途	添景樹、日陰の植栽
植栽範囲	関東以西の太平洋岸沿いの暖地

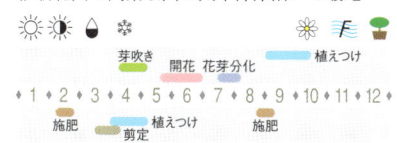

トウオガタマ（カラタネオガタマ） 　　ウンナンオガタマ 　　トウオガタマ'パープル・クイーン'

光沢のある常緑の美しい葉で、花の香りがすばらしい

　葉は光沢のある革質葉、花は12枚の花弁を持ち、白色で基部がわずかに紅色を帯び、芳香があります。この仲間で日本に自生するのはこのオガタマノキのみで、神事の木として主に神社に植えられてきました。家庭では中国原産のトウオガタマ（*M. figo*）や園芸品種が栽培されています。

おすすめの種類　トウオガタマ…別名のカラタネオガタマの名で知られています。トウオガタマ'パープル・クイーン'…淡紅色小型花。ウンナンオガタマ…ヒマラヤ東部から中国西部等に分布する芳香花。

植えつけ　4〜5月上旬および9〜10月が適期です。植え穴に腐葉土か堆肥を入れて高めに植え、支柱を取りつけておきます。

整枝・剪定　種類によっては枝を伸ばすものもあります。花後に剪定を行います。

四季の管理　ほとんど手はかかりません。

苗のふやし方　ほとんどが接ぎ木でふやしますが、トウオガタマは取り木または挿し木。

病害虫　あまりありませんが、ときおり根元にテッポウムシの被害が見られます。

コンパクトに維持するポイント

ある程度、切りつめて小ぶりに仕立てることも可能ですが、鉢仕立てに限ります。

カルミア

Kalmia latifolia

〈別名：アメリカシャクナゲ、ハナガサシャクナゲ〉

分　類	ツツジ科カルミア属の常緑性低木
原産地	北米東部
開花期	5月　　花芽：タイプ 2
花　色	● ● ○
用　途	添景樹、植え込み　樹　高：1〜5m
植栽範囲	本州、四国、九州

満開のカルミア・ラティフォリア 　　'オスボ・レッド' 　　'ガーネット・クラウン'

陽春の庭を明るく彩る花木。金平糖のような蕾もかわいい

　厚革質のつやのある葉、5月ごろ枝先に30〜40花固まって咲く椀形の花は魅力的です。狭い場所でも十分楽しめる花木です。

おすすめの種類　'オスボ・レッド'…濃紅色の人気品種。多花性。'ピンク・ボール'…ピンク花。'スティル・ウッド'…純白花。'レッド・クラウン'…白色地に王冠状に赤の条線が入ります。

植えつけ　3月上旬〜4月中旬または9〜10月が適期。根が地表近くに浅く張る性質なので、植え穴は浅く広く掘り、堆肥やピートモスを加えて高めに植えつけます。

整枝・剪定　花がらは早めに摘み取ります。大きくなりすぎたときは枝抜きをしますが、普段は剪定の必要はありません。

四季の管理　蕾が多数つきすぎたときは、冬の間に適度に摘蕾をして、隔年開花を防ぐとともに、樹勢が衰えるのを防ぎます。

苗のふやし方　園芸品種は、実生3年生苗を台木に、3月頃接ぎ木でふやします。

病害虫　夏にハマキムシやツツジグンバイムシが発生することがあります。

コンパクトに維持するポイント

数年に一度、伸びすぎた枝を基部で切り取ります。鉢で楽しむのにも適しています。

コデマリ

Spiraea cantoniensis

小手毬 〈別名：スズカケ〉

分　類：バラ科シモツケ属の落葉性低木
原産地：中国　　開花期：4月下旬～5月中旬
花　芽：タイプ ❹　　花　色：○
用　途：添景樹、寄せ植え（境栽）
樹　高：1.0～1.8m
植栽範囲：東北以南、四国、九州

ヤエコデマリ

枝いっぱいに白い手まり状の花房をつける様子は豪華そのもの

1つの花房に数十個の小花がつく

弓状に伸びた優雅な枝に
白い花房をいっぱいにつける

　江戸時代初期にはすでに切り花に利用されていたところから、かなり古い時代に中国から導入されたものと思われます。地際からたくさんの枝を叢生して大株になります。

おすすめの種類　切り花材としては早生種、中生種、晩生種と区別されて栽培されていますが、庭に植える場合は特に区別する必要はありません。ヤエコデマリ…花弁の数が多く盛り上がって美しく咲きます。

植えつけ　2～3月中旬くらいが適期です。植え穴は大きめに掘り、堆肥を10～15ℓ入れて土とよく混ぜ、高めに植えつけます。

整枝・剪定　花期が遅いので花後剪定をためらう人もいますが、心配ありません。花が終わりかけたら1日も早く地際で切るとすぐ萌芽します。秋までに50～70cmくらいしか伸びませんが翌春には花を咲かせます。

四季の管理　剪定のあとの施肥は必ず行い、その後は2月と9月上旬に施肥します。

苗のふやし方　株分け、または挿し木。

病害虫　アブラムシ、カイガラムシ、テッポウムシの被害が特に目立ちます。

コンパクトに維持するポイント

花後の剪定、または鉢仕立てということになります。鉢植えは10号以上の大鉢で。

スズランノキ

Zenobia pulverulenta

鈴蘭の木

分　類：ツツジ科ゼノビア属の落葉性低木
原産地：北米東部、バージニア～サウス・カロライナ州
開花期：5～6月　花　芽：タイプ ❶
花　色：○　　用　途：添景樹
樹　高：1m内外　植栽範囲：本州、四国、九州

スズランのような鐘状花を多数吊り下げ、緑青色の葉は秋には美しく紅葉する

スズランを思わせる鐘状花。
樹勢が強く、育てやすい

　花径6～8mmの鐘形の白色花がスズランの花に似ているため、この名があります。前年生枝の葉腋につくられた花芽から花柄が伸びて枝一面に白い花を咲かせます。

おすすめの種類　葉の紅葉が美しいオキシデンドラム（同じツツジ科）は属が異なりますが、同じく小さな花が鐘状に咲くので、これもスズランノキと呼ばれています。

植えつけ　2月中旬～3月が適期です。火山灰質の軽い土質がよく、植え穴には腐葉土を多めに入れてよく混ぜ、高めに植えつけます。鉢仕立て苗は根鉢をあまり崩さないで植えつけるのが大切です。また庭で2～3年育ったものの移植は困難です。

整枝・剪定　枝があまり出ないので、剪定の必要はほとんどありません。

四季の管理　特に作業的なことはありません。2月と8月下旬に油粕と粒状化成肥料を等量混ぜたものを少量根元に施します。

苗のふやし方　挿し木や取り木で行います。挿し木は6月中旬～7月上旬に行います。

病害虫　特に見られません。

コンパクトに維持するポイント

本来コンパクトな花木です。オキシデンドラムは鉢植えで小さく仕立てます。

シャクナゲ

Rhododendron

石南花

分　類：ツツジ科ツツジ属（シャクナゲ亜属）の常緑性低木～大低木
原産地：中国、ヒマラヤ地方、日本ほか東南アジア
開花期：5～7月
花芽：タイプ 2
花　色：
用　途：景観樹として単植、群植、根締め

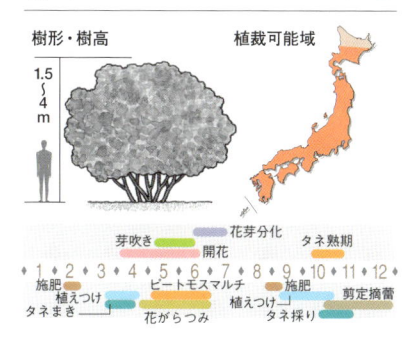

シャクナゲの摘蕾

日本産シャクナゲは樹勢がやや弱く、花の咲いた枝には翌年花が咲かないので、一部の蕾を取って早く新梢を出させ、翌年の花を咲かせる

西洋シャクナゲは花がらを摘み取る程度で翌年も花を咲かせるものが多い

'太陽'。耐暑性があるが、やや寒さに弱い

'アイベリー・スカーレット'

庭植えの西洋シャクナゲ

アカボシシャクナゲの交配種

'マダム・マリリン'

豪華な花房を枝先につける姿は見事。園芸品種も多く、世界中で愛されている常緑性花木

　ヒマラヤ地方を中心に、北はシベリアから南はフィリピン、オーストラリアまで分布範囲が広く、種の数は1000種を超えるとされている常緑の花木です。

おすすめの種類　日本には約10種のシャクナゲが自生し、これらを「和シャクナゲ」と呼んでいます。なかでもヤクシマシャクナゲは、花の美しさと樹形のよさから庭木として広く利用されています。中国雲南省からヒマラヤ地方に自生する種と日本産のシャクナゲとを親に欧米で交配されたものが「西洋シャクナゲ」で、数多くの園芸品種があり、花色も多彩です。

植えつけ　3～4月中旬および9月中旬～10月が適期。根づけば乾燥に強いので、高植えとし、滞水させないことが大切。根は細かく、浅く広く張るので、火山灰質の軽い酸性土が適します。そこで、植え土には酸度の強い鹿沼土やピートモスを混ぜて植えます。

整枝・剪定　生長が遅いので、ほとんど必要ありません。ただし、特に日本産種は隔年開花をする性質があるので、蕾が多数ついたときには摘蕾が必要です。

四季の管理　特に必要ありません。摘蕾と花後の花がら摘みくらいです。

苗のふやし方　実生は3月、接ぎ木も3月。また、4月に取り木も行えます。

病害虫　病気では黒斑病、炭疽病、うどんこ病、花腐れ菌核病、害虫ではハダニ、ツツジグンバイムシ、テッポウムシなどが見られます。4月～10月の間は、開花期を除き、殺菌剤、殺ダニ剤、殺虫剤を20～30日おきに定期的に散布します。

コンパクトに維持するポイント

大型種は若木のうちから長く伸びた枝をつけ根から切り取り、短い枝を残していきます。

シャクナゲ類もツツジ類も同じツツジ属の植物。植物学上の区分については、いまだに定説はありません。伝統的、便宜的な園芸分類です。

常緑性ガマズミ

Viburnum

分　類：スイカズラ科ガマズミ属の常緑性低木
原産地：北半球の温帯～暖帯に分布
開花期：3～5月
花　芽：タイプ❹
花　色：● ○
用　途：添景樹

ヴィバーナム・ダビディー（花）

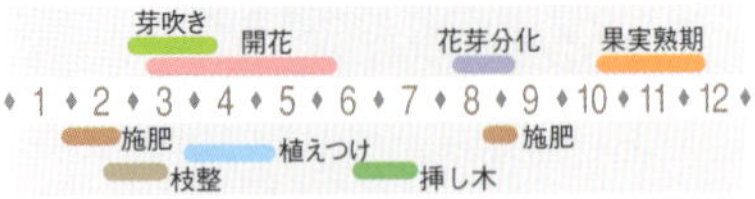

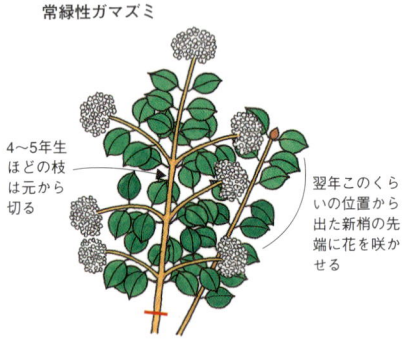

ヴィバーナム・ダビディー。コバルト・ブルーの果実は観賞性が高い

ヴィバーナム・カールセファーラム。香りのよさも魅力

ハクサンボク。秋に紅熟する果実も美しい

ヴィバーナム・ティヌス。果実は濃いブルー

花よし、香りよし、実もよし、魅力的な品種が次々と登場。家庭の庭におすすめの新しい花木

常緑性のヴィバーナムといえば、従来はチョウジガマズミやハクサンボク程度でしたが、近年は多くの品種が導入されています。この仲間は葉が比較的小さくて光沢があり、花つきがよくて芳香があるものやブルーの果実が美しいものなど、いろいろなタイプがあります。

おすすめの種類　V.ティヌス、V.ダビディー、V.バークウッディー、V.カールセファーラム、V.'エスキモー' など。

植えつけ　3月下旬～4月が適期。冬の冷たく乾いた風の当たるような所は極力避けます。土質は粘質土よりも軽い火山灰質土がよく、植え穴は大きめに掘り、堆肥か腐葉土を10ℓくらい入れて土とよく混ぜて高めに植え、支柱を添えて苗を固定します。

整枝・剪定　この仲間は放任してもあまり樹形が乱れることなく、よく整いますので、ときどき樹形を乱すようなとび枝を切り取る程度で十分です。しかし、株が大きくなると樹冠内部に花の咲かない細かい枝や枯れ小枝が生じるのでときどき整理する必要があります。このような整枝は2～3月が適期ですが、随時行ってもさしつかえありません。

四季の管理　チッ素過多は避けたいものです。3年に一度くらいは根元に溝を掘って堆肥か腐葉土を埋めます。普段は油粕と粒状化成肥料を等量混ぜたものを2月上旬～中旬と8月下旬に施します。

苗のふやし方　主に挿し木で行いますが、活着の良否は品種によりかなり差があります。

病害虫　通風や採光が悪いとハマキムシの発生がよく見られます。

コンパクトに維持するポイント

まず、小型の品種を選ぶこと。植えつけ後は適切な枝抜き剪定で樹冠が広がりすぎるのを抑えていきます。

ハクサンボクは伊豆地方や九州など暖地に自生する常緑性のヴィバーナム。花期は4月。葉は革質で光沢があり、落葉する前には紅葉もします。

トキワマンサク

Loropetalum chinense

常盤万作

分　類：マンサク科トキワマンサク属の常緑性低木
原産地：本州中部、九州、中国南部
開花期：4〜5月　　花芽：タイプ 4
花　色：● ○
用　途：景観樹、生け垣、盆栽

トキワマンサク　今年伸びた枝の先に、ひも状の花弁からなる数個の花が群がって咲く。庭植えは関東以西の暖地に適する

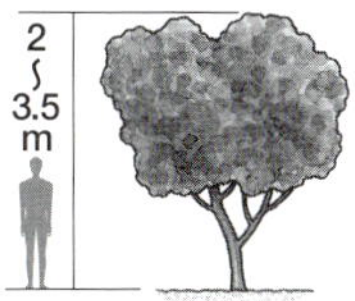

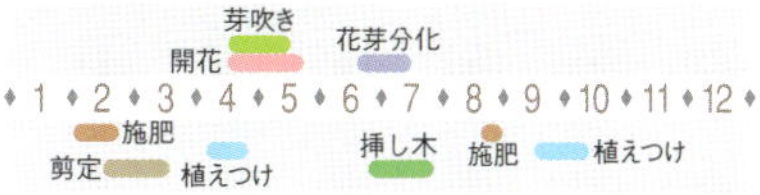

近年人気が高まってきたアカバナトキワマンサク

アカバナトキワマンサク'緑紅'

中国から導入された赤花種が大の人気

　当初は中国から導入されて植栽されてきましたが、1930年代初期に伊勢神宮の神苑内で大株が発見され、これが自生種と見られたことから、日本も分布域に加わった花木です。1960年代に中国から華やかな「赤花」のトキワマンサクが導入されてから、急激に人気が出てきた花木です。

おすすめの種類　アカバナトキワマンサク…花が鮮やかな濃紅色で美しく、赤銅色の葉が特徴です。'緑紅'…花は前種と同じですが、葉は緑色でコントラストが美しい品種。咲き分けトキワマンサク…白花の枝に紅色の花が混じったり、ひとつの花で紅白咲き分けたりする緑葉の品種。フイリアカバナトキワマンサク…赤銅色の葉に淡黄色や白い斑の入る葉の美しい品種。

植えつけ　4月および9月中旬〜10月上旬が適期です。植え穴には堆肥か腐葉土を多めに入れてよく踏み込み、根鉢はあまり崩さないで高めに植えつけ、支柱を立てておきます。

整枝・剪定　花芽は新梢の充実した短枝の腋芽にできます。長く伸びた枝は2〜3年後には花をつけるようになるので、2〜3月か12月に切りつめておきます。基本的な刈り込みは花の終わった直後に行います。

四季の管理　多肥の必要はありません。2月と8月下旬に、油粕と粒状化成肥料を等量混ぜたものを根元に施せば十分です。

苗のふやし方　実生、挿し木で行います。秋に熟したタネを採り、翌年の春にまきつけます。挿し木は6月下旬〜7月に新梢を小粒の赤玉土か鹿沼土に挿します。

病害虫　ボクトウガの幼虫やうどんこ病の発生が見られるので早めに駆除します。

コンパクトに維持するポイント▶

いちばんよい方法は鉢植えでしょう。太い木を切りつめて鉢に上げて育てるのもひとつの方法です。

トキワマンサクを単幹仕立てにした場合、根際から多くのヒコバエを出します。ヒコバエは季節を問わず、出てき次第切り取ります。

ツツジ

Rhododendron

躑躅

分　類：ツツジ科ツツジ属の落葉
　　　　または常緑性小低木〜小高木
原産地：主に北半球に800種あまりが分布
開花期：2月下旬〜5月　花　芽：タイプ❷
花　色：●●●●●○
用　途：添景樹、群植、生け垣、盆栽

☀ ☀/☽ 💧 ❄(弱いものもある) 🌼 🍁 🪴

樹形・樹高　　植栽可能域

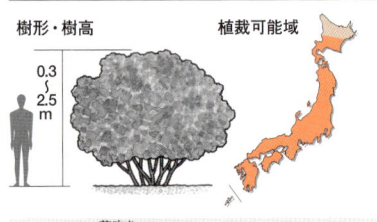

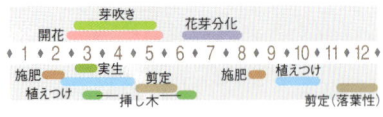

0.3〜2.5m

芽吹き　花芽分化
開花
1 2 3 4 5 6 7 8 9 10 11 12
施肥　実生　剪定　施肥　植えつけ
植えつけ　挿し木　　　剪定（落葉性）

ツツジ類の整枝

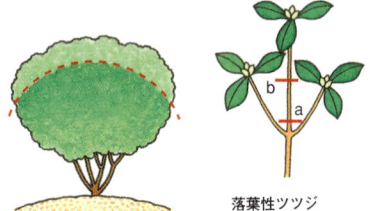

常緑性ツツジ
オオムラサキツツジ、キリシマツツジ、クルメツツジなどは、花の終わった直後に刈り込む

落葉性ツツジ
エゾムラサキツツジ、ヒカゲツツジ、サクラツツジなどはbで切っても枯れ込むので必ずaで切る

ミツバツツジ。早春に咲く代表的な落葉性ツツジ

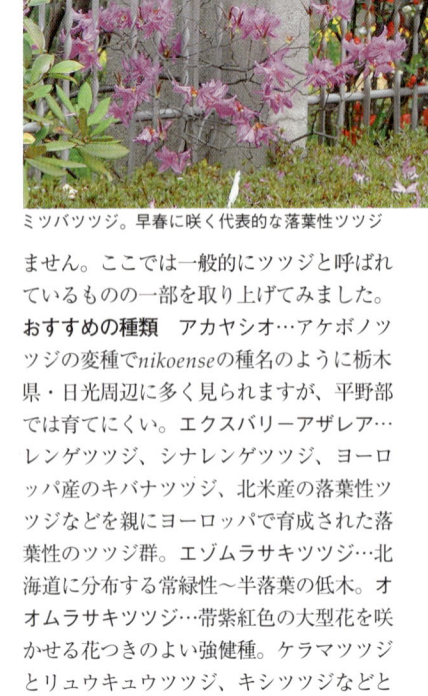

実生選抜ミツバツツジ（濃色花）

日本の山野の春を代表する花木。数々の美しい野生種のほかに園芸品種も多数楽しまれている

　日本は多くの種類が分布するツツジ王国で、北海道から奄美諸島まで自生種が見られます。なかでも静岡県、愛知県付近には特に多くのツツジ類が自生します。広義にツツジ類と呼ぶ場合、一般にシャクナゲと呼んでいるものも含まれています。ツツジとシャクナゲ、この二つの分類については多くの植物学者がいろいろ試みてきましたが、これが絶対という分類はいまだにありません。ここでは一般的にツツジと呼ばれているものの一部を取り上げてみました。

おすすめの種類　アカヤシオ…アケボノツツジの変種で*nikoense*の種名のように栃木県・日光周辺に多く見られますが、平野部では育てにくい。エクスバリーアザレア…レンゲツツジ、シナレンゲツツジ、ヨーロッパ産のキバナツツジ、北米産の落葉性ツツジなどを親にヨーロッパで育成された落葉性のツツジ群。エゾムラサキツツジ…北海道に分布する常緑性〜半落葉の低木。オオムラサキツツジ…帯紫紅色の大型花を咲かせる花つきのよい強健種。ケラマツツジとリュウキュウツツジ、キシツツジなどとの交雑種といわれています。キリシマツツジ…江戸時代に鹿児島県霧島岳に自生するツツジから選抜された美花。クルメツツジ…キリシマツツジを主に、多花性のサタツツジなどとの交雑により江戸時代後期に久留米地方で作出された、小型で花つきのよい品種群。クロフネツツジ…中国から朝鮮半島に自生する落葉性の大型ツツジで美しい花を咲かせる強健種。ゲンカイツツジ…カラムラサキの変種で、桃紅色の花を出葉に先立って咲かせる強健種。サクラツツジ…九州南部に自生する常緑性の大低木で、東京付近でも十分生育します。シロヤシオ…高山に自生する大型のツツジで、高山の

アカヤシオ。落葉性ツツジの名花だが、平地では育てにくい

ゲンカイツツジ

シロバナゲンカイツツジ

シロヤシオ（ゴヨウツツジ）の紅葉

シロヤシオ

貴婦人的な美しいツツジですが、平野部では育ちにくい。'春一番'…常緑性の低木で非常に花つきのよい交配種。近縁種に'吉野'があります。ヒカゲツツジ…常緑性で淡黄色の花を咲かせる強健種。ミツバツツジ…早春に咲く落葉性ツツジ。ヤマツツジ…日本全国の山地に自生する樹勢の強いツツジで地域によって変異が多く見られます。レンゲツツジ…全国に自生する日本を代表する落葉性ツツジで、変種に黄花のキレンゲツツジがあります。

植えつけ　ツツジ類は細根性で樹勢が強いので、2月下旬〜4月および9〜10月が適期。火山灰質の軽い酸性土壌が適するので、赤土や鹿沼土、ピートモスなど酸性土壌を多めに混ぜて高めに植えつけます。

整枝・剪定　落葉性ツツジやシャクナゲに近いもの（ヒカゲツツジ、エゾムラサキツツジ、'春一番'、'吉野'など）は萌芽力が弱いので刈り込みは避け、枝をつけ根から切っていきますが、クルメツツジやオオムラサキ、キリシマツツジなどは、花の終わった直後に刈り込んで形を整えます。

四季の管理　肥料は油粕と粒状化成肥料を等量混ぜたものを2〜3月と8月下旬〜9月上旬に根元にばらまいてやります。また、4〜5月に酸度調整していないピートモスで根の周囲をマルチングすると効果的です。

キレンゲツツジ

春の花木

'吉野' 寄せ植えや根締めに最適

'春一番' 非常に花つきがよい交配種

キリシマツツジ 江戸時代に一世を風靡した名花中の名花。深紅の花色は絶品

ヒカゲツツジ 庭石の根締めなどによい

苗のふやし方 落葉性のものやシャクナゲに近いものは実生によりますが、常緑性のものは挿し木でふやします。挿し木は花後に伸びた新梢を挿し穂に使い、5～6月中旬頃までに鹿沼土に挿します。

病害虫 テッポウムシ、ボクトウガの幼虫、シンクイムシ、ハダニ、ツツジグンバイ、もち病などの被害が見られるので早めに駆除していきます。

▶ **コンパクトに維持するポイント**

いずれもそれほど大きくはなりませんが、より小さく仕立てるには小型種を選ぶか、鉢仕立てで楽しみます。

常緑性ツツジの挿し木

サツキやクルメツツジなどの常緑性ツツジは、挿し木で簡単に苗がつくれます。7月上旬～中旬に新梢を掻き取って挿し穂とします。
挿し床は、鹿沼土の小粒がよく、葉と葉が触れ合う程度の間隔で浅く挿すのがコツです。
2週間ほどで発根し、秋口には植え替えが可能です。

挿し穂は、春から伸びた新梢が固まりかけたときがよい

十分吸水させた鹿沼土の挿し床に挿す。その後1週間ほどは半日陰で管理する

'日の出霧島'の玉仕立て

クルメツツジ '暮の雪'

クルメツツジ '新常夏'

クルメツツジ '老の目覚'

クルメツツジ '麒麟'

リュウキュウツツジ　純白の大輪花で花つきがよい。江戸時代からの名花

オオムラサキツツジ　大型花で強健な造園用ツツジ

39

ツバキ

Camellia

椿（中国名は山茶）

分　類：ツバキ科ツバキ属の常緑性低木〜高木
原産地：東南アジアの亜熱帯〜温帯
開花期：10月〜5月
花　芽：タイプ❷
花　色：●●○
用　途：添景樹、生け垣、鉢植え、切り花

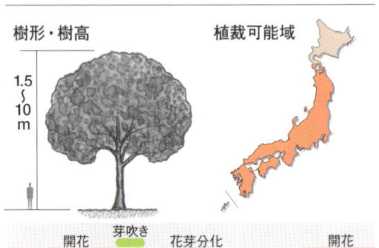

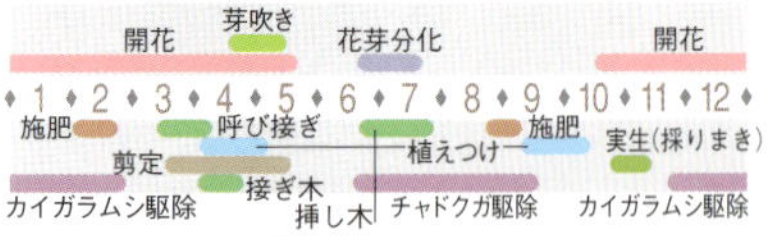

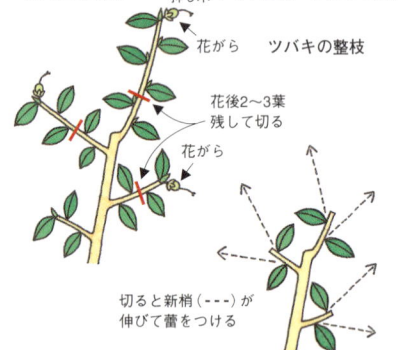

玄関脇に植えられた円筒形仕立て。ツバキは刈り込みに耐えるので、自由な仕立てが楽しめる

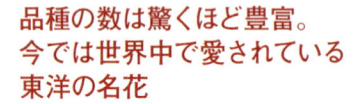

品種の数は驚くほど豊富。今では世界中で愛されている東洋の名花

　ツバキ属は北半球、特に中国に多くの種が見られます。日本には、ヤブツバキが広い地域に自生しており、そのほか日本海側の新潟、富山両県の雪の多い地域に見られるユキツバキと、それらの交雑による園芸品種が多数あります。亜熱帯産のものは耐寒性に欠けるため庭植えには適しません。

おすすめの種類　古くから栽培されてきた園芸品種は、いずれも庭植えに適します。そのほかのものを選んでみますと、シロヤブツバキ…ヤブツバキの変種の白花種。金花茶…黄花のツバキです。耐寒性にやや欠けますが東京以西の暖地であれば庭植えが可能です。香りツバキ…香りのよいヒメサザンカとヤブツバキ系品種との交雑種のグループ。いくつかの品種があります

植えつけ　4〜5月上旬および9〜10月上旬が適期です。乾燥を嫌うので湿度を高めてやることが大切です。植え穴は大きめに掘り、堆肥か腐葉土を10〜15ℓくらい入れて土とよく混ぜ、高めに植えます。鉢仕立て苗も含め根鉢の土は表面を軽く崩す程度で植えつけ、支柱をしっかり取りつけておきます。枝葉の多い苗は半分くらいまで切り戻して植え、根の負担を軽くします。

整枝・剪定　花芽分化は6月下旬〜7月中旬までにできるので、花の終わった直後に行えば、翌年、間違いなく花は咲きます。10月以降は、著しく樹形を乱す長い枝を切り取る程度に止めておきます。

四季の管理　2月上旬〜中旬に油粕と骨粉を等量混ぜたものを、8月下旬には油粕と粒状化成肥料を等量混ぜたものを施します。

苗のふやし方　秋に採りまきします。実生法は親株と同じ花の咲く率は低いのですが、時には鷹が生まれる楽しみがあります。挿し木は6月下旬〜7月に充実した新梢を10cm内外に切って小粒の赤玉土か鹿沼土に

ツバキの名の由来は、光沢のある葉であることから「艶葉木」から転じたといわれますが、朝鮮語のtonbaik（冬柏）が転訛したとの説もあります。

'紅乙女'。強健な品種で花つきもよく、庭木としてよく利用されている

'太郎冠者'（別名'有楽'） 茶花の名花。侘助ツバキの親とされる

'ポップコーン'

'乙女'（ユキツバキ系）

'光源氏'（江戸の名花）

'西王母'（加賀の名花）

'春風'（芳香品種）

挿します。呼び接ぎは4月上旬に行い、切り接ぎは3〜4月上旬が適期です。

病害虫 通風、採光が悪いとアブラムシやカイガラムシが、また6〜9月にかけてチャドクガの幼虫が2〜3回発生します。チャドクガは発生初期に早めに駆除します。また葉のふくらむもち病、花腐れ病などが見られるので、適応する殺菌剤を散布して予防に努めます。

コンパクトに維持するポイント

小型の品種を選ぶことです。大型の品種の場合、剪定で生長を抑えるのは限りがあるので、鉢植えで楽しむとよいでしょう。

庭植えに面白い「葉変わりツバキ」

園芸品種の多様さは花の変異に止まりません。面白い葉変わり品がたくさんあります。ツバキは葉の色が暗すぎるという人は、斑入り葉の品種を選んで植えるとよいでしょう。日陰の庭が一段と明るくなります。また、金魚の形をした金魚葉や梵天葉といった珍しい葉形のツバキも、道行く人の目を惹きつけること請け合いです。

'弁天神楽'

'椿笑金魚'

'越の吹雪'

'錦葉覆輪一休'

トチノキ

Aesculus

栃の木

分　類：トチノキ科トチノキ属の落葉性高木
原産地：日本、南西ヨーロッパ、インド、北米など
開花期：5月
花　芽：タイプ❸
花　色：● ● ○
用　途：添景樹

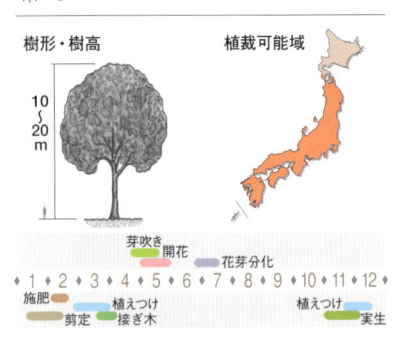

バビアの花

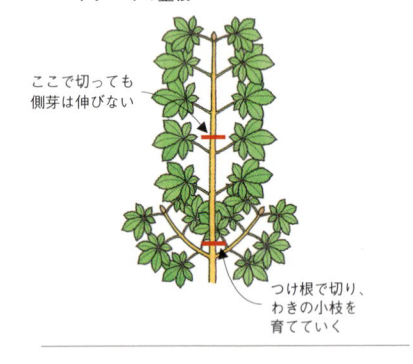

ベニバナトチノキ'ブリオッティー'。赤花の代表的品種。大型の花が木全体を覆うように咲き、ひときわ華やか

トチノキ。放任しても美しい樹形に育つが、高木となるため家庭の庭では育てにくい

大きく立ち上がる花穂。
そして大きな掌状葉は
清涼感がいっぱい

　日本に自生するトチノキや、マロニエと呼ばれるセイヨウトチノキは高木になるので庭木としては適しません。アカバナアメリカトチノキなど、あまり大きくならない系統などが適します。

おすすめの種類　ベニバナトチノキ…セイヨウトチノキとアカバナアメリカトチノキの交配種。花色の濃い'ブリオッティー'がよく知られています。セイヨウトチノキ'バウマニー'…セイヨウトチノキの八重咲き種。バビア…アカバナアメリカトチノキと呼ばれる1.5～3mの矮性種で赤色の花を咲かせ株立ち性。このほか、北米原産の矮性種で、7月に白色の大きな花穂を頂生し芳香があるパルビフロラなどがあります。

植えつけ　土質は選びませんが、日当たりがよく十分枝葉が広げられるくらいのスペースは確保したいものです。植えつけは2月下旬～3月中旬頃までと11月下旬～12月中旬までが適期です。植え穴は大きめに掘って腐葉土を多めに入れ、高めに植えつけ、支柱をしっかり取りつけておきます。

整枝・剪定　この仲間は新梢の頂芽が花芽となるので、枝先を切ってしまうと花が咲かなくなります。そこで剪定は1～2月がよく、枝はつけ根から切っていくことが基本です。太い枝を切るときにも、切るところの下に小枝があることが大切です。

四季の管理　樹勢が強いのであまり必要ありませんが、2月に油粕と骨粉を等量ずつ混ぜたものを根元に施してやれば十分です。

苗のふやし方　トチノキ、セイヨウトチノキ、バビア、パルビフロラは実生で容易ですが、他の品種は接ぎ木でふやします。

病害虫　家庭で1～2本楽しむ場合、特に気にするようなものは見られません。

コンパクトに維持するポイント

剪定で抑えるのは無理です。小型のタイプのものを鉢植えで仕立てるとよいでしょう。

放っておいてもまっすぐに伸び、ひとりでに美しい樹形をつくる木です。できるだけスペースに余裕のある場所に植え、自然樹形を楽しみましょう。

バイカウツギ

Philadelphus satsumi

梅花空木 〈別名：サツマウツギ〉

分　類：ユキノシタ科バイカウツギ属の落葉性低木
原産地：本州（近畿地方）、四国、九州
開花期：6月頃　花　芽：タイプ **1**
花　色：○ ●
用　途：添景樹、寄せ植え

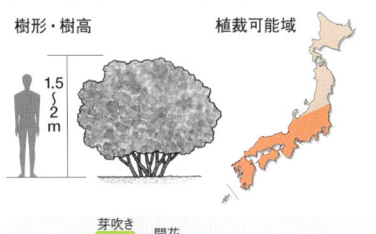

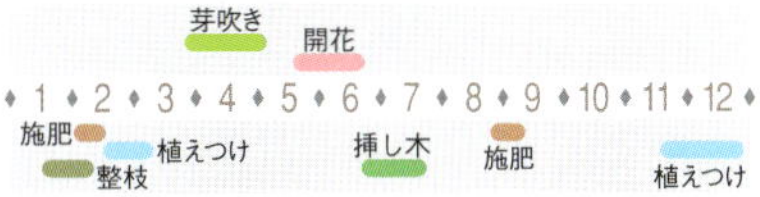

よく見かけるのは海外産種。清楚な花姿で、甘い香りもすばらしく魅力的。

　花弁4枚の3〜4cmの白花を短い新梢の先に5〜10花、総状花序をなして咲かせます。ただし、庭木、鉢植え、切り花などに用いられているものは、花が大きく樹勢の強いグランディフロルス（和名セイヨウバイカウツギ）や同じくヨーロッパ産のコロナリウス種とその園芸品種で、日本産のバイカウツギはほとんど見かけません。

おすすめの種類　'ベル・エトワール'…交雑品種で底紅の美花　コロナリウス…ヨーロッパ産大輪の芳香種。コロナリウス'オーレウス'…新梢が美しい黄花種。'スノー・フレーク'…細弁のキク咲きで芳香が強い。フイリセイヨウバイカウツギ…葉に不規則な淡黄色の斑が入ります。

植えつけ　2月中旬〜3月上旬および11月〜12月中旬頃がよく、植え穴は大きめに掘り、腐葉土か堆肥を10〜15ℓ入れて土とよく混ぜ、高めに植えつけます。

整枝・剪定　1〜2月を基本とします。花つきが悪くなった古い枝を主体に透かし剪定を行い、樹形を整えていきます。

四季の管理　チッ素過多にならないよう管理していくことが大切です。油粕と粒状化成肥料を等量ずつ混ぜたものを2月上旬〜中旬と8月下旬〜9月上旬に施します。

苗のふやし方　趣味的に少量の苗をつくるのであれば挿し木をします。6月下旬〜7月に新梢を10cm内外（2〜3節）に切り、水揚げした後、細かい鹿沼土に挿します。

病害虫　アブラムシ、カイガラムシ、テッポウムシ、うどんこ病などが見られるので、適切に早めに駆除していきます。

コンパクトに維持するポイント

前年枝の腋芽から伸び出た新梢に花をつけるので、強い剪定を行うと多くの花は咲きません。鉢植えで育てるとよいでしょう。

'ベル・エトワール'。底紅の白花で香りのよい人気品種

バイカウツギ

バイカウツギ（八重咲き）

ウツギとバイカウツギは同じユキノシタ科ですが別属の植物。ウツギは5弁花ですが、バイカウツギは梅花の名はつくものの4弁花です。

ハナズオウ

Cercis chinensis

花蘇芳〈別名：スオウバナ〉

- 分 類：マメ科ハナズオウ属の落葉性低木～大低木
- 原産地：中国
- 開花期：4月　　花 芽：タイプ❷
- 花 色：●○
- 用 途：添景樹

樹形・樹高　3～5m

植栽可能域

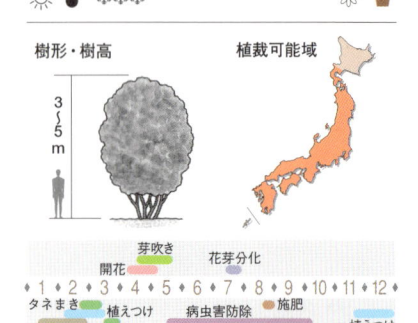

ハナズオウの整枝

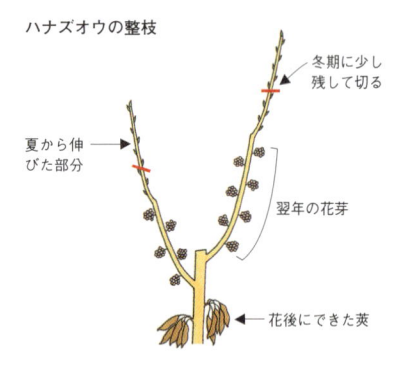

- 冬期に少し残して切る
- 夏から伸びた部分
- 翌年の花芽
- 花後にできた莢

明るい紅紫の花で枝を覆うハナズオウ

マメ科特有の莢状のタネを結ぶ

シロバナハナズオウ

アメリカハナズオウ'フォーレスト・パンシー'

紅紫色の葉色で人気が高い

葉に先立って枝いっぱいに群がる紅紫色の蝶形花が見事。自然に樹形が整う点も長所

　葉の出る前に枝一面に紅紫色の花を群がるように咲かせます。日本には300年以上も前に渡来して庭に植えられてきました。北米中部～東部に分布するアメリカハナズオウはやや小さな花を咲かせる小高木で、多くの園芸品種が見られます。

おすすめの種類　シロバナハナズオウ…花が白色。アメリカハナズオウ'フォーレスト・パンシー'…新葉時は赤紫葉。アメリカハナズオウ'シルバー・クラウド'…新葉が白色。やがて緑となり秋には紅葉。

植えつけ　2月～3月上旬、および11月下旬～12月が適期です。植え穴は大きめに掘り、腐葉土を入れてよく土と混ぜ、高めに植え、支柱を添えて苗を固定しておきます。

整枝・剪定　放任しても樹形は割合にまとまるので、剪定はあまり必要としません。混みすぎた小枝や樹形を乱す長い枝などは1～2月に切り除きます。

四季の管理　痩せ地でも育つので、多肥の必要はありません。2月上旬～中旬に油粕と骨粉を等量ずつ混ぜたものを、また、8月下旬には粒状化成肥料を、それぞれ根元にばらまいてやります。

苗のふやし方　基本種は実生で、園芸品種は接ぎ木によってふやします。

病害虫　あまり見られませんが、5～10月の間、ときどき殺菌殺虫剤を月1回ほど散布して防除に努めます。

コンパクトに維持するポイント

枝抜きをして伸びすぎるのを抑制しますが、限度があります。より小さく仕立てたければ、鉢植えが最も簡単な方法です。

ハナズオウの名の由来は、花の色がマメ科ジャケツイバラ属のスオウ（蘇芳）の材から採った赤色の染汁に似ているため。

ハナカイドウ

Malus halliana

花海棠 〈別名：カイドウ、スイシカイドウ〉

分　類：バラ科リンゴ属の落葉性大低木～小高木
原産地：中国とされているが不詳
開花期：4月　　花　芽：タイプ 4
花　色：●　　　用　途：添景樹、盆栽
樹　高：2～6m
植栽可能域：関東以西の温暖な地域

長い花柄を持つ花が優美に下垂するところから、別名は「垂糸海棠」

うつむくように下垂する
淡紅色の花は春の風情満点

　明るい紅色の花は古くから美人の形容に使われてきました。育てやすいところから庭木としてよく植えられています。
おすすめの種類　ヤエカイドウ、シダレカイドウ、ハナリンゴ。
植えつけ　12月～翌年1～2月が適期です。
植え穴は大きめに掘って堆肥か腐葉土を植え穴の底に10～15ℓ入れ、植え土とよく混ぜて高めに植えつけます。今後どのように仕立てていくかによって先端部を少し切る程度にするか、より低い位置で切るなど目的の長さに切り、支柱を添えておきます。
整枝・剪定　花は充実した短枝につけるので、長い枝、細かく貧弱な枝を12～2月に切っておきます。
四季の管理　油粕と骨粉を等量ずつ混ぜたものを2月上旬と8月下旬に施します。
苗のふやし方　接ぎ木によります。台木はズミ（ミツバカイドウ）の根伏せ苗か実生苗を使い、3月中旬～下旬に接ぎます。
病害虫　カイガラムシ、アブラムシ、テッポウムシ、うどんこ病、黒斑病などが多く見られるので早めに防除します。

コンパクトに維持するポイント

鉢仕立てにすれば、小さく楽しめます。

ハンカチノキ

Davidia involucrata

〈別名：ダビディア、ハトノキ〉

分　類：ダビディア科ダビディア属の
　　　　落葉性高木
原産地：中国　　開花期：4～5月
花　芽：タイプ 2　花　色：○
用　途：添景樹　　樹　高：7～15m
植栽範囲：本州、四国、九州

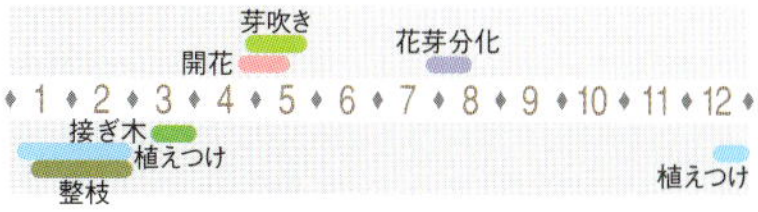

ダビディアは19世紀後半に、中国・四川省で発見された1科1属1種の貴重な植物

春風にひらひらと舞う
ハンカチのような白い苞

　大きな樹冠をつくっていくので一般の家庭で庭木として育てるにはやや不向きかもしれません。ただし小さいうちから楽しめる矮性の品種もあります。
おすすめの種類　'ソノマ'…矮性種で5号鉢植えにすると樹高30～50cmの大きさで花を咲かせる品種。
植えつけ　冬期冷たく乾いた風の当たるところや夏の高温乾燥地、強い西日を受けるようなところは避け、通気性のよい適湿地を選びます。植え穴には堆肥を多めに入れて高めに植えつけます。12～2月が適期です。
整枝・剪定　剪定は1～2月が適期です。混みすぎた部分の枝だけを抜き取ります。
四季の管理　根を広く張るので、普通の土質であれば施肥の必要はありません。
苗のふやし方　開花すると親指の頭大の楕円形の果実をよくつけるので実生が行えますが発芽率はあまりよくありません。園芸品種は3月中旬～下旬に接ぎ木でふやします。
病害虫　ときおりテッポウムシの発生が見られるので発見したら早めに駆除します。

コンパクトに維持するポイント

小型種を入手し、鉢で育てることをおすすめします。

バラ（木立バラ）

Rosa

薔薇

分　類：バラ科バラ属　半常緑または落葉低木
原産地：北半球の亜寒帯から亜熱帯
開花期：5月～11月
花芽のつき方：タイプ ❻
花　色：
用　途：花壇、添景樹

樹形・樹高　植栽可能域

1～1.5m

芽吹き　開花
1　2　3　4　5　6　7　8　9　10　11　12
　　　施肥　　　追肥　　施肥
冬剪定
大苗の植えつけ・植え替え　新苗の植えつけ　花後の切り戻し　大苗の植えつけ・植え替え

花後の切り戻し（四季咲きのバラ）

四季咲きのバラは、花の盛りがすぎるまでに切り戻し、実をつけないようにする

必ずしっかりした五枚葉の上で切る。深く切り戻すほど花が咲くまで日数がかかるが、良花が得られる

房咲きのバラは房の元まで切り戻す

四季咲きのバラの冬剪定（12～2月）

中剪定
標準的な剪定。バランスがよい

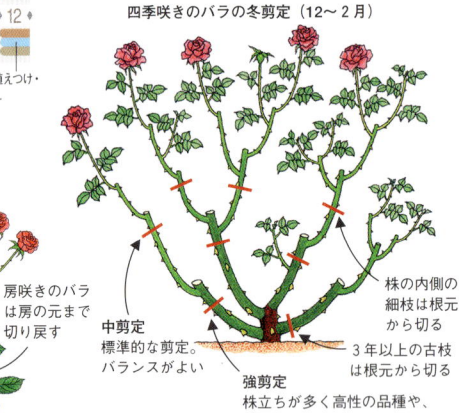

強剪定
株立ちが多く高性の品種や、主幹の更新時に行う。

株の内側の細枝は根元から切る
3年以上の古枝は根元から切る

イングリッシュ・ローズなどの登場でバラの楽しみは大きく広がった。'テス・オブ・ザ・ダーバーヴィルズ'

20世紀を代表するハイブリッド・ティー'ピース'

花の女王といわれるバラ。魅力的な花をもち、樹形も豊富。適材適所で楽しみたい

　バラほど変化に富んだ花木はありません。世界では1万以上もの品種が流通し、毎年多くの品種が作出されています。多彩な花と豊かな香りが魅力で、花色は真の青色以外はほとんどあり、花の大小、花弁の形、咲き方などは様々です。

　1日に最低3時間以上の日照と十分に枝葉を伸ばせる空間が必要で、水はけよく、保水力、保肥力に富んだ弱酸性の土を好みます。よい花を数多く咲かせたり、長年にわたってバラを楽しむには、適切な管理が欠かせません。

　木の性質は、大きく分けて、木立性（ブッシュ）、半つる性（シュラブ）、つる性（クライミング）に分けられます。

楽しみ方　木立性のバラには、ハイブリッド・ティー（HT）、フロリバンダ（F）、ポリアンサ（Pol）、ミニチュア（ミニバラ Min）などがあります。四季咲きで株はコンパクトに育ち、年間を通して花を楽しめます。そのため四季折々の手入れがしやすい庭の中央など、日当たりよく人に近いところで育てます。

バラの鉢栽培　鉢栽培できないバラはありません。ただし、鉢とのバランスがよい品種を選ぶと、姿がきれいです。また、つるバラなど大きく育つ品種は、管理が大変になることがあります。

植えつけ　苗には4～6月に出回る新苗、11～2月に出回る大苗、通年流通している鉢植え苗（長尺苗）があります。新苗は品種が多く比較的安価、大苗は圃場で1年間育てているので力を蓄えています。新苗、大苗は購入後なるべく早く植えつけます。鉢植え苗は通年植えつけ可能です。植え替え、移植は、バラが休眠する12～2月に行います。

整枝・剪定　木立性のバラは12～2月の剪定

一般的に、1867年に作出された'ラ・フランス'以降のバラをモダン・ローズ、それ以前の交配種をオールド・ローズとしています。

庭にはハイブリッド・ティーやフロリバンダなどの
木立性のバラを、建物にはつるバラや原種を誘引

ハイブリッド・ティー（HT）

'ブルー・ムーン'

アマツオトメ（天津乙女） 　ミスター・リンカーン

フロリバンダ（F）

'アイスバーグ（シュネーヴィッチェン）'

'ゴールド・バニー' 　'プリンセス・ミチコ'

ポリアンサ（Pol）

'マザーズデイ'　'ザ・フェアリー'

ミニチュア（ミニバラ、Min）

'リトル・アーチスト' 　'グリーン・アイス'

（冬剪定）をしっかり行います。春以降は、花後の切り戻し、良花が得られない細枝や、蕾がつかず生長を止める枝（ブラインド）などの先端をピンチ（摘芯、茎や枝の先端を摘むこと）します。株の下方から出る太い新梢（シュート）は、次の年からの主要な幹になるので、蕾のつく前に1/3ほどをピンチし、枝の充実を図ります。

四季の管理　施肥は、12〜2月に施す元肥、花後に施す御礼肥、鉢植えでは4〜9月まで毎月1回程度、追肥としてバラ専用の肥料を与えます。肥料は、常に穏やかに効いている状態にします。

苗のふやし方　実生、挿し木、接ぎ木でふやせますが、一般に販売されている苗は、ほとんどが接ぎ木で生産されています。主に強健な「ノイバラ」を台木に使うことで、早く丈夫に育ちます。

病害虫　うどんこ病、ベト病、アブラムシ、ハダニなど病虫害に注意が必要です。なかでも黒星病（黒点病）、カミキリムシの幼虫（テッポウムシ）、コガネムシの幼虫（鉢栽培の場合）は、放置すると致命的になることがあります。予防のための定期的な薬剤散布や管理を心がけます。

▶ **寒冷地の冬越し**

バラにはかなりの耐寒性があり、ほとんどの種類はマイナス15℃ぐらいまで大丈夫です。株ごと雪に埋まるところでは、雪の重みによる枝折れに注意が必要です。しっかりした立杭や支柱に枝を束ねて、コモや寒冷紗を巻きつけます。

最も注意が必要なのは、雪があまり降らず寒風にさらされる地域です。枝を束ねて、コモやベニヤ板などで囲い、中に藁や籾殻、堆肥などを詰めて防寒します。鉢植えは、鉢土が凍らないように保護するか、鉢ごと露地に植えて冬越しします。

なお、寒冷地での剪定は、冬越し前は細く弱い枝を切り取る程度にとどめ、春先に強剪定します。また、苗の植えつけも春先に行います。

バラ（半つるバラ）（つるバラ）

Shrub Rose, Climbing Rose

半蔓薔薇、蔓薔薇

分　類：バラ科バラ属　半常緑または落葉低木
原産地：北半球の亜寒帯から亜熱帯
開花期：5月～11月　　花芽：タイプ ⑥
花　色：
用　途：添景樹、壁面、フェンス、グラウンドカバー

樹形・樹高　　　植栽可能域

半つるバラ　1.8m以上　1.5m以上

つるバラ　2m以上　5m以上

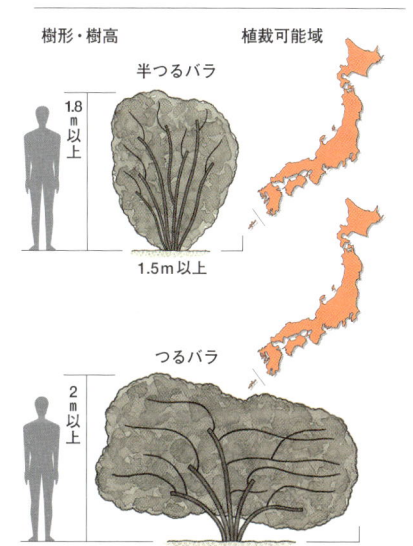

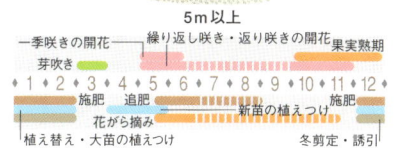

花壇の手前にミニバラ、中央に四季咲き性の強いバラ、窓辺につるバラを誘引した庭

つるバラの剪定と誘引（12～2月）

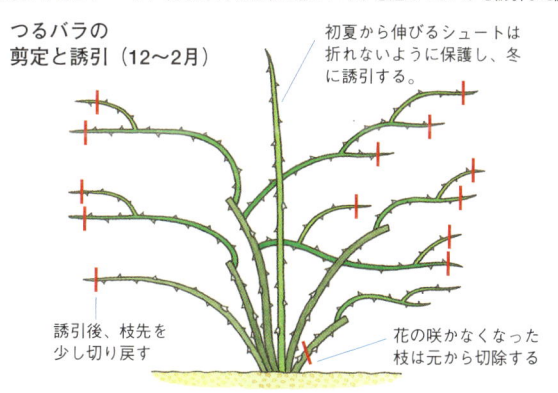

初夏から伸びるシュートは折れないように保護し、冬に誘引する。

誘引後、枝先を少し切り戻す

花の咲かなくなった枝は元から切除する

誘引はバラの休眠中行う。弱い枝や枯れた枝を剪定し、枝が重ならないように放射状に枝配りをする。誘引剪定作業では芽を傷めないように注意する

ローズヒップ（バラの実）

タカネイバラ

ロサ・ルクスブルギー・ノルマリス

コハマナス

●半つる性のバラ

半つる性のバラは強健で、枝が伸びすぎないので、日本の庭によく合います

　半つる性のバラとは、多くの原種やオールド・ローズ、人気のイングリッシュ・ローズを含むモダン・シュラブ・ローズの総称で、木立性とつる性の中間的な性質をもちます。分類しづらい品種を便宜上このカテゴリーにまとめたようなところがあり、品種により性質は様々です。
　イングリッシュ・ローズや半つる性のオールド・ローズはたおやかな花と豊かな香りを持っています。完全な四季咲き性とはい

えないまでも、繰り返しよく咲きます。つるバラほど長大に枝を伸ばしませんが、株立ちが多くよく繁るので、木立バラよりも大きなスペースが必要です。
植えつけ　木立性のバラと同じです。ただし、半つるバラ、つるバラは枝を伸ばすものが多いので、庭の前列や中央に植えるのは避け、枝を誘引できる場所か放任しても邪魔にならない場所に植えます。
整枝・剪定　冬剪定は、枯れた枝、弱った枝、3年以上たった古い枝を剪定するていどに止め、前年に伸びた枝を誘引します。イングリッシュ・ローズなどモダン・シュラブ・ローズの多くは、ある程度剪定して

も開花を得られます。
　繰り返し咲き、返り咲きの品種は花後に切り戻します。一季咲きなど実を楽しみたい品種は花がらをそのままにします。
四季の管理　施肥は、12～2月に施す元肥、花後に施す御礼肥で十分です。繰り返しよく咲く品種は、木立性のバラに準じます。
苗のふやし方　木立性のバラと同じです。
病害虫　木立性のバラと同じです。

コンパクトに維持するポイント

品種選びが大切です。植える場所に適した枝の長さの品種にします。

春の花木

フェンスに誘引した白花をたわわに咲かせる'グンセイ(群星)'など。

原種(Sp)

ノイバラ

ハマナス

オールドローズ

'グルス・アン・テプリッツ'

ロサ・ムンディ
(ロサ・ガリカ・ベルシコロール)

'シャポー・ドゥ・ナポレオン'

モダン・シュラブ・ローズ

'カクテル'

'ジャクリーヌ・デュ・プレ'

'ラベンダー・ドリーム'

●つる性のバラ

つるバラが咲く姿はみごと。品種選びと管理に注意すれば、様々な演出ができます。

つる性のバラとは、枝変わりのクライミング、大輪咲きクライミング、ランブラーなどのことです。

枝変わりのクライミングや大輪咲きクライミングは、秋に返り咲く品種もあり、大きく伸長します。外壁面など枝が邪魔にならない広い場所に植えつけます。

ランブラーは、枝がほふくする一季咲きの品種が多いので、フェンスなどに誘引したり、立木にからませてもよいでしょう。

つる性のバラは強健で生育力が旺盛なので、多少の半日陰なら育てられますが、大きくなりすぎて手に余ることがあります。

植えつけ 半つる性のバラと同じです。

整枝・剪定 前年に伸びた枝に開花するので、前年の花後に伸びた枝を大切に保護し、冬に誘引します。

枝変わりのクライミングや大輪咲きクライミングは、12〜2月に2年以上経ち花の咲かなくなった古枝、枯れた枝、弱った枝を取り除き、前年に伸びた枝を水平に近く放射状に誘引します。

ほとんどのランブラーは、一度咲いた枝に二度開花することがないので、花を咲かせた枝を花後か冬に切り詰め、新しい枝を伸ばして誘引します。ランブラーは比較的枝が柔らかく下垂させても咲くので、自由に誘引できます。

四季の管理 施肥は、12〜2月に施す元肥、花後に施す御礼肥で十分です。

苗のふやし方 木立性のバラと同じです。

病害虫 木立性のバラと同じです。

寒冷地のつるバラの冬越し

木立性のバラと同じですが、つるバラは枝が伸びるので、冬前に枝を束ねて保護します。春に、誘引して枝先や凍害にあったところを切り戻します。

ローズ・ヒップ(バラの実)はビタミンCが豊富。ローズ・ヒップ・ティーのほか、ポプリやオーナメントに利用できます。

イングリッシュ・ローズ（ER）

'グラハム・トーマス'  'イングリッシュ・ヘリテージ'  'アブラハム・ダービー'  'メアリー・ローズ'

つるバラ（クライミング・ローズ、Cl）

'ピエール・ドゥ・ロンサール'  'ニュー・ドーン'  'シンセツ（新雪）'  'アルベリック・バルビエ'

春の花木

樹形によるバラの分類

	木立性（ブッシュ・ローズ）	半つる性（シュラブ・ローズ）	つる性（クライミング・ローズ）
特徴	四季咲き性でコンパクト。特に日照が必要で、庭の中央などに向く	木立性とつる性の中間的な性質で、品種間の差異が大きい。庭の後方や構造物に	強健で旺盛に伸びるので、広いスペースが必要。家の外壁面やフェンスなどに
主な系統	**ハイブリッド・ティー（HT）** 四季咲き大輪種。世界中でバラが愛されるきっかけとなった **フロリバンダ（F）** 四季咲き房咲き中輪種。HTとPol交配種。房咲きで、ガーデンに向く **ポリアンサ（Pol）** 四季咲き房咲き小輪種。ノイバラとロサ・キネンシス・ミニマの交配種で強健 **ミニチュア（ミニバラ、Min）** 四季咲き小輪種。ロサ・キネンシス・ミニマを祖とする	**原種（Sp）** 北半球に約150の原種があり、約10種が現代バラの祖。多くが一季咲き **オールド・ローズ** 約12の系統がある。中輪で全体にコンパクト、一季咲きの品種が多い **モダン・シュラブ・ローズ** 近年人気の系統。品種により性質は多様。返り咲くものが多い **イングリッシュ・ローズ（ER）** モダン・シュラブに分類される。イギリスのオースチン作出のバラ	**枝変わりクライミング（Cl）** 木立性のバラから出たつる性の枝を品種として固定したもの **大輪咲きクライミング（LCl）** いくつかの系統を交配して誕生した。大輪で返り咲くものが多い **ランブラー（R）** 日本のテリハノイバラを親とする。多くが小中輪で一季咲き。超強健でほふく性 **つる性のオールド・ローズや原種** 一季咲きでよく枝が伸びるものは、実つきがよく秋にローズ・ヒップが楽しめる

※原種とオールド・ローズ、イングリッシュ・ローズの一部の品種は、木立性もしくはつる性の性質を持つ

ハナミズキ

Cornus florida

花水木 〈別名：アメリカヤマボウシ〉

分　類：ミズキ科ミズキ属の落葉性小高木
原産地：北米東部〜メキシコ北東部
開花期：4〜5月
花　芽：タイプ 2
花　色：●●○
用　途：景観樹

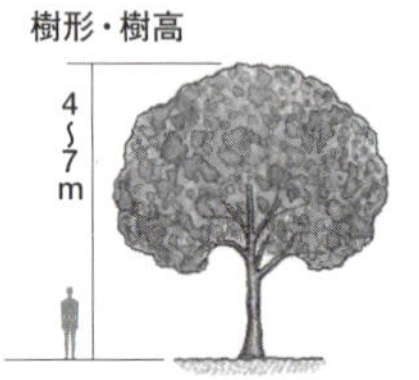

ハナミズキは陽春を彩る花木として人気が高い

ハナミズキの熟果

'クラウド・ナイン'

'チェロキー・サンセット'。斑入り葉の紅花品種

ヤマボウシとの交配種 'ステラ・ピンク'

アメリカ生まれの春花木。観賞期間が長く、秋の紅葉、赤熟した果実も観賞の対象に

明治45（大正元）年に東京市からワシントン市に贈られたサクラの苗木の返礼として大正4（1915）年に送られてきたのが最初です。ただし、この花木が人々の心をとらえ、人気が出たのは昭和45（1970）年以降ですが、今や最も人気のある花木のひとつです。

おすすめの種類　'クラウド・ナイン'…白色大輪品種。'チェロキー・サンセット'…芽立ちが赤から黄金色の斑入り葉赤花品種。'チェロキー・チーフ'…赤花の代表種。

'レインボー'…最初に導入された斑入り品種。シダレハナミズキ…白花の唯一の枝垂れ種。'ステラ・ピンク'…ステラ系（ヤマボウシとの交配種）で唯一の紅花品種。

植えつけ　ほとんどの苗木が鉢仕立てなので扱い時期にはかなり幅が持てます。この仲間は樹勢が強いので、落葉した直後がよく、12月〜翌年2月までが適期ですが、鉢仕立て苗なら3月中旬頃まで扱えます。植え穴には堆肥を多めに入れ、高めに植えて支柱を取りつけておきます。

整枝・剪定　葉が落ちたらすぐに行いたいので12〜1月が適期。長い枝や内部の細かい枝を切り取り、樹形を整えていきます。

四季の管理　油粕と骨粉、または油粕と粒状化成肥料を等量に混ぜたものを1月下旬と8月下旬に根元に施します。

苗のふやし方　基本種は実生でふやしますが、園芸品種は接ぎ木でふやします。実生は果肉を取り除いて土中に埋めておき、2月下旬にまきます。接ぎ木は3月中旬〜下旬に切り接ぎで、7月下旬〜8月に腹接ぎで。

病害虫　うどんこ病、根の紋羽病、テッポウムシ、ボクトウガ、コウモリガなどの被害が見られるので早めに駆除します。

▶ **コンパクトに維持するポイント**

矮性種を選ぶか、鉢仕立てで楽しみます。

ハナミズキの花のように見えるのは葉が変形した4枚の苞（ほう）です。4月の末ごろから色づきながらゆっくりと咲き進むので、3週間近く観賞できます。

ブラシノキ

Callistemon speciosus

金宝樹〈別名：カリステモン〉

分　類	フトモモ科マキバブラシノキ属の常緑性低木
原産地	オーストラリア
開花期	5～6月　花　芽：タイプ 1
花　色	● ◐ ○
用　途	添景樹　　　　　樹高：2～3m
植栽可能域	関東以西の太平洋岸沿いの温暖な地域

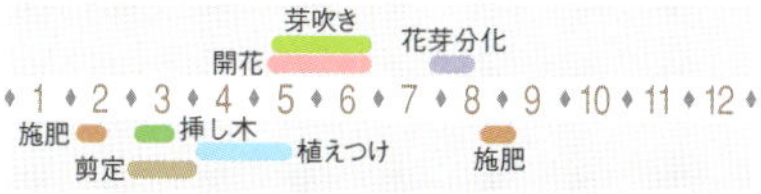

'マウベ・ミスト'。濃桃色の美花

特異な花は小庭のシンボルツリーにもふさわしい

カリステモン・サリグナス

人目を引くに十分なユニークな花姿

和名は、花の形がびんを洗うブラシに似ることに由来します。暖地では庭にも植えられ、切り花としても利用されています。

おすすめの種類　マキバブラシノキ…小型で花つきがよく、鉢植えでよく見られます。'マウベ・ミスト'…濃紅色の美花。

植えつけ　4～5月中旬くらいまでが適期。植え穴は大きめに掘り、腐葉土を多めに入れて土とよく混ぜて高めに植え、支柱を取りつけて苗木を固定します。

整枝・剪定　花芽は枝先につくので、枝先を切ることは避け、枝抜きで姿を整えます。

四季の管理　2月と8月下旬に油粕と粒状化成肥料を等量に混ぜたものを根元に浅く溝を掘って埋めます。植え替えは困難です。

苗のふやし方　挿し木、実生でふやします。

挿し木は3月上旬に前年生枝を10cmくらいに切り、3時間くらい水揚げして鹿沼土に挿します。実生は2～3年枝についている熟果を採り、細かいタネを取り出し、3月中旬に細かい用土にまきます。

病害虫　特に見られません。

コンパクトに維持するポイント

鉢植えでハツ房キンポウジュを育てると樹高50～60cm程度で楽しめます。

モクレンモドキ

Manglietia fordiana

木　蓮（漢名）〈別名：マングリエティア〉

分　類	モクレン科モクレンモドキ属の常緑性小高木
原産地	中国（湖南省付近）
開花期	5～6月　　花　芽：タイプ 2
花　色	○　　　　用　途：景観樹
樹　高	3～5m
植栽可能域	関東以西の温暖地、四国、九州

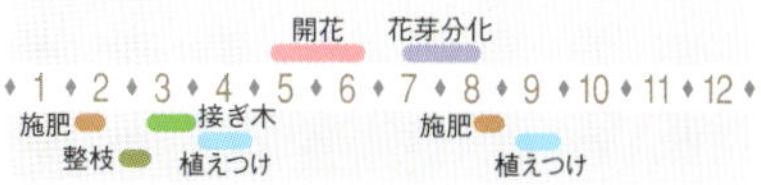

紅花木蓮（*Manglietia insignis*）

毛桃木蓮（*Manglietia fordiana*）

中国だけに自生する珍しい花木

中国のみに20～30種自生する常緑樹です。中国ではハクモクレンやシモクレンなどモクレン属は「木蘭」と書き、モクレンモドキ属は「木蓮」とはっきり区別しています。径7～8cmの花を短枝の先に1花咲かせます。

おすすめの種類　紅花木蓮…日本に最初に入ってきた品種。中国では10～15mにもなります。毛桃木蓮…蕾はラグビーボール形で長い花柄をもって下垂します。萼の外側は帯紅色の白花種。

植えつけ　4月および9月中旬～下旬が適期。植え穴は大きめに掘り、堆肥を10～15ℓ入れ、ポット苗は根鉢の表面を崩す程度として高めに植えつけ、支柱を添えておきます。

整枝・剪定　いったん根が張ってくると枝をよく伸ばすので、2月下旬～3月上旬に切り詰めて樹形を整えていきます。

四季の管理　2月上旬～中旬に油粕と骨粉を等量に混ぜたものを、8月下旬に化成肥料を根元に施します。

苗のふやし方　3月下旬に切り接ぎでふやします。台木はコブシの実生苗を使います。

病害虫　特に見られません。

コンパクトに維持するポイント

鉢植えをおすすめします。6～10号鉢くらいで育てるとよいでしょう。

モクレン

Magnolia

木 蘭

分　類：モクレン科モクレン属の落葉性
　　　　または常緑性の高木
原産地：アジア大陸、北米東部、南米北部
開花期：3〜7月　　花 芽：タイプ❷
花　色：● ● ○
用　途：景観樹、添景樹、前庭

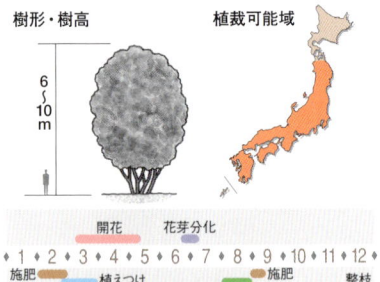

樹形・樹高　　植栽可能域

6〜10m

モクレン類の整枝

この仲間は枝の頂部に蕾をつけるので、7月〜2月までの間は枝先を切らない

長い枝は蕾をつけない

短枝の頂芽が蕾となる

冬期長い枝を切り取るか、数芽残して切り取る

葉に先立って開くふくよかな大輪花は、家庭の庭でも大の人気花木のシモクレン

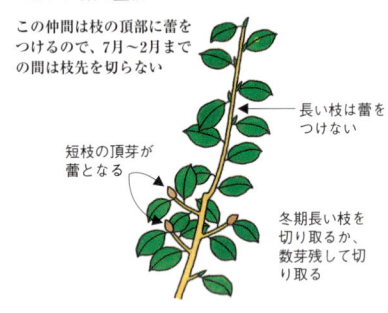

おおらかで艶麗な芳香花。世界中で愛されている魅力的な花木

　モクレンの仲間は種類や品種が非常に多く、植え場所に適したものや樹形、花色など、好みのものを選んで楽しむことができます。一度根づけば、樹勢が強く、病害虫もほとんどありません。できれば大きく育てると真価を発揮しますが、狭いところに適する品種もあり、また鉢でも十分育てることができます。

おすすめの種類　ハクモクレン…白色の大輪種。高木となります。シモクレン…株立ちとなる大低木で濃紫紅色の大輪花。ニシキモクレン…ハクモクレンとシモクレンの交雑種で、花弁の外側が紫紅色、内側が白い大輪花。欧米ではこの交配を「スーランジアナ」と呼んでいます。ガールマグノリア…シモクレンとシデコブシとの交配種で8品種あります。中輪の紫紅色花をたくさんつける強健種です。黄花モクレン…アメリカ産キバナモクレンの園芸品種で'イエロー・バード'、'ゴールド・スター'、'エリザベス'などの品種があります。オオヤマレンゲ…落葉低木〜大低木で、初夏に花径8〜10cmの白色6弁花を咲かせます。花弁数が7〜9枚のものをミチコレンゲと呼びます。ウケザキオオヤマレンゲ…落葉性の小高木で花径13〜15cmの芳香の強い白色花を上向きに咲かせます。

植えつけ　落葉性のものは2月下旬〜3月が適期。ただし、モクレンの仲間は根が太くてやわらかく折れやすいので、根鉢を崩さずに植えるのがコツです。

整枝・剪定　冬期に行うのがよく、長く伸びた枝先には花芽がつかないので切り取るか切り詰めます。また、花の終わった直後に細かい枝が込んでいるところは軽く間引いて、通風と採光を図ります。

四季の管理　整枝以外、ほとんど手はかかりません。肥料は2月と9月上旬に固形の

珍しい花色の'ウッズマン' 　シモクレン 　ハクモクレンの花。中国名は「玉蘭」 　ニシキモクレン。多くの園芸品種がある

黄花モクレン'ゴールド・スター'  　ハクモクレンは高木となるので十分なスペースが必要 　ニシキモクレン'アレクサンドリアーナ'

'サヨナラ'。白色大輪で弁元に紅をさす 　ガールマグノリア'ジェーン'

油粕肥料か、油粕と粒状化成肥料を等量ずつ混ぜたものを施します。

苗のふやし方　野生種は実生によりますが、園芸種は接ぎ木によります。台木にはコブシが多く用いられ、3月に切り接ぎをするか、8月に芽接ぎをします。

病害虫　ほとんどありませんが、念のために、6月に殺虫剤、殺菌剤を散布しておくと効果的です。

コンパクトに維持するポイント

小型のものを選び、適期に適切な整枝を行います。コンテナであれば、7～10号のプラスチック鉢が軽くて扱いやすいでしょう。

オオヤマレンゲ 　ウケザキオオヤマレンゲ

ヤマボウシ

Cornus kousa ［異］*Benthamidia japonica*

山法師 〈別名：ヤマグルマ〉

分　類：ミズキ科ミズキ属の落葉樹
原産地：本州、四国、九州、朝鮮半島、中国
開花期：5〜6月
花芽のつき方：タイプ❷
花　色：○○○
用　途：添景樹、前庭

樹形・樹高 / 植栽可能域

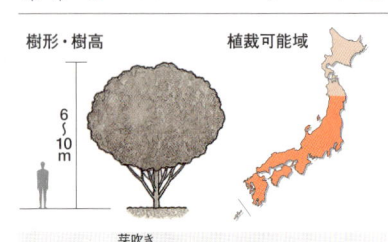

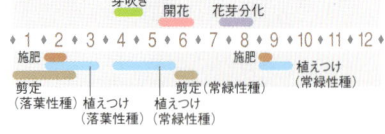

6〜10m

| 1 | 2 | 3 | 4 | 5 | 6 | 7 | 8 | 9 | 10 | 11 | 12 |

芽吹き／開花／花芽分化
施肥／施肥／植えつけ（常緑性種）
剪定（落葉性種）／植えつけ（落葉性種）／剪定（常緑性種）／植えつけ（常緑性種）

冬季に行う枝の整理

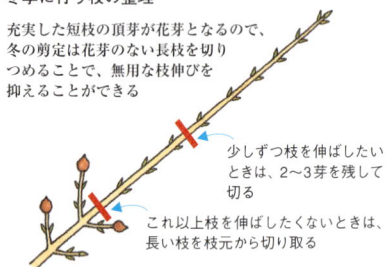

充実した短枝の頂芽が花芽となるので、冬の剪定は花芽のない長枝を切りつめることで、無用な枝伸びを抑えることができる

- 少しずつ枝を伸ばしたいときは、2〜3芽を残して切る
- これ以上枝を伸ばしたくないときは、長い枝を枝元から切り取る

山の木らしい野趣が持ち味で、明るい洋風の庭にもよくマッチする。できるだけ自然樹形を楽しみたい

病虫害に強い人気花木。植え込む庭の広さに応じて品種を選ぶことができる

　土壌はほとんど選びませんが、保湿性のある肥沃で水はけのよい所が理想的です。単独で植えて楽しむとよいでしょう。

おすすめの種類　ベニバナヤマボウシ…総苞が淡紅〜紅色のヤマボウシを指します。丸弁で大輪の'ミス・サトミ'、びっしりと花を咲かせる'紅富士'が代表品種。'ホワイト・ミヌマ'…白花小輪。総苞が4〜6輪で花つきがよく、木は株状となり矮性。冬季、枯れた葉が遅くまで枝に残ります。'ウルフ・アイ'…白の覆輪葉。秋には覆輪部分が美しいピンクに紅葉する。花は淡い白緑色に白覆輪。木は矮性で横に広がる。'ミルキー・ウェイ'…中国産。高木ですが花つきよく、小さいうちからよく咲くので鉢栽培にも適します。ヒマラヤヤマボウシ'マウンテン・ムーン'…ブータンで発見された常緑性種。花径10〜13cmと大輪の丸弁で帯黄白色の花をつけます。果実も大きい。ホンコンエンシス…常緑性。花径5〜6cmと小輪ですが、非常に花つきがよく、秋口には真っ赤な果実がたくさんつきます。

植えつけ　落葉性のものは2〜3月中旬、常緑性のものは4月中旬〜6月上旬および9月が適期です。切り詰めではなく、枝抜きによって樹形を整えてから植えます。

整枝・剪定　落葉性のものは1〜2月、常緑性のものは花の咲き終わった直後に行います。樹冠を一律に刈り込むような剪定は避け、枝抜きをすることで自然樹形を保ちたい木です。

四季の管理　植え場所が十分あれば、できるだけ放任して楽しみたいものです。施肥は2月上〜中旬と9月上旬に、チッ素、リン酸成分のやや多い遅効性肥料か緩効性肥料を施します。

苗のふやし方　落葉性のものは3月中〜下旬に切り接ぎ、または8月に腹接ぎで。常

近縁種のハナミズキと同様、花のように見えるのは葉の変形した総苞。ハナミズキの苞は先端が凹むのに対し、ヤマボウシの苞は尖るのが特徴です。

春の花木

'ウルフ・アイ'　白覆輪葉で葉縁はゆるく波打つ

ヤマボウシの熟果は生食できる

ホンコンエンシス　常緑性で小輪多花性

'マウンテン・ムーン'

'ミス・サトミ'　ベニバナヤマボウシの代表的品種

'ミルキー・ウェイ'　中国産ヤマボウシで多花性

枝垂れヤマボウシ'ラストグース・ウィーピング'

'ホワイト・ミヌマ'　小輪多花性。矮性

緑のホンコンエンシスは10〜11月に実生法によります。ヒマラヤヤマボウシは6月下旬〜7月に挿し木でふやします。

病害虫　総じて病害虫の少ない木ですが、夏、幹の地際にテッポウムシが食い入ることがあります。また、葉にはときおりイラガの幼虫による被害が見られます。

コンパクトに維持するポイント

庭植えのものは適切な枝抜き剪定を行うことで、無用な枝伸びを抑えます。鉢植えはなるべく矮性の品種を選び、7〜10号くらいの鉢で育てます。ただし、花つきをよくするには十分な肥培が必要です。

かんぬき枝や車枝を整理する枝抜き剪定

ヤマボウシはハナミズキなどと同様に枝葉の出方が対生です。そこで、放っておくとかんぬき枝や車枝となりがちです。若木のうちに樹勢を見ながら、交互に枝を間引いて基本樹形を整えておくとよいでしょう。

若木のうちはほとんどの枝がかんぬき枝

枝順を見ながら、枝を間引いていく

枝抜き作業終了。交互に枝が並んだ

ボタン
Paeonia suffruticosa

牡丹 〈別名：フウキソウ（富貴草）、カオウ（花王）〉

分　類：ボタン科ボタン属の落葉性低木
原産地：中国陝西省一帯
開花期：5月
花　芽：タイプ 3
花　色：● ● ● ● ○
用　途：添景樹

樹形・樹高
1.5〜2.0m

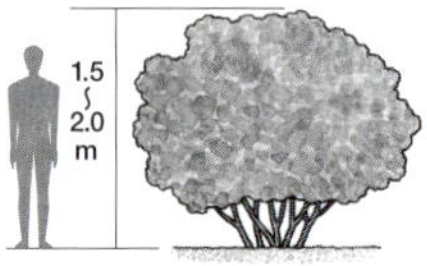

植栽可能域

ボタンの整枝
1〜2月にシャクヤクの台芽をかき取る
台芽かき
花がら
5月下旬〜6月上旬に芽をかき取る
上の芽をかき取るとこの芽が花芽となる

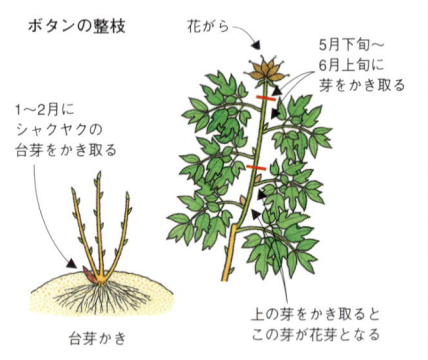

ボタンの大株が咲く庭

'八千代椿'。八重抱え咲き。樹勢が強く育てやすい

'白神'。白花の千重咲き。樹高は中程度で鉢植えにも向く

黄花品種の'ハイヌーン'（アメリカボタン）

珍しい花色のアメリカボタン'リナウン'

古くから「花王」と呼ばれてきた豪華な花容は花木のなかでも出色。じっくりと大株に育てたい

　現在ボタンと呼ばれているものは、中国原産のいくつかの原種の交配交雑により作出された園芸種です。わが国への渡来は平安時代に薬用として導入されたといわれていますが、その後改良が加えられて、中国の園芸品種とは趣を異にした日本ボタンと呼ばれる品種群が生まれました。

おすすめの種類　'花王(かおう)'…紅色大輪咲き。'白王獅子'…白花の代表種。'太陽'…赤花大輪の強健種。'島錦'…紅白絞り咲きの小輪種。'ハイヌーン'…黄色の代表種。その他たくさんの品種があります。

植えつけ　日なたを好みますが、夏の西日は避けられる場所を選びます。ボタンの根が活動するのは晩秋から春にかけてなので、10〜11月が最も適した時期です。根鉢の土はきれいに落とし、健全な根は大事に扱います。傷んだ根は切り取り、切り口には草木灰か石灰を塗って保護します。できるだけ高めに植えつけるのがコツです。

整枝・剪定　花の終わった直後に花がらを摘み取り、春咲きボタンは9月中旬に葉柄を3〜5cm残して傷んだ葉を切り取ります。

四季の管理　夏場の乾燥を防ぐためにマルチングが有効です。肥料は、油粕と骨粉を等量ずつ混ぜたものを9〜11月上旬に多めに施し、また同じものを花が終わった直後に施します。

苗のふやし方　シャクヤクの根を台木に9月に切り接ぎでふやします。また、大きな株になると取り木も可能です。

病害虫　気にするほどの病気や害虫はありません。

コンパクトに維持するポイント
横開性のタイプの品種を選ぶとよいでしょう。または鉢植え（10号以上の大鉢がおすすめ）にすると小さく楽しめます。

ヤマブキ

Kerria japonica

山吹 〈別名：オモカゲグサ〉

分　類：バラ科ヤマブキ属の落葉性低木
原産地：全国に広く分布　開花期：4～5月
花　芽：タイプ❸　　　花　色：●
用　途：添景樹、下木、前づけ、列植
樹　高：1.0～1.5m
植栽範囲：沖縄を除く日本全土

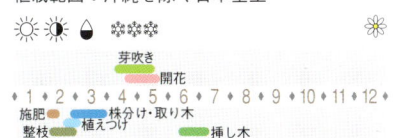

ヤマブキ（基本種）

ヤエヤマブキ。千重咲きで美しい

春風にたなびく優美な花枝。
半日陰に適した野趣豊かな花木

　優美な弧を描く緑色の枝葉に黄金色の花、これほど枝葉と花のコントラストの美しい花木は少ないでしょう。まして半日陰で見る花は、いっそう黄金色が鮮やかに見えます。

おすすめの種類　ヤエヤマブキ…最も多く見られる品種。シロバナヤマブキ…淡黄白色花。シロヤマブキ（P.60）とは別属。

植えつけ　寒さには強いのですが、枝幹は髄が太くてやわらかいので厳冬期は避け、2月下旬～3月上旬が適期です。植え穴には堆肥か腐葉土を多めに入れ、よく広げて植えつけます。根を強く切ることは避けます。

整枝・剪定　4～5年生の古い枝幹は2月に根元から切り取る程度です。

四季の管理　2月に油粕と粒状化成肥料を等量ずつ混ぜたものを根元にばらまいてやれば十分です。

苗のふやし方　株分けや取り木は2月下旬～3月に枝幹を切り離して植えつけます。挿し木は6月上旬～7月上旬に新梢を10～12cmに切って鹿沼土に挿します。

病害虫　特にありません。

コンパクトに維持するポイント

鉢植えにすれば、いずれも樹高1mくらいで楽しむことができます。

ライラック

Syringa vulgaris

〈別名：ムラサキハシドイ、リラ〉

分　類：モクセイ科ハシドイ属の落葉性大低木
原産地：ヨーロッパ東南部
開花期：4～5月　花　芽：タイプ❷
花　色：●○　　用　途：添景樹
樹　高：2～4m
植栽範囲：北海道中部以南、本州、四国、九州

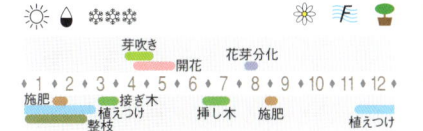

ライラックは北国の代表的な春の花木

ヒメライラック

リラの名で親しまれてきた
甘い香りを放つ北国の名花

　ライラックといえば、以前は花が大きく、ハート形の葉をしたムラサキハシドイの系統でしたが、近年は花冠筒部が細く、葉は長楕円形で細軟毛を有するワタゲハシドイやウスゲハシドイの血を引く系統が多く見られます。

おすすめの種類　'センセーション'…帯紫紅色の花冠に白い覆輪斑が入る。'ミス・キム'…30cm程度で花を咲かせます。ヒメライラック…1m以下の矮性種。

植えつけ　11月下旬～3月上旬まで扱えます。植え穴には腐葉土を入れ、高めに植えつけ、支柱を取りつけておきます。

整枝・剪定　1～2月に込みすぎた部分の枝抜きをし、通風採光を図ります。

四季の管理　施肥は2月上旬に油粕と骨粉を等量ずつ混ぜたものを、花後と8月下旬に粒状化成肥料を追肥として施します。台芽のかき取りは発生次第行います。

苗のふやし方　3月中旬～下旬に切り接ぎによってふやします。

病害虫　テッポウムシの被害に気をつけ、早期発見して早めに駆除します。

コンパクトに維持するポイント

矮性種を選ぶか、鉢仕立てとします。

春の花木

アメリカヒトツバタゴ
Chionnthus virginicus
〈日本産ヒトツバタゴの別名：ナンジャモンジャ〉

分　類：モクセイ科ヒトツバタゴ属の落葉性中高木
原産地：北米東部
開花期：5〜6月　　花　芽：タイプ 4
花　色：○　　　　用　途：景観樹
樹　高：5〜8m　　植栽可能域：本州以南

木は大きくなりますが、日本産のヒトツバタゴに比べ、若木のうちからよく花をつけます。樹高1mほどで咲き出すので庭木として使いやすく、シンボルツリーなどによく使われるようになりました。花にはかすかな芳香があります。

ウグイスカグラ
Lonicera gracilipes var glabra
鶯神楽　〈別名：ウグイスノキ〉

分　類：スイカズラ科スイカズラ属の落葉性低木
原産地：全国　　　　開花期：4〜5月
果実熟期：6〜7月　　花　芽：タイプ 4
花　色：●●　　　　用　途：添景樹
樹　高：2〜3m　　植栽可能域：北海道、本州、四国

庭木としてはあまり利用されてはきませんでしたが、花も果実も野趣に富んでいる木なので、雑木の庭の普及に伴い、しばしば見かけるようになりました。果実は生食できます。黄花で白実のフイリウグイスカグラがあります。

オオチョウジガマズミ
Viburunm carlesii
大丁字ガマズミ

分　類：スイカズラ科ガマミズ属の落葉性低木
原産地：対馬、朝鮮半島南部、済州島
開花期：4月　　　　花　芽：タイプ 4
花　色：○　　　　　用　途：添景樹
樹　高：1.5〜2.5m　植栽可能域：関東地方以西

前年枝の葉腋にできた花芽から短枝を伸ばし、その先端に散房花序をなして花を咲かせます。蕾のときは紅が強く、開花すると淡紅色から白色となります。香りのよい花を数多く咲かせ、樹勢も強いので、もっと利用したいものです。

キングサリ 'ボッシー'
Laburnum × watereri 'Vossii'
金鎖　〈別名：キングサリ、キバナフジ〉

分　類：マメ科キングサリ属の落葉性小高木
原産地：ヨーロッパ中部〜南部
開花期：5〜6月　　花　芽：タイプ 3
花　色：●　　　　用　途：景観樹、トンネル仕立て
樹　高：4〜5m　　植栽可能域：北海道南部以南

本種はキングサリ（*L.anagyroides*）とは別種の*Laburnum × watereri*の園芸品種で、花序が長く花つきがよいのが特長です。夏冷涼で冬季温暖な気候を好むので、熱帯なみの猛暑となる首都圏などでは、夏に弱ってしまいがちです。

コルクウイッチア
Kolkwitzia amabilis
〈別名：ショウキウツギ〉

分　類：スイカズラ科コルクウイッチア属の落葉性低木
原産地：中国中部　　開花期：5〜6月
花　芽：タイプ 4　　花　色：●
用　途：添景樹、寄せ植え、斜面の植栽
樹　高：2〜3m　　植栽可能域：東北地方南部以南

中国中部の高山帯（標高2000〜3000m）の岩場に自生します。細い枝をたくさん叢生し、枝を大きく湾曲させて淡紅色の花で株が埋まる様子はシダレザクラのよう。丈夫で育てやすいので、これから大いに利用したい花木です。

シロヤマブキ
Rhodotypos scandens
白山吹

分　類：バラ科シロヤマブキ属の落葉性低木
原産地：本州（岡山、広島）
開花期：5月　　　　花　芽：タイプ 4
花　色：○　　　　用　途：下木、庭石の根締め
樹　高：1〜1.5m　植栽可能域：本州、四国、九州

細い枝が湾曲して5弁花をつけるヤマブキと異なり、シロヤマブキの枝はやや太く直立し、白色4弁の2.5〜3cmの清楚な花を咲かせます。秋になると果実が黒く熟します。樹勢が強く育てやすい木で、花材としても利用されます。

セイヨウサンザシ
Crataegus laevigata
西洋山査子

分 類：バラ科サンザシ属の落葉性小高木
原産地：ヨーロッパ中部～北部に広く分布
開花期：6月　花芽：タイプ 4
花 色：● ○　用 途：景観樹、盆栽
樹 高：3～7m　植栽可能域：本州、四国、九州

同属で同じ「セイヨウサンザシ」の和名を持つ*C.monogyna*（トゲが多く、花に芳香がある）と混同されて扱われていますが、盆栽などに使われている紅花種や紅花八重咲き種などは、本種の園芸種が多く見られます。

テマリカンボク
Viburnum opulus var.*calvescens* f.*sterile*
手鞠肝木

分 類：スイカズラ科ガマズミ属の落葉性大低木
原産地：日本
開花期：5～7月　花芽：タイプ 4　花色：○
用 途：添景樹　樹高：2～4m
植栽可能域：北海道、本州、四国、九州

ヨーロッパ大陸に分布するヨウシュカンボクを基本種として生まれた変種。花序全体が装飾花となる美しい花木です。'スノーボール'や'ロゼウム'はセイヨウテマリカンボクの園芸種としてテマリカンボクと区別しています。

ニワザクラ
Prunus glandulosa
庭桜、多葉郁李

分 類：バラ科サクラ属の落葉性低木
原産地：中国中部～北部
開花期：4月　花芽：タイプ 1
花 色：● ○　用 途：添景樹
樹 高：1～1.5m　植栽可能域：東北地方南部以南

ニワウメの近縁種で、4月中旬頃前年枝の葉腋に八重の淡紅色または白色の花をびっしりと咲かせます。八重咲きなのでニワウメよりもにぎやかな感じがしますが、実はつきません。株立ちとなるので、株分けでふやせます。

ハクウンボク
Styrax obassia
白雲木 〈別名：オオバヂシャ〉

分 類：エゴノキ科エゴノキ属の落葉性中高木
原産地：日本全土（沖縄を除く）
開花期：5～6月　花芽：タイプ 4
花 色：○　用 途：景観樹　樹 高：5～7m
植栽可能域：北海道南部、本州、四国、九州

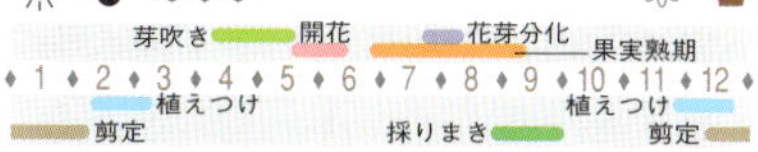

山地に自生しますが、庭のシンボルツリーや公園などによく植えられます。香りのよい小さな花を総状花序につけ、白雲がたなびくように咲くところに人気があります。中国産の矮性種で芳香の強い小花を咲かせる品種もあります。

ムシカリ
Viburnum furcatum
虫刈 〈別名：オオカメノキ〉

分 類：スイカズラ科ガマズミ属の落葉性大低木
原産地：日本全土（沖縄を除く）
開花期：4～5月　花芽：タイプ 5
花 色：○　用 途：添景樹
樹 高：3～5m　植栽可能域：本州、四国、九州

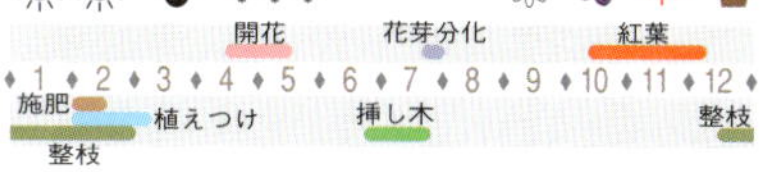

関東地方では標高1000mくらいから見られますが、東北地方以北や北陸地方では低地にも自生します。枝は太く疎生するので、すっきりとした樹形に整い、狭い庭にも利用しやすい木です。果実は10月に熟し、紅葉も見事です。

リキュウバイ
Exochorda racemosa
利休梅 〈別名：マルバヤナギザクラ、リキュウウツギ〉

分 類：バラ科エクソコルダ属の落葉性低木
原産地：中国
開花期：5～6月　花芽：タイプ 1
花 色：○　用 途：景観樹　樹高：1.5～3m
植栽可能域：東北地方南部以西、四国、九州

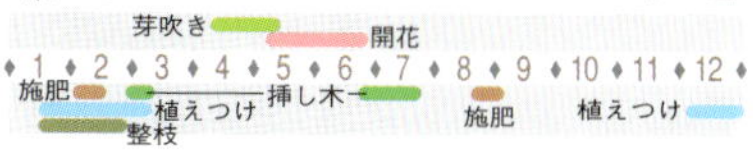

茶人、千利休の命日頃に咲くといわれ、茶道の世界で人気の高い花木です。花の少ない晩春から初夏に咲く清楚な花で、庭の景観樹として好適です。狭い庭や鉢植えには生長の遅いドワーフタイプの品種もあります。

アジサイの仲間

Hydrangea

紫陽花〈別名：ハイドランジア〉

分　類：ユキノシタ科アジサイ属の落葉低木
原産地：東アジアと北米東南部～南米中部
開花期：主に5～8月
花　芽：タイプ 3
花　色：
用　途：添景樹、群植、生け垣、鉢植え

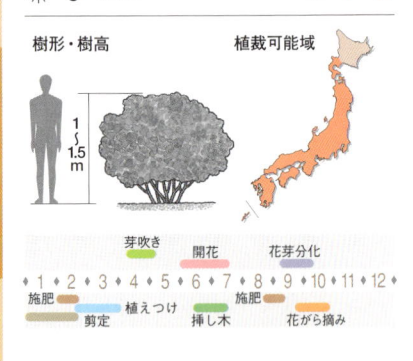

樹形・樹高 / 植栽可能域

一般的な花芽のつき方
花芽は頂部近くの葉腋につく

秋以降に剪定するときは花芽のある節の上、a か b で切れば翌年も花が咲く

梅雨どきの庭をさわやかに彩るわが国生まれの代表的な花木。近年はアメリカ産の大型種も人気

'アナベル' は見事な白色大輪花

パニキュラータ 'ライム・ライト'（ノリウツギの園芸品種）

アルボレッセンス 'アナベル'

　アジサイの仲間は両性花がなく、ほとんどが装飾花の大きな散房花序を新梢の先につける美しい花木です。古くから栽培されてきた日本を原産地とする代表的な花木で、非常に多くの園芸品種があります。
　その後、ヨーロッパに渡り改良がなされて、今では欧米、オセアニア、その他多くの地域の人々に愛されています。花の少ない梅雨の季節に咲き、半日陰地にも適するなど、庭木として使い勝手のよい特徴を備えています。

おすすめの種類　ガクアジサイ…伊豆諸島に多く自生している野生種で、装飾花が散房花序の周囲につきます。この咲き方の園芸種も多い。ヤマアジサイ…ガクアジサイに比べて全体が小さく、細い枝、先の尖った光沢のない薄い葉、花序も小さいのが特徴です。エゾアジサイ、アマギアマチャなどに分けられますが、園芸品種も多く見られます。セイヨウアジサイ…江戸時代にアジサイ、ガクアジサイ、ヤマアジサイなどがヨーロッパに渡って交配作出された品種群をこう呼びます。ツルアジサイ…湿潤な林内の樹木や岩などに絡みついて生育しています。ノリウツギ…我が国の広い地域での山林に自生する低木～大低木。本種の矮性で円錐花序の大きな品種がミナヅキで、北アメリカで育成された品種がいくつか導入されています。カシワバアジサイ…北アメリカ東部原産のアジサイで、葉の形がカシワの葉に似るところからこの名があります。樹勢の強い花木で、'スノー・クイーン'、'スノー・フレーク'、'ハーモニー'、'ピーウィー' などの品種があります。アルボレッセンス…アメリカアジサイと呼ばれているグループで、地際から多数の枝を出し、装飾花の集まった純白の大きなボール状の

狭義のアジサイ（*H. macrophylla*）の野生種は見つかっていません。ガクアジサイから生まれた園芸種といわれていますが、詳細はいまだ謎です。

カシワバアジサイ'スノー・フレーク'　カシワバアジサイの紅葉　カシワバアジサイ'スノー・クイーン'

パニキュラータ'ピンク・ダイヤモンド'　カシワバアジサイ（ハイドランジア・クエルキフォリア）は、ガーデニングブームで一躍全国的に普及が進んだ大型種

花序を頂生します。

植えつけ　適期は2月中旬～3月。陽光を半分ほど遮ぎれる所が適します。土質はほとんど選びませんが、植え穴は大きめに掘り、堆肥や腐葉土、ピートモスなどを加え、根が乾かないように水を加えながら植えつけます。ただし、カシワバアジサイやアルボレッセンスは、やや日当たりのよい場所が適します。

整枝・剪定　放任してもむやみに大きくなるようなことはありませんが、古い幹立ちは切り取って若い枝でまとめるとよいでしょう。1～2月に花芽を確認しながら古い枝を切り取るか、切りつめるかします。

四季の管理　多肥の必要はありませんが、土壌の化学的性質が花色に影響を及ぼします。酸性土壌ではブルー系は美しい色を発しますが、赤系の品種は濁りのある色になってしまいます。

そこで、ブルー系の品種には酸度調整をしていないピートモス（酸性）でマルチングをしたり、園芸用の硫黄華をひとつまみ施します。

これに対し、赤系の品種は中性に近い土壌がよいので、石灰を少し根元にまいてやると鮮やかな花色が楽しめます。

苗のふやし方　どの種類も挿し木で簡単に苗がふやせます。家庭でいろいろな品種を少しずつふやすなら6月中旬～7月上旬に、用土に鹿沼土を使い、新梢を1～2節に切った挿し穂を挿すとよく活着し、2ヶ月くらいで植え広げることができます。

病害虫　特にありませんが、念のために花後に殺菌剤を1～2度散布しておくとよいでしょう。

コンパクトに維持するポイント

生産者はホルモン剤の使用でコンパクトに仕立てていますが、家庭では無理です。冬の間に、長く伸びた古い枝を間引き、若い枝に更新します。鉢植えでは花後の切り戻しが大切です。

63

夏の花木

ボーダー植栽に使われているアジサイ（ガクアジサイタイプ）

アジサイ（在来種）

セイヨウアジサイ（青花品種）

セイヨウアジサイ（桃花品種）

'ウズアジサイ'　萼の部分の縁が丸く反る

シロバナガクアジサイ　周縁にのみ花径3〜4cmの装飾花がある

ミナヅキ　ノリウツギの変種で全体が装飾花

コアジサイ　すべて両性花で装飾花がない

夏の花木

庭植えのノリウツギ

ノリウツギはほかの日本産アジサイと異なり、大きな円錐花序をもつ。名の由来は、幹の内皮の粘液が和紙をつくるときの糊料として利用されたことによる

アマチャ　ヤマアジサイの変種

ツルアジサイは気根を出して木や岩を這い上がるつる性植物

アジサイの花後の剪定

温暖な地域では、花後に開花枝をあまり深く切ると、強い枝が伸び出てしまい花芽をつけにくいものです。ところが寒冷地や瘦せ地では、枝の上部は寒さで枯れてしまうので、深く切っても短い枝が伸び出て花芽をつけます。鉢花が深く切っても翌年花が見られるのも同じことで、根が抑制されているため、強い枝が伸びにくいからです。

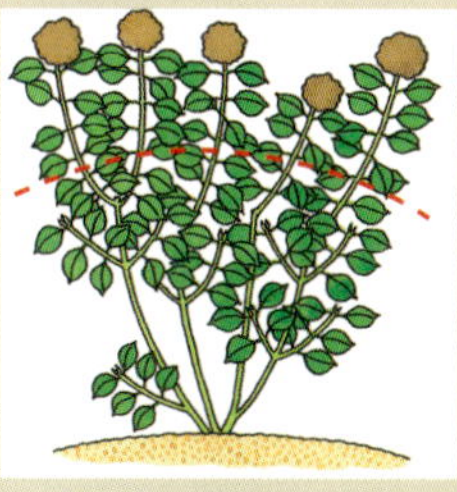

寒地や瘦せ地では、花の直後に今年枝を深めに切っても、その後伸び出た枝に花芽がつく

鉢植えは、花後にかなり強く切っても、翌年の花が楽しめる

ヤマアジサイ'クレナイ'　装飾花が深紅となる人気品種

アベリア

Abelia

〈別名：ハナツクバネウツギ、
ハナゾノツクバネウツギ〉

分　類：スイカズラ科アベリア属の常緑性低木
原産地：中国・台湾
開花期：7〜10月
花　芽：タイプ❻
花　色：●○
用　途：寄せ植え、生け垣、グラウンドカバー

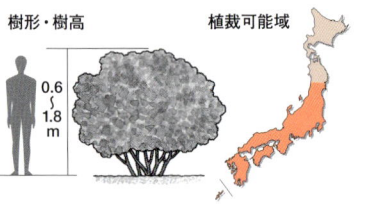

樹形・樹高
0.6〜1.8m

植栽可能域

グランディフローラ（ハナゾノツクバネウツギ）、キネンシス（タイワンアベリア）、'エドワードゴーチャー'（ベニバナアベリア）の樹形。
---- で早春〜4月くらいまでに刈り込む

夏から秋にかけて
愛らしい小花が次々と咲く。
植え込みや境栽垣に最適

　樹勢が強く、公園や街の植え込みには欠かせない木のひとつ。生長期間中ならいつどこで切っても、また萌芽して花を咲かせますから、庭木としても便利な花木です。

おすすめの種類　ハナツクバネウツギ…公園などでよく見られる大型種。'エドワード・ゴーチャー'…樹高60〜80cmで淡紅色の花を咲かせます。'コンフェッティ'…白覆輪斑の葉は寒さにあうと淡紅色になる40〜50cmの矮性種。'ホープレイズ'…不規則な淡黄色の覆輪斑が美しい。生長は遅く這い性となります。タイワンツクバネウツギ…やや立ち性ですが、枝が密生して小花を固まって咲かせ、芳香が強い。

植えつけ　3月中旬〜4月中旬、および9月中旬〜10月が適期です。土質は選びませんが、保湿性のある肥沃な土がよいので、植え穴には腐葉土を5ℓくらい入れてよく踏み込み、高めに植えつけます。

整枝・剪定　ハナツクバネウツギは11〜3月上旬に刈り込みますが、他種はほとんど必要ないと思ってよいでしょう。

四季の管理　ハナツクバネウツギは放任すると大きなヤブ状の株になってしまうので、ときどき強剪定を行いますが、そのほかはほとんど手がかかりません。

苗のふやし方　挿し木でふやします。2〜3月の春挿しと6月下旬〜7月の新梢挿しによります。

病害虫　特にありません。

コンパクトに維持するポイント

ハナツクバネウツギは冬期に刈り込んで樹冠が大きくなりすぎるのを防ぎますが、その他の園芸種はほとんど必要ありません。

ハナツクバネウツギ

'エドワード・ゴーチャー'。小型の品種で、美しい淡紅色の花を咲かせる

白の覆輪葉が美しい'コンフェッティ'

'ホープレイズ'。黄覆輪葉で、株はコンパクト

アベリアが導入されたのは大正時代の中期ですが、一般的によく使われるようになったのは昭和30年代後半、東京オリンピックの頃からです。

アブチロン

Abutilon

分　類：アオイ科アブチロン属の常緑低木
原産地：中央アメリカから南アメリカ
開花期：9月～1月（熱帯では周年開花）
花　芽：タイプ❻　花　色：●●●○
用　途：添景樹、生け垣、壁面
樹高：2～3m　植栽可能域：東京以西の暖地

ウキツリボク。比較的耐寒性もあり、東京近辺では庭植えが可能

木立ち性種。花色は豊富

従来は温室鉢花だったが最近は庭木としての利用も多い

同じアオイ科のハイビスカスに似た花が、ややうつむき加減か下垂して咲きます。最近では広い地域で庭植えとされています。

おすすめの種類　ウキツリボク…赤い筒状の萼の下に黄色の花冠が魚の尾のように突出し、長い花柄の先に下垂します。半つる性で、木立性種より耐寒性があります。木立性種…株立ちになる系統で、多くの園芸品種があり、斑入り葉種もあります。

植えつけ　4月中旬～5月上旬に、日当たり、水はけのよい肥沃な場所に植えます。鉢植えは5～6号のプラ鉢に水はけよく植えます。

整枝・剪定　適期は3月下旬。樹形を乱す長く伸びた枝や細かい枝を整理します。

四季の管理　鉢植えの場合、3ヶ月おきに油粕の固形か粒状化成肥料を少しずつ施し、15日おきくらいに薄い液肥を施します。

苗のふやし方　6月下旬～7月中旬または9月に、10cm内外の挿し穂を小粒の赤玉土又は鹿沼土に挿します。

病害虫　カイガラムシ、コナジラミに注意。5月ごろから2～3ヶ月おきにオルトラン水和剤または粒剤を施すと効果的です。

コンパクトに維持するポイント

長い枝の剪定は随時行ってかまいません。

アメリカデイコ

Erythrina crista-galli

〈別名：カイコウズ〉

分　類：マメ科エリスリナ属の落葉中高木
原産地：ブラジル、アルゼンチン
開花期：7～9月　花芽：タイプ❻
花　色：●　用　途：景観樹、鉢植え
樹　高：4～6m
植栽可能域：関東南部以西の無霜地帯

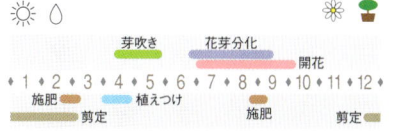

アメリカデイゴ

マルバデイコの花

トロピカルムードあふれる大型の花はシンボルツリーに絶好

赤色の大きな花は南国的で魅力があります。熱帯性の花木ですが、意外に丈夫で、東京付近ならば十分に庭植えで楽しめます。

おすすめの種類　一般にアメリカデイコと呼んでいるものは本種の園芸種のマルバデイコです。サンゴシトウ（ヒシバデイコ）…旗弁は細いのですが濃赤色の美花で、葉は菱形。デイコ…沖縄に多く見られる高木ですが、耐寒性に欠けます。

植えつけ　十分暖かくなった4月が適期。日当たりのよいやや乾く場所がよく、植え穴に堆肥を多めに入れ、よく踏み込み、土を少し戻してから高めに植えつけます。

整枝・剪定　太い新梢を長く伸ばし、その先に開花するので、放任すると大きな樹冠になってしまいます。そこで12～3月上旬に長い枝はほとんどつけ根から切り取ります。

四季の管理　寒さの厳しい地域では冬季、幹巻きなどの防寒を施す必要があります。

苗のふやし方　挿し木で行いますが、温暖な地域でないと家庭では困難です。

病害虫　特に見られません。

コンパクトに維持するポイント

庭植えでも、毎年強く剪定していけば小さく仕立てられますが、8～10号のプラ鉢で仕立てるのもよいでしょう。

イリシウム（シキミ）

Illicium

芥草、樒〈別名：ハナシバ、コウノキ〉

分　類：シキミ科シキミ属の常緑性低木〜大低木
原産地：東北南部から石川県以西、朝鮮半島、中国南部
開花期：3〜4月　　花芽：タイプ 4
花　色：● ● ●
用　途：日陰の植栽、仏花、鉢植え

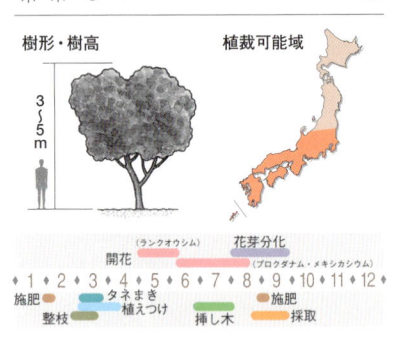

フロリダナム

フロリダナム'セームス' 　　ランケオラツム

メキシカナム 　　シキミ

日陰に強い美しい常緑樹。鮮やかな花色の外国産種もふえ、仏花のイメージも一新

　シキミ（*Illicium anisatum*）は古来仏前や墓前の供花として利用され、家庭の庭に植えられることはまれでした。しかし、日陰に強い数少ない木で、葉には光沢があり、非常に美しい木です。近年は、さらに美しい花を咲かせる外国産種も導入され、仏花としてのイメージは変わりつつあります。ただし、果実は有毒なので注意が必要です。

おすすめの種類　イリシウム・メキシカナム…葉は光沢のある狭長楕円形で、径4cmくらいの濃赤色の美しい花を咲かせる低木。イリシウム・フロリダナム…葉は長楕円形の赤花。フロリダナム'セームス'…前種の白花種。低木。イリシウム・ランケオラツム…中国原産。濃赤色の梅花状の小花をたくさん咲かせる低木です。

植えつけ　3月〜4月上旬頃が適期。シキミは日陰〜半日陰でよいのですが、メキシカナムやフロリダナムは半日陰くらいが適し、腐植質に富み保湿性のある、水はけのよいところが適します。

整枝・剪定　特別行わなくてもよいでしょう。行うとしても、7月頃枝先を軽く刈り込む程度でかまいません。

四季の管理　著しい乾燥に合うと葉を落とし、生育が悪くなるので、乾燥時には腐葉土などで根元の周囲をマルチングするとよいでしょう。

苗のふやし方　挿し木は新梢がやや固まった6月下旬〜7月中旬に行います。メキシカナムとフロリダナムは60〜100cmの大きさになるとよく結実するので実生も容易です。

病害虫　特に目につくものは見られません。

コンパクトに維持するポイント

低木なので、放任してもむやみに生長することはありませんが、鉢植えで育てると、よりコンパクトに保つことができます。

和名「シキミ」の名の由来は、果実が有毒であることから、「悪しき実」と呼ばれたためといわれます。

エンゼルストランペット

Dutura ［異］*Brugmansia*
〈別名：キダチチョウセンアサガオ、ダツラ〉

- 分　類：ナス科ダツラ属の常緑性低木
- 原産地：南米ペルー
- 開花期：7〜10月　　花芽：タイプ❻
- 花　色：●●●○　用　途：添景樹、鉢植え
- 樹　高：1〜2m
- 植栽可能域：無霜地帯（防寒が必要）

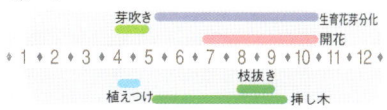

目立つラッパ形の大輪花を下垂させて咲かせる熱帯性花木

　大きなラッパ形の花が下垂して咲き、美しく育てやすいことから人気のある花木ですが、多年生草本としても扱われています。
おすすめの種類　カンディダ…中央アメリカ原産で花弁の先が細く長く大きく反転します。アウレア…南米産で花冠は5浅裂し、

門柱脇に植えられたエンゼルストランペット

裂片の先は反り返りますが、完全には下垂しません。交配種…種間交雑でつくられたものもありますが、品種名をつけて流通することはほとんどなく、すべてエンゼルストランペットの名で扱われています。
植えつけ　完全に霜の被害がなくなる4月下旬以降が適期。植え穴は大きめに掘り、

エンゼルストランペットの白花種

腐葉土か堆肥を10ℓくらい穴底に混ぜて高めに植えつけ、支柱を取りつけておきます。
整枝・剪定　気温の上昇とともに枝葉が繁るので、大きくなりすぎたら切りつめます。
四季の管理　チッ素過多になると、枝ばかり伸びて花がつきにくくなります。草木灰やリン酸肥料を多めに施すと効果的です。
苗のふやし方　もっぱら挿し木で行います。5月中旬〜9月に挿すとよく活着します。

コンパクトに維持するポイント

強い剪定を行うことで、より小さく仕立てることができます。

オオベニウツギ

Weigela floria

大紅空木〈別名：オオタニウツギ、カラタニウツギ〉

- 分　類：スイカズラ科タニウツギ属の落葉性低木
- 原産地：九州、朝鮮半島、中国
- 開花期：5〜6月　　花芽：タイプ❹
- 花　色：●●　用　途：添景樹、鉢植え
- 樹　高：2〜3m　植栽可能域：東北南部以南

晩春〜初夏に咲く美しい花木。手間がかからず、剪定も容易

　この仲間の多くは、樹勢の強い花木で、美しい花をよく咲かせます。あまりにも身近に生えているところから、あまり注目されませんが、もう一度見直したい木の一つです。
おすすめの種類　シロバナウツギ…タニウツギの変種。'オーレオ・バリエガータ'…オオベニウツギの変種で美しい斑入り葉。

タニウツギ

'ルビー・クィーン'…赤葉種。
植えつけ　2月下旬から3月中旬頃までが適期。植え穴には堆肥を10ℓほど入れ、少し高めに植えて支柱を取りつけます。
整枝・剪定　根づくと株元から枝をよく出しますが、元気よく立ち上がって伸びる枝はつけ根から切り取り、弱い枝を残して姿を整えていきます。剪定の適期は2月と花後です。

オオベニウツギ'レッド・プリンス'

斑入り品種の'オーレオ・バリエガータ'

四季の管理　多肥の必要はなく、特にチッ素過多は避けます。2月に油粕と粒状化成肥料を等量混ぜたもの根元に施します。
苗のふやし方　6月下旬〜7月に緑枝挿しを行うと容易に苗がつくれます。
病害虫　あまり見られませんが、根元に食入するテッポウムシは早めに駆除します。

コンパクトに維持するポイント

毎年、花後に長い枝を切りつめて株を小さくします。または鉢仕立てで楽しみます。

キョウチクトウ

Nerium oleander varu.indicum

夾竹桃

分　類：キョウチクトウ科キョウチクトウ属の常緑性大低木～小高木
原産地：インド
開花期：6～9月　花　芽：タイプ❷
花　色：●●●○
用　途：景観樹、目隠し、生け垣、鉢植え

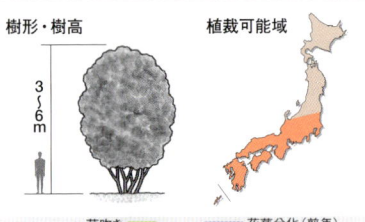

キョウチクトウの取り木
枝幹を曲げて土中に埋め、発根させてから切り離す。この取り木の仕方を「圧条法」という

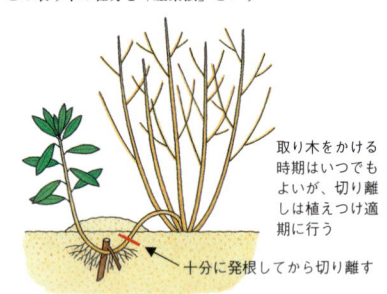

取り木をかける時期はいつでもよいが、切り離しは植えつけ適期に行う

十分に発根してから切り離す

夏の暑さをものともせず長く咲き続ける貴重な花木。大気汚染など、都市公害にも強い

　ほかの花の少ない真夏に、美しい花を咲かせる数少ない花木です。さらに、日当たりと水はけさえよければ、大気汚染や塵芥などの都市環境に強いところから、道路や工場沿いの緩衝緑地帯の植栽にも最適です。

おすすめの種類　シロバナキョウチクトウ、斑入りキョウチクトウ、キバナキョウチクトウ、ヤエキョウチクトウなど。ただし、一般には花色で選ぶケースが多いでしょう。

　そのほか、近年は矮性の品種なども見られるようになりました。

植えつけ　おおむね気温が20℃以上になると根の活動が始まるので、東京付近では4～8月頃までが適期です。

　植え穴は大きめに掘り、腐葉土や堆肥を10～15ℓ入れ、土を戻してその上に少し高めに植えつけます。

整枝・剪定　新梢をそのままにしておくと、年を越してその枝先に花を咲かせるので、一様に切りつめてはいけません。剪定は8～9月に、根元から出るヒコバエや込みすぎた部分の枝抜き、切りつめをし、通風、採光を図るようにします。

四季の管理　丈夫な木なので、あまり手間はかかりません。3～4月に油粕と粒状化成肥料を等量ずつ混ぜたものを根元に施せば十分です。

苗のふやし方　挿し木や取り木で簡単に発根します。挿し木の適期は気温が十分高いときで、5月～9月上旬まで挿せます。

病害虫　キョウチクトウだけに発生するアブラムシがあるので、殺虫剤で早めに駆除します。

コンパクトに維持するポイント
よく芽吹くので、剪定時に強めに切りつめます。鉢仕立ても容易ですし、また、矮性品種を選ぶのもよいでしょう。

キョウチクトウは大気汚染などの都市公害に強く、夏中咲き続ける貴重な花木

涼しげなシロバナキョウチクトウ

キョウチクトウ（赤花品種）

キョウチクトウは敷地の周囲に列植しておくと、遮蔽効果があり、さらに防火の役にたつばかりか、防音効果が高いことも知られています。

クチナシ

Gardenia jasminoides

梔子、口無〈別名：センプク〉

分　類：アカネ科クチナシ属の常緑性低木
原産地：静岡県以西
開花期：6～7月　　花　芽：タイプ❷
花　色：○　用　途：添景樹、縁取り、鉢植え
樹　高：1.5～2m
植栽可能域：関東地方以西

クチナシ

コクチナシ。花壇の縁取りなどに利用される

クチナシの実

'オオヤエクチナシ'

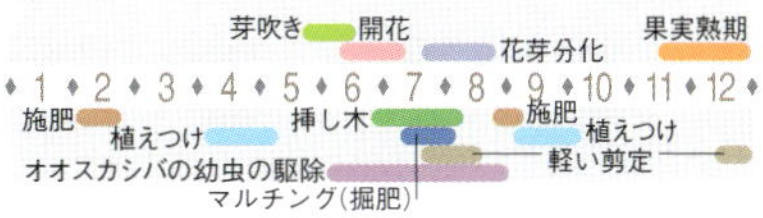

花の香りの強さは、ジンチョウゲ、モクセイとともに横綱級

　光沢のある濃緑色の葉、純白色の香りの強い大きな花が特徴です。果実は古くから薬用や染料として利用されてきました。
おすすめの種類　フイリクチナシ…葉に淡黄白色の斑が入ります。ヤエクチナシ…ほとんど目にすることがない稀品種で、身近に見られるのは園芸品種の'オオヤエクチナシ'です。**コクチナシ**…中国南部原産の小低木で、花径3cmほどの八重咲き種。
植えつけ　4月から5月上旬、および9月が適期。水はけよく高めに植えつけます。
整枝・剪定　花芽分化が7月下旬～8月中旬頃に行われるので、剪定は花が咲き終わる頃、1日も早く行います。
四季の管理　乾燥を嫌うので、梅雨明け頃、堆肥などでマルチングをすると効果的。
苗のふやし方　6月下旬～7月にやや固まった新梢を10～12cmに切って挿し穂とし、鹿沼土か小粒の赤玉土に挿します。
病害虫　オオスカシバの幼虫が6～8月に、またカイガラムシ、テッポウムシの発生が見られるので早めに駆除します。

コンパクトに維持するポイント

まず、小型の種類を選ぶこと。大型種の場合、剪定で小さく維持しようとすると花芽を失いがちなので、鉢植えで楽しむようにします。

クロバナロウバイ

Calycanthus fertilis

黒花蠟梅〈別名：アメリカロウバイ〉

分　類：ロウバイ科クロバナロウバイ属の落葉性低木
原産地：北米東部　　開花期：5～6月
花　芽：タイプ❶　　花　色：●
用　途：添景樹　　　樹　高：1.5～2m
植栽可能域：関東地方以西

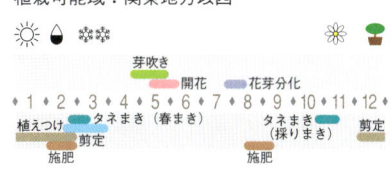

クロバナロウバイ

ナツロウバイ

キバナニオイロウバイ

香りのよいニオイロウバイは別種。変種や属間交配種も多い

　花の香りのよいニオイロウバイ(*C.floridus*)も、別名クロバナロウバイと呼ばれることがあり、混同されがちです。
おすすめの種類　キバナクロバナロウバイ…ニオイクロバナロウバイの変種で、熟したイチゴの芳香を放ちます。'アテネ'…前種に似ますが花に丸みがあり、芳香は少ない。**C.オキシデンタリス**…大輪の赤い花を枝先に1～5花、咲かせます。**属間交配種**…クロバナロウバイ属の種と中国産のナツロウバイとの交配種に'ハートリッジ・ワイン'や'ホワイト・ドレス'などがあります。
植えつけ　腐植質に富んだ火山灰質の軽い土壌が適します。適期は2月中旬～3月中旬。高めに植えて支柱を添えておきます。
整枝・剪定　ナツロウバイとの交配種は大きな樹形になるので、冬期に枝抜きを。ただし、どの枝も一律に強剪定するのは避けます。
四季の管理　2月と8月下旬に施肥をします。
苗のふやし方　実生、挿し木、接ぎ木、取り木など、品種に適した方法で行います。
病害虫　まれに根元にテッポウムシの被害が見られます。見つけたら早めに駆除します。

コンパクトに維持するポイント

鉢仕立てで育てるのが一般的な方法です。

サルスベリ

Lagerstroemia indica

百日紅 〈別名：ヒャクジッコウ〉

分　類：ミソハギ科サルスベリ属の落葉性小〜中高木
原産地：中国南部
開花期：7〜9月　花芽：タイプ 6
花　色：● ● ● ●
用　途：景観樹、添景樹、グラウンドカバー

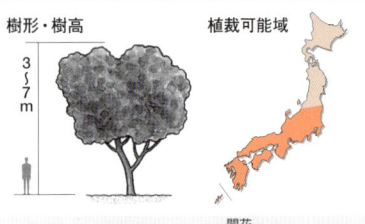

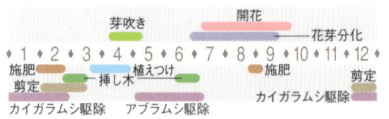

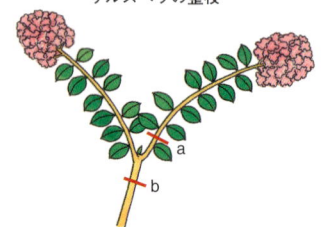

大、中型のサルスベリ

葉が落ちたらaで切るのが一般的だが、さらに低くしたいときにはbで切ってもよい

サルスベリは、夏から秋にかけて庭を華やかに彩る景観木として人気が高い

大きな株立ちとなる'マスコギー'

大きな花房に美しい白花を咲かせる'ナチェス'

秋まで長く咲き続け、シンボルツリーに最適。冬の木肌も美しい

　温帯で真夏に花を咲かせる代表的な花木のひとつ。樹勢が強く、古くから庭をはじめ公園や街路樹に植えられてきました。
　従来のサルスベリはうどんこ病に弱いという欠点がありましたが、最近ではうどんこ病に強い新しい品種がたくさんつくり出されています。
　おすすめの種類　'タスカローラ'…大きな花房に赤紅色の花を咲かせる大型種。'ナチェス'…大きな花房に美しい白花を咲か せます。'マスコギー'…大きな株立ちになり淡紅色の花を咲かせます。'カントリー・レッド'…主幹が比較的まっすぐ伸びて、濃紅色の花を咲かせます。
　このほか、ほふく性でグラウンドカバーに適したものや、タネから育てると1年で花を咲かせる一才性の系統もあり、これらには最も小型のサルスベリで淡紅色の花を咲かせる'チカ・ソー'、枝垂れ性で紫紅色の花を咲かせる'風花火'ほか、たくさんの品種があります。
　植えつけ　落葉樹ですが、温帯南部〜亜熱帯に見られる木なので萌芽が遅く、3月中旬以降4月上旬を適期とします。植え穴は大 きめに掘り、堆肥などを元肥に入れて、やや高めに植えつけます。
　整枝・剪定　サルスベリは春の萌芽期から新梢を伸ばしてその先端に開花します。剪定は2〜3月中旬が適期です。貧弱な新梢にはよい花房はつかないので、太枝を短く切りつめ、そこから勢いのよい新梢を出させると、大きな花房がつきます。
　四季の管理　剪定後、強い新梢を萌芽させることがよい花を咲かせることになるので、2月に油粕と骨粉を5：5または6：4に混ぜたもの施すと効果があります。また8月下旬〜9月上旬に同様の肥料を追肥します。
　苗のふやし方　挿し木がよく、2月上旬に挿

サルスベリの名は幹の生長によって樹皮のコルク層がはがれ落ち、すべすべした樹皮が表面となって、猿が登ろうとしても滑ってしまうことから命名されました。

'タスカローラ'。うどんこ病に強い。大型種

清涼感があることから、白花種の人気も高い

鉢植えにも最適な枝垂れ性矮性品種'風花火'

し穂を採って土中に埋めておき、3月上旬に挿すとよく活着します。また6月下旬に新梢を挿すことも可能です。

病害虫 うどんこ病に強い新しい品種でも、通風が悪いとカイガラムシが見られるので、適期に枝を間引き、通風を図ります。うどんこ病にはオルトラン水和剤を散布すると効果的です。

コンパクトに維持するポイント

強剪定も可能ですが、できれば中型〜小型の品種を選ぶか、鉢植えで楽しむとよいでしょう。7月中旬〜9月上旬に、芽接ぎをしてスタンダード仕立ても楽しめます。

矮性品種を接ぎ木してスタンダード型に仕立てる

サルスベリは近年、盛んに品種改良が行われ、矮性の品種や枝が地面を這ってグラウンドカバーに適するような品種が数多く出回るようになりました。こうした品種を穂木として利用し、鉢で仕立てた台木に接ぎ木をすると、コンパクトなスタンダード仕立てを楽しむことができます。作業の適期は7月中旬から9月上旬です。

穂木を準備する 矮性品種の穂木。未熟な先端と葉は取り除く

台木を用意する 鉢植えのもので、幹の太さが直径2〜3cmほどのものを選ぶ

1 穂木の調整 穂木の基部を斜めに薄く削っておく。切り口は乾かさないこと

2 台木の調整 台木の接ぎたい位置に斜めに切れ込みを入れる

3 穂木を挿入 調整済みの穂木を差し込み、お互いの形成層を合わせる

4 結束 下の方から接ぎ木用のテープで巻き上げ、芽をすっかり包み込む

同様にして数ヵ所に接ぎ木をし、活着したら台木の頭部を切除すれば、3年ほどでスタンダード仕立てが完成する

夏の花木

シモツケ

Spiraea japonica

下野 〈別名：キシモツケ〉

分　類：バラ科・シモツケ属の落葉性低木
原産地：本州、四国、九州
開花期：5～7月
花　芽：タイプ 6
花　色：● ○
用　途：単植、群植、盆栽

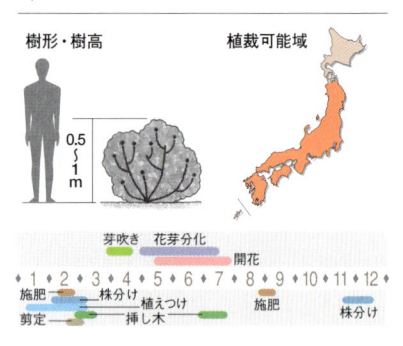

'ゴールド・フレーム'。新芽は赤桃色で、のちに黄色くなる。花は淡桃色

'マジック・カーペット'。新芽は濃いオレンジ色で、のちに明るい黄色に

シロバナシモツケ

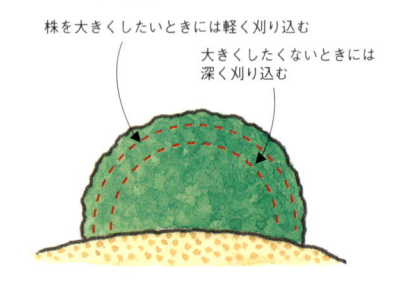

カラフルな黄色葉も登場。洋風の庭の植え込みに群植してもみごと

　日当たりのよい場所であれば、条件が多少悪くてもよく生育します。近年はカラフルな葉色の品種がいくつも登場して、俄然注目されるようになりました。

おすすめの種類　シロバナシモツケ…美しい白花種。ゲンペイシモツケ…紅花と白花がひとつの花序に咲き分けます。ホザキシモツケ…15～20cmの円柱花序に紅花を咲かせます。'ゴールド・フレーム'…伸び始めた芽は赤色ですが、のち黄色となって美しく、紅色の花を咲かせます。'ゴールド・マウンド'…新梢のうちから鮮やかな黄色葉で盛り上がるような株になります。

　このほか、細い枝を密生し、樹高30cm程度のヒメシモツケや、葉に淡黄色や白色の斑が入る斑入りシモツケなどがあります。

植えつけ　落葉性で耐寒性もあるので、1～2月が適期です。植え穴は根鉢よりも少し大きめに掘り、堆肥か腐葉土を10ℓくらい入れ、よく土と混ぜて高めに植えつけます。

整枝・剪定　日当たりがよければ放任しても樹形はまとまります。しかし、株は年々大きくなるので、1年おきくらいに刈り込むとよいでしょう。適期は2月中旬～下旬です。

四季の管理　肥培がすぎると花つきが悪くなるので、特にチッ素肥料はできるだけ控えます。2月に油粕と粒状化成肥料を4：6に混ぜたものを施す程度でよいでしょう。

苗のふやし方　挿し木が容易です。6月下旬～7月中旬に充実しかけた新梢を挿します。植えつけのときや11月下旬～12月に株分けをするのもひとつの方法です。

病害虫　通風、採光が悪いとカイガラムシやアブラムシの発生が見られます。

コンパクトに維持するポイント

冬期に適切な剪定を行えば、さして難しいことではありません。

シモツケは日本各地の山野に自生が見られます。シモツケの名は、最初に発見された場所が、栃木県（旧名、下野）だったことに由来します。

シコンノボタン

Tibouchina urvilleana

紫紺野牡丹

分　類：ノボタン科ティボウキナ属の常緑性低木
原産地：ブラジル
開花期：10～12月　　花　芽：タイプ❻
花　色：●　　　　　用　途：夏花壇、鉢植え
樹　高：1～2m
植栽範囲：全国（冬期は室内保護）

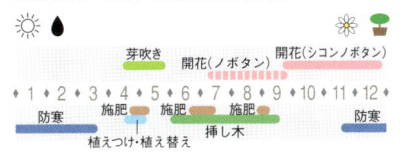

夏の庭先を彩るシコンノボタン。晩秋には掘り上げて室内に移せばよい

シコンノボタン

もともと鉢植え向きの熱帯植物。ただし、夏限定の花壇材料にはよい

　本種は一般に、「ノボタン」と呼ばれていることが多いのですが、シコンノボタンと真正のノボタンとは属が異なります。シコンノボタンがティボウキナ属であるのに対し、ノボタンはノボタン属（*Melastoma*属）です。シコンノボタンの仲間は二百数十種あるものの、我が国ではシコンノボタン以外のものはほとんど導入されていません。

植えつけ　多くは鉢植えとされ、冬は室内で管理するのが普通です。用土は小粒の赤玉土と腐葉土、ピートモス、桐生砂を5：3：1：1ほどに混ぜた混合土で、4月中旬～5月上旬に植えつけや植え替えを行います。
整枝・剪定　室内から戸外に移したときに剪定し、その後はほとんど必要ありません。
四季の管理　春から秋は戸外に出して育て、冬季は室内に入れて育てます。チッ素肥料はできるだけ控え、リン酸を多めに施し、充実した短枝を育てることを心がけます。
苗のふやし方　挿し木が簡単です。6～9月に挿すとよく活着します。
病害虫　特に見あたりません。

コンパクトに維持するポイント

鉢植えで育てれば、大きくなるようなことはありません。

セイヨウニンジンボク

Vitex agnus-castus　**西洋人参木**

分　類：クマツヅラ科ハマゴウ属の落葉性低木
原産地：南ヨーロッパから西アジア
開花期：7～9月　　花　芽：タイプ❻
花　色：●○　　　用　途：添景樹
樹　高：2～3m
植栽範囲：本州の太平洋岸沿いの温暖な平野部

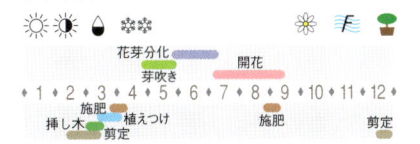

セイヨウニンジンボク

庭を埋めて咲くセイヨウニンジンボク。さわやかな花姿で人気

代表的な芳香花。木の寿命が短いので挿し木をして更新を

　花木では数少ない紫色の花を新梢の先に円錐花序をつけて咲かせ、清涼感を与えてくれます。全株に香気があるのもこの木の特徴です。スペースを与えて枝幹を自由に伸ばしてやると花つきが多くなります。
おすすめの種類　まれに白花があります。

植えつけ　3月上旬～中旬が適期。植え穴は大きめに掘り、腐葉土か堆肥を10ℓくらい入れ、土とよく混ぜて高めに植えつけます。
整枝・剪定　春に萌芽した新梢の先に花をつけるので、2月下旬または12月に、昨年開花した枝幹を少し残す程度に短く切ります。
四季の管理　3月下旬と8月下旬に油粕と骨粉を等量混ぜたものを施します。また、8月下旬に油粕と粒状化成肥料を等量混ぜたものを根元にばらまいておきます。
苗のふやし方　前年生枝を15cmほどに切り、3月上旬～中旬に挿します。
病害虫　根元にテッポウムシが、また枝の途中にコウモリガの幼虫の被害が見られるほかは特にありません。

コンパクトに維持するポイント

放任するとかなり樹形が乱れるので、ぜひ毎年剪定を行いたいものです。鉢植えで楽しむのも方法のひとつです。

スモークツリー

Cotinus coggygria

〈別名：カスミノキ、ケムリノキ、ハグマノキ〉

分　類：ウルシ科コティヌス属の落葉性低木〜小高木
原産地：ヨーロッパからヒマラヤ、中国南部に分布
開花期：6〜7月　　花芽：タイプ 3
花　色：■■　　　用途：添景樹

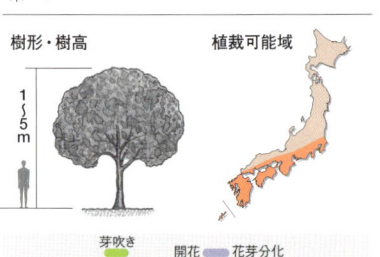

花後、花序が羽毛状に伸びて、まるで霞が漂うような奇抜な姿となる

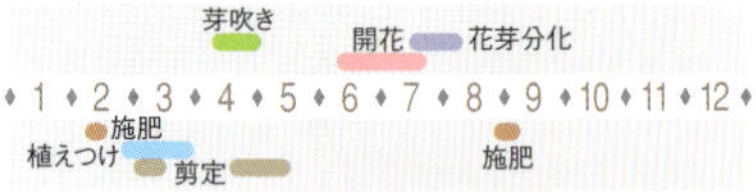

花糸の色は淡緑白色のものと紫紅色を帯びるものとがある

紫紅色葉の'ロイヤル・パープル'

樹冠一面が煙のような花糸におおわれる様子がおもしろく、近年の人気花木のひとつ

「霞」または「煙」のように見える部分は花後に長く伸びた花柄で、花序全体が羽毛状となるため、大きな煙がたなびいているように見えます。植えつけてから放任すると大きな樹形になりますが、近年は50〜60cm程度で開花し、枝一面が煙状になる新しい品種も登場し、育てやすい花木といえます。

おすすめの種類　'ロイヤル・パープル'…濃い紫紅色の葉。'グレース'…抜群に花つきがよい。そのほか'ヤングレディー'、'リトルレディー'（いずれも矮性）など。

植えつけ　移植が難しい木なので、鉢仕立て苗で扱われています。この苗を庭や大鉢に植えつけるのは2月下旬〜3月に行います。用土は火山灰質の軽い土がよく、堆肥か腐葉土を多めに混ぜ、根鉢を崩さずに植えつけます。強風を受けると根元がぐらつき、後日枯れてしまうようなこともあるので、しっかりした支柱を取りつけておきます。

整枝・剪定　3月上旬か萌芽して間もない頃に長く伸びた枝を切りつめ、樹冠を小さく保っていきます。枝は途中で切っても萌芽が悪く、時には枯れ込む場合もあるので、必ずつけ根で切り取るのがコツです。

四季の管理　肥料は油粕と骨粉を等量混ぜたものを2月に、また油粕と粒状化成肥料を等量混ぜたものを8月下旬に施します。

苗のふやし方　実生や挿し木によります。タネは小さいため、熟すと風で飛ばされるので、落下前に採ってビニールハウス内でまくと苗が得られます。

病害虫　根元にテッポウムシの被害が見られるほか、過湿が続くと根腐れを起こす場合も見られます。

コンパクトに維持するポイント

強剪定を行うと枯死が早まるので注意。花つきのよい矮性品種を選ぶことです。

仏教の法具として用いられる「払子」は、白熊（ヤクの尾毛）でつくられています。花の様子がこれに似ていることからハグマノキの別名がつけられました。

タイサンボク

Magnolia grandiflora

泰山木〈別名：ハクレンボク〉

分　類：モクレン科モクレン属の常緑性高木
原産地：北米南部・ノースカロライナ～
　　　　フロリダ州に分布
開花期：6～7月　　花芽：タイプ❷
花　色：○
用　途：添景樹

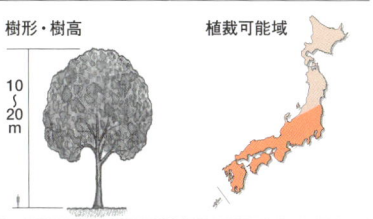

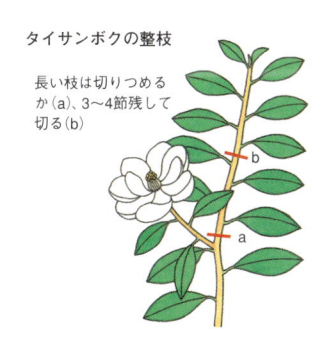

タイサンボク。梅雨の頃大輪の花を咲かせ、甘い香りを漂わせる

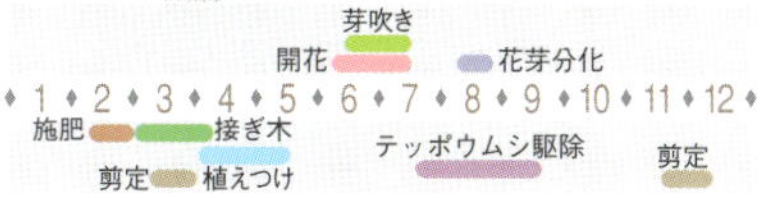

ヒメタイサンボク（落葉性）

矮性品種の'リトル・ジェム'

光沢のある濃緑葉を背景に ぽっかりと咲く白い芳香花。 近年は矮性品種も登場

　枝が太く、葉は長楕円形で長さ13～20cm、上面は光沢のある濃緑色で葉の縁は全縁。内側に少し巻き込み、裏面には褐色の微毛が密生しています。花は白色で芳香があり、径15～20cmの盃形。雄大で美しい花木です。近年は大きな木になるところから敬遠されていますが、矮性の園芸品種も見られます。

おすすめの種類　斑入りタイサンボク…美しい斑入り葉種。'リトル・ジェム'…30cmくらいの苗から開花。花も葉も小さく、30年の苗でも2.5～3m程度。ヒメタイサンボク…落葉性のタイサンボク。

植えつけ　苗のほとんどが鉢で仕立てられているので扱いは容易です。4～5月中旬がよく、植え穴に腐葉土を10～15ℓ入れて土とよく混ぜ、高めに植えて支柱を取りつけておきます。成木となってからの移植は難しいので、あらかじめ植える場所を十分検討して植えます。

整枝・剪定　放任すると枝をよく伸ばし、大きな樹冠になってしまいます。花は短枝に咲くので長い枝を切っていきます。剪定は3月か11月が適期。寸胴仕立てにする場合は3月下旬が適します。

四季の管理　多肥の必要はありません。2月に油粕と骨粉を等量混ぜたものを根元に穴を掘って埋めてやる程度で十分です。

苗のふやし方　ヒメタイサンボクは実生で育成しますが、その他の品種については3月の切り接ぎでふやします。

病害虫　ときどき根元にテッポウムシの発生が見られる程度です。

コンパクトに維持するポイント

強剪定をすると花つきが著しく悪くなります。鉢（7号以上）植えにするか、矮性の品種を選ぶとよいでしょう。

タイサンボクは、木が大きくなるうえ上向きに咲くので、豪華な花も低い位置からでは観賞しにくい。2階からの眺めを計算に入れて植えるとよいでしょう。

ナツツバキ

Stewartia pseudo-camellia

夏椿〈別名：シャラノキ〉

分　類：ツバキ科ナツツバキ属の落葉性高木
原産地：本州、四国、九州
開花期：6月
花　芽：タイプ 5
花　色：○
用　途：景観樹（単植）、列植、盆栽

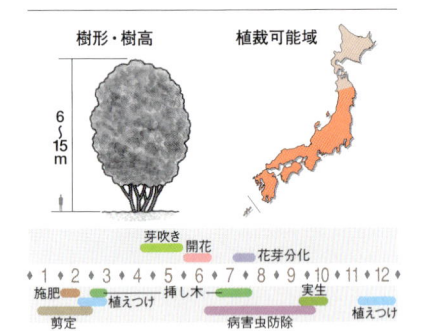

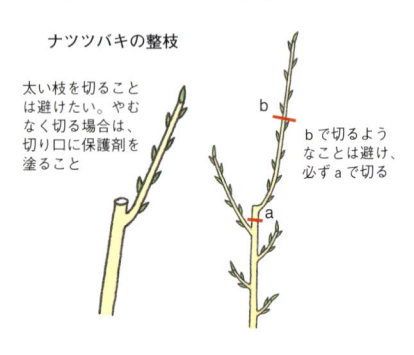

ナツツバキの整枝

太い枝を切ることは避けたい。やむなく切る場合は、切り口に保護剤を塗ること

bで切るようなことは避け、必ずaで切る

梅雨の季節、しっとりとした風情の花を咲かせるナツツバキ

梅雨時に咲く花は涼味満点。しっとりとした風情は洋風の庭にもよく似合う

　梅雨の頃に、花径5～7cm、白色一重の清楚な花を咲かせます。花は短命な一日花で、淡い緑の葉、灰褐色の樹皮も美しく、秋の紅葉も味わいがあります。四季の移ろいに敏感で侘び寂びの趣を重んじる日本人にぴったりの花木といえるでしょう。

　おすすめの種類　'夜明け前'…中国産のナツツバキで、淡紅色を帯びた美しい花を小苗のうちからよく咲かせます。ヒメシャラ…ナツツバキの近縁種。高木ですが、葉も花も小さく幹肌が赤み帯びて美しい。シダレヒメシャラ…枝が美しく下垂します。ヒコサンヒメシャラ…普通のヒメシャラの倍くらい大きな花を咲かせます。アメリカナツツバキ…径10cmほどの大きな花が平開し、雄しべが紫色になるのが大きな特徴。トキワナツツバキ…中国産の常緑性のナツツバキ。

　植えつけ　最近の苗木は鉢植えで育てられるものが多いため、植えつけは真夏を除けばいつでも行えますが、落葉樹なので2月中旬～3月中旬及び11月下旬～12月が一番の適期です。

　1.5m以下の苗木は根鉢の土を崩さずに植えつけます。植え穴には堆肥か腐葉土を多めに入れ、高目に植えます。

　整枝・剪定　ナツツバキやヒメシャラは大きくなるので、剪定は欠かせません。大きくなってから強く切りつめると枯れ込みが生じるので、小さいうちから伸びを抑えていくようにします。

　枝は途中で切りつめることは避け、必ずつけ根で切り取ります。自然樹形を損なわないように枝を抜いていくのが基本です。少し太めの切り口は保護剤を塗って枯れ込みを防ぐことも大切です。

　四季の管理　普通の土質であれば施肥の必要はありませんが、痩せ地で生育が思わし

ナツツバキは挿し木でふやすこともできますが、挿し木で得た苗はヒコバエが発生しないので株立ちにはなりません。株立ちに仕立てるには実生苗に限ります。

ナツツバキの花。一日花だが味わい深い

ピンクナツツバキ '夜明け前'

翡翠(ひすい)を思わせるナツツバキの蕾

株立ちのヒメシャラ。赤褐色の木肌が美しい。葉や花はナツツバキより小型だが、木は高木となる

ヒメシャラの花

アメリカナツツバキ

くないようなら、2月に油粕と骨粉を6:4に混ぜたものを根元に施してやります。

苗のふやし方 ナツツバキは実生か挿し木、ヒメシャラは実生でふやします。アメリカナツツバキは接ぎ木、挿し木でふやします。

病害虫 根元にテッポウムシの被害が見られるくらいですが、葉に現れる斑点病などの予防に、6〜9月に殺菌剤を散布するのも効果的です。

▶ コンパクトに維持するポイント ◀

庭植えでは、冬の間に適切な枝抜き剪定を行い、生長を抑えます。または少し大型の鉢に植えて楽しみます。

夏の花木

79

ヒペリカム

Hypericum

芒種花、雲南連翹〈別名：ビヨウヤナギ（未央柳）、キンシバイ（金糸梅）〉

- 分　類：オトギリソウ科オトギリソウ属の半落葉性低木
- 原産地：中国中部〜南部
- 開花期：6〜9月　　花芽：タイプ ⑥
- 花　色：
- 用　途：添景樹、列植

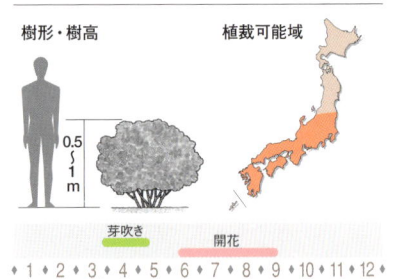

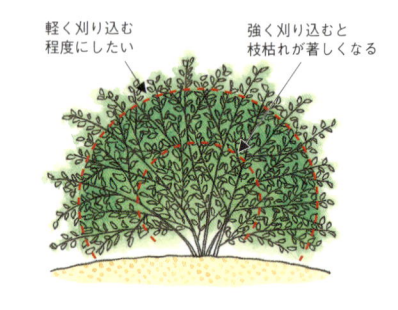

キンシバイ。葉が水平に並んで対生する。西日が防げる程度のところがよい

キンシバイ'サンバースト'

ビヨウヤナギ。葉は四方に出る。日のよく当たる場所がよい

'カリシナム'

'ヒドコート'。キンシバイの園芸品種。丈夫で花数が多い

'オータム・ブレイズ'。紅色の果実が楽しめる

和風の庭にも、洋風の庭にもよく似合う。使い勝手がよく丈夫な小低木

　クサビ状の5枚の花弁を持つ「ビヨウヤナギ」と5枚の花弁がカップ状に咲いて「葉が水平に並ぶ「キンシバイ」の二つが代表的な種です。両種とも樹勢が強く、また耐寒性もややあるところから、一般家庭の庭はもとより公園などでもたくさんの株が植えられています。近年はこのほかにも多くの種が導入されています

おすすめの種類　'ヒドコート'…大型大輪の美しい品種。起源不明とされてきましたが、中国雲南省昆明市郊外の山地に生育しています。'カリシナム'…4〜5月中旬に咲く大輪花の矮性種。'サンバースト'…鮮やかな黄色花で雄しべが非常に多く、半球状に盛り上がって咲きます。'オータム・ブレイズ'…花後に美しい紅色の果実をつけます。

植えつけ　3月下旬〜4月が適期です。植え穴は大きめに掘り、腐葉土か堆肥を10〜15ℓ入れて土とよく混ぜ、高めに植えつけます。この仲間は根鉢に土がつきにくいので、できるだけ根鉢を崩さないよう注意して植えつけます。

整枝・剪定　いずれも細い小枝を密生しますが、立ち上がるというより下からそり上がるように伸びていくので、剪定はほとんど必要ないといってよいでしょう。

四季の管理　多肥の必要はありません。2月に油粕と粒状化成肥料を等量混ぜたものを根元にばらまいてやれば十分です。

苗のふやし方　株分けもできますが、挿し木が容易で、6月下旬〜7月及び9月に挿します。挿し穂は3節くらいの長さが適します。

病害虫　特にありません。

コンパクトに維持するポイント

　放任しても大きくはなりませんが、'カリシナム'などはさらに小型です。

ビヨウヤナギとキンシバイの見分け方は、花びらのつけ根があいているのがビヨウヤナギ、花弁のつけ根が合わさっているのがキンシバイです。

ネムノキ

Albizia julibrissin

合歓の木〈別名：ネブノキ〉

分　類：マメ科ネムノキ属の落葉高木
原産地：本州、四国、九州、沖縄
開花期：7～8月　　花　芽：タイプ 6
花　色：●　　　　用　途：景観樹、緑陰樹
樹　高：4～8m
植栽範囲：東北中部以南

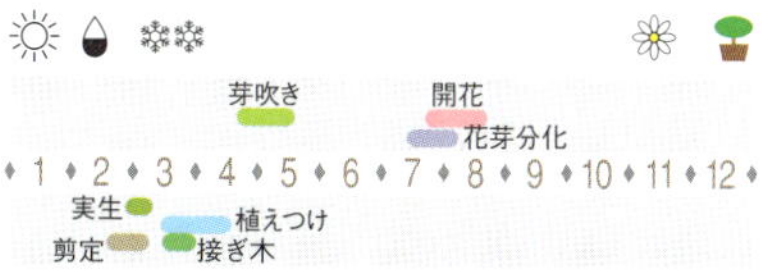

淡紅色の繊細な花糸が特有の雰囲気をかもし出す

'サマー・チョコレート'

牡丹刷毛のような優美な花。 涼しげな葉は緑陰樹に最適

　根に根粒菌を持つため、日当たりのよい野原や河川の堤防などによく見かけるように、やせ地に強い花木です。淡紅色に見えるのは多数の雄しべの花糸です。羽状複葉の小葉が夜間閉じるのもこの木の特徴です。
おすすめの種類　一才ネムノキ…0.6～1.5mの苗でよく開花する矮性種。'シダレネムノキ'…枝が美しく垂れる。'サマー・チョコレート'…銅紫色の葉をした人気品種。
植えつけ　十分暖かくなった3月中旬～4月中旬が適期です。掘り取る際も植えつける際も、健全な根は切らず大事に扱います。
整枝・剪定　枝の切りつめは好みません。込みすぎた枝や枯れ枝は整理しますが、枝は必ずつけ根から切り、大きな切り口には保護剤を塗っておきます。
四季の管理　ほとんど手はかかりません。
苗のふやし方　基本的には実生や根伏せでふやしますが、'シダレネムノキ'や'サマー・チョコレート'などは接ぎ木でふやします。
病害虫　通風が悪いとカイガラムシ、アブラムシ、テッポウムシ、うどんこ病などが発生するので、環境を整え早めに駆除します。

▶ コンパクトに維持するポイント
一才ネムノキを選ぶか、鉢植えで育てていくとよいでしょう。

フヨウ

Hibiscus mutabilis

芙　蓉〈別名：モクフヨウ〉

分　類：アオイ科フヨウ属の落葉性低木
原産地：四国、九州、沖縄、中国
開花期：8～10月　　花　芽：タイプ 6
花　色：●○　　　　用　途：景観樹
樹　高：2～3m
植栽範囲：関東以西の太平洋岸沿いの温暖な地域

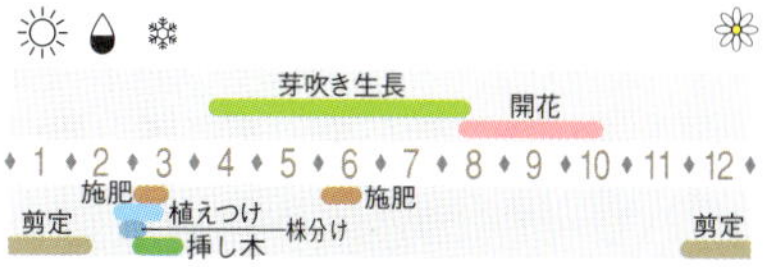

スイフヨウ。白く咲き出した花が、夕べにはほんのり紅色に染まる

フヨウ（一重咲き）

中国では古い時代から 美人の形容に使われた美花

　一日花ですが、花径10～15cmの5弁一重の花を夏の間次々と咲かせます。
おすすめの種類　スイフヨウ…咲き始めが白色で午後から紅色に変わる品種。八重咲き。シチメンフヨウ…濃桃色の八重咲き。
植えつけ　大株を扱う場合は2月下旬に。苗木は3月上旬～中旬に植えつけます。植え穴には堆肥を混ぜ、高めに植えつけます。
整枝・剪定　春から伸びた枝の頂部に花を咲かせるので、新梢は絶対切らないこと。寒さの厳しいところでは、花が終わったら地上部を地際から切り、株の上に土を盛って冬越しさせます。
四季の管理　霜の心配がなくなったら、土中の芽を傷めないようていねいに土を取り除きます。油粕と粒状化成肥料を等量に混ぜたものを3月と6月に施します。
苗のふやし方　実生と挿し木、株分けでふやします。実生は3月、挿し木は3月上旬～中旬、株分けは3月上旬に行います。
病害虫　ハマキムシの発生がよく見られるので早めに駆除します。

▶ コンパクトに維持するポイント
冬を迎える頃に地際で切り取れば、毎年樹高1.5mくらいで楽しめます。

ブッドレア

Buddleja davidii

房藤空木
〈別名：フサフジウツギ、ニシキウツギ〉

分　類	フジウツギ科フジウツギ属の落葉性低木
原産地	中国
開花期	6～9月
花　芽	タイプ 6
花　色	● ● ○
用　途	添景樹

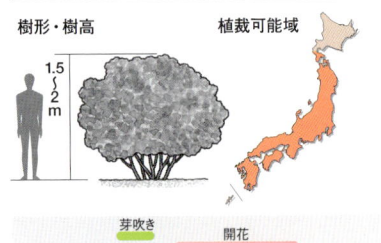

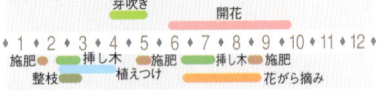

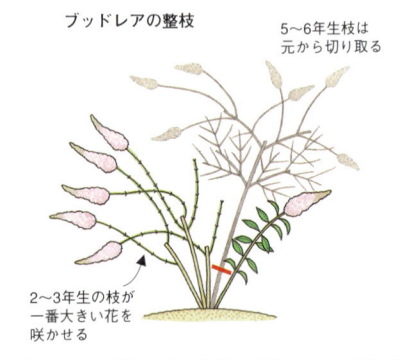

優美な円錐花序に甘い香りの小花が密につく。蝶を呼ぶ花としても有名

ブッドレアとバーベナ・ボナリエンシス。紫系の花どうしでまとめた色彩コーディネートが見事

ブッドレアは新梢の先端に次々と咲き続ける

園路沿いに植栽された'ホワイト・クラウド'

　日本にもフジウツギ、ウラジロフジウツギが自生しますが、花はあまり美しさはなく、庭木としてよく使われているのは中国原産のフサフジウツギの園芸品種。この花には蝶が好んで集まるところから「バタフライ・ブッシュ」とも呼ばれています。

おすすめの種類　'ハーレー・クイーン'…帯紫赤色の美花。'ピンク・パール'…淡紅色花。'ロイヤル・レッド'…赤花の美花。

植えつけ　2月下旬～3月（寒冷地は3～4月）に植えつけます。植え穴は大きめに掘り、腐葉土か堆肥を多めに入れてよく混ぜ、水はけよく高めに土を盛ります。少し深めに植えつけることで、根元から元気のよい新梢を出させるとよいでしょう。特に細い小苗はこのような方法をすすめます。苗は支柱を添えて固定しておくことも大切です。

整枝・剪定　気温が高ければ次々と咲き続けるので、花が終わったら枝先を3分の1くらい切り戻すと、再び新梢を伸ばしてその先に花を咲かせます。春から秋はこうして花がらを切っていき、本格的な整枝は2月下旬～3月上旬に行います。

四季の管理　肥料は油粕や粒状化成肥料を1月下旬と5月、9月上旬に根元に埋め、元気のよい新梢を出すようにします。

苗のふやし方　挿し木が簡単です。2月下旬～3月上旬の春挿しと、6月下旬～7月に新梢を使った梅雨挿しができます。

病害虫　通風が悪いとアブラムシ、カイガラムシ、枝に被害を及ぼすテッポウムシやコウモリガなどの被害が見られます。見つけ次第、早めに駆除します。

コンパクトに維持するポイント

庭植えでは生長を抑えながら花を咲かせることは無理なので、鉢で育てるとよいでしょう。

ブッドレアは生長が早く根が暴れやすいので、移植は困難です。苗を入手する際は、地掘り苗よりもコンテナ仕立てのものを選んだほうが安全でしょう。

ムクゲ

Hibiscus syliacus

木槿花、無窮花〈別名：ハチス、キハチス〉

分　類：アオイ科フヨウ属の落葉性低木～大低木
原産地：中国
開花期：7～8月
花　芽：タイプ 6
花　色：● ● ○
用　途：添景樹、生け垣

'大紫盃'

'大徳寺白'

'光花笠'

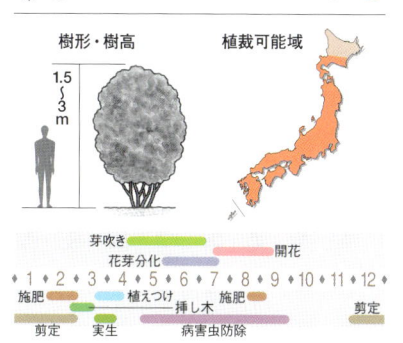

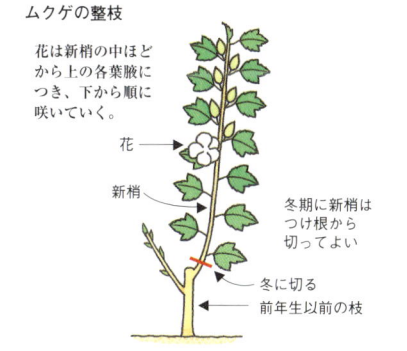

ムクゲは「槿花一朝の夢」の諺どおり一日花だが、花期は長期にわたる

夏から秋まで、次々と咲き続け、冬の寒さにも強い丈夫な花木。刈り込みにも強く仕立てやすい

　フヨウ属の仲間では最も寒さに強く、北海道では強い風に吹かれ、樹冠が球状になっている大株を見かけます。花の色が非常に豊富であることもこの木の特徴です。
おすすめの種類　'宗旦'…白色一重底紅で、よく似た品種に'日の丸'があります。'オーシャン・ブルー'…最もブルーに近い花色の品種です。'ダイアナ'…一重白色で花弁が反り返るように咲く4倍体の大輪種。'光花笠'…紅色の八重咲き品種。

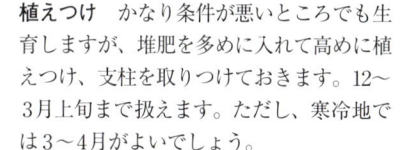

植えつけ　かなり条件が悪いところでも生育しますが、堆肥を多めに入れて高めに植えつけ、支柱を取りつけておきます。12～3月上旬まで扱えます。ただし、寒冷地では3～4月がよいでしょう。
整枝・剪定　新梢の各葉腋に花を咲かせるので、春から秋までは剪定は避けます。剪定は葉の落ちかけた12～2月が適期です。枝はほとんどつけ根から切っても差し支えなく、高くなりすぎた株は3～4年生くらいの古い枝まで切りつめても問題ありません。
四季の管理　元気のよい新梢を伸ばせば花も多く咲くので、2月に油粕と骨粉を等量ずつ混ぜたものを多めに施し、8月下旬に油粕と粒状化成肥料を等量に混ぜたものを追肥として根元にばらまいてやります。
苗のふやし方　挿し木が一般的です。2月下旬～3月上旬に15cm内外に切って挿すとよく活着します。実生は3月中旬～4月上旬に行います。形質が固定していないためにいろいろの花形や花色が現れてきます。
病害虫　アブラムシ、カイガラムシ、テッポウムシ、ハマキムシの被害が見られるので見つけ次第、早めに駆除します。

▶ **コンパクトに維持するポイント**

春先に小鉢に挿し木をすれば、夏にはコンパクトな姿で花が咲いてくれます。

ムクゲの中国名は木槿花（ムウジンホワ）、また国民花とされている韓国名は無窮花（ムグンファ）です。ムクゲの和名はこのいずれかから転訛したものと思われます。

ラベンダー

Lvandula

薫衣草

分　類：シソ科ラバンドゥラ属の常緑性低木
原産地：地中海沿岸、カナリア諸島、インド
開花期：6〜7月　　花　芽：タイプ❻
花　色：●●○
用　途：群植、芳香花　　樹　高：0.2〜1m
植栽可能域：沖縄を除く日本全土

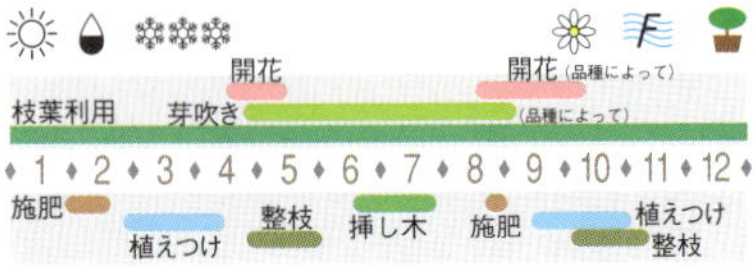

'スーパー・セビリアンブルー'

フレンチ・ラベンダー

すばらしい香りのハーブ。庭の片隅にぜひ1株

　最も有名なハーブのひとつで、精油の強い香りが香水、入浴剤、ポプリを始め、さまざまな製品に利用されています。
おすすめの種類　アングスティフォリア…別名イングリッシュ・ラベンダー。最も多く栽培されています。ストエカス・ラベンダー…別名フレンチ・ラベンダー。早咲きで花期が長い。蒸し暑さを嫌います。デンタータ・ラベンダー…別名フリンジド・ラベンダー。葉縁に鋸歯があり、冬咲き。'ナナ・アルバ'…草丈20cmほどの矮性品種。
植えつけ　3〜5月または9〜10月が適期です。日のよく当たる場所で、アルカリ性のやせた土壌を好み、肥沃な土は苦手です。
整枝・剪定　花が咲き出した6〜7月に収穫を兼ねて刈り込み、風通しをよくします。また、秋の終わりに各枝を軽く切り戻します。
四季の管理　多肥は禁物です。普通の土壌であれば、まず施肥の必要はありません。鉢植えでは水の与えすぎにも注意が必要です。
病害虫　ほとんどありません。

> **コンパクトに維持するポイント**
> 草丈の低い品種を選び、鉢植えで育てるとよいでしょう。

ランタナ

Lantana camara

〈別名：シチヘンゲ〉

分　類：クマツヅラ科ランタナ属の常緑性小低木
原産地：北米南部〜熱帯アメリカ
開花期：8〜9月　　花　芽：タイプ❻
花　色：黄→橙→赤に変わる　樹高：0.7〜1.5m
用　途：根締め、グラウンドカバー
植栽可能域：関東中部以西の太平洋岸沿いの暖地

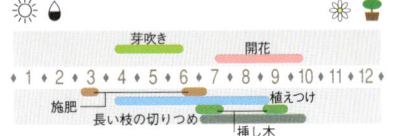

コバノランタナ

フイリランタナ

ガーデニングブームで需要が増えた熱帯花木

　日当たりがよくてやや乾きやすい場所であれば、半ば放任状態でもよく開花します。ガーデニングなどに使いやすいところから近年人気のある植物のひとつです。
おすすめの種類　コバノランタナ…ランタナの近縁種で花柄がやや長い。フイリランタナ…葉縁に淡黄色の斑が不規則に入る黄花種。そのほか、多くの園芸種があります。
植えつけ　戸外への植えつけは十分暖かくなった4〜9月まで行えます。鉢から抜くときに根鉢は崩さないようにていねいに抜いて植えつけます。植え穴には腐葉土を入れて土とよく混ぜ、高めに植えつけます。
整枝・剪定　特に長く伸びた枝幹を切り取る程度で十分です。
四季の管理　油粕、骨粉、粒状化成肥料を花色が咲き進むにつれ変化するところから、別名シチヘンゲ等量ずつ混ぜたものを3月と6月上旬、さらに9月上旬に少しずつ施すとよいでしょう。
苗のふやし方　新梢を挿し穂にして6月下旬〜7月上旬または9月上旬〜中旬に挿せます。発根苗は2〜2.5号鉢に上げ、十分根を張らせてから植え替えをします。
病害虫　特に見られません。

> **コンパクトに維持するポイント**
> もともと小低木の花木なので、容易です。

キソケイ
Jasminum humile.var revolutum
黄素馨

分　類：モクセイ科ソケイ属の常緑性低木
原産地：ヒマラヤ　　開花期：5〜6月
花　色：タイプ❶　花　芽：
用　途：添景樹
樹　高：1.5〜2m
植栽範囲：関東以西

ジャスミン属の花木でヒマラヤソケイの変種ですが、香りはほとんどありません。しかし、生育は旺盛で、鮮やかな緑色の枝葉と黄色い花のコントラストが美しく、古くから庭園樹として使われてきた育てやすい花木です。

ギンバイカ
Myrtus communis
銀梅花〈別名：イワイノキ〉

分　類：フトモモ科ギンバイカ属の常緑性低木
原産地：地中海沿岸から南西ヨーロッパ
開花期：5月下旬〜6月　花　芽：タイプ❶
花　色：○　　用　途：生け垣、鉢植え
樹　高：1.5〜2m　植栽範囲：関東以西の温暖な地域

葉は明るい緑色で、密なブッシュをつくります。花には香りがあり、熟果は紫黒色で生食できます。イワイノキ（祝いの木）の別名は、ヨーロッパでは、いろいろな行事の際、この花をふんだんに飾るところに由来しています。

ザクロ（花ザクロ）
Punica granatum
石榴

分　類：ザクロ科ザクロ属の落葉性小高木
原産地：イラン、アフガニスタン、ヒマラヤにかけて分布
開花期：6〜7月　花　芽：タイプ❹
花　色：○　　用　途：景観樹、盆栽
樹　高：3〜5m　植栽範囲：東北南部以南の温暖な地域

雄しべが弁化して八重咲きとなったものや、果実はなるが花の美しいもの、幹が捩れて雅趣のある'捩幹榴'なども含めた観賞用の園芸種を「花ザクロ」と呼び、果実の採取を目的とした品種を「実ザクロ」と呼んで区別しています。

ホザキシモツケ
Spiraea salicifolia
穂咲下野

分　類：バラ科シモツケ属の落葉性低木
原産地：関東北部以上の寒冷な湿原地
開花期：6〜7月　花　芽：タイプ❻
花　色：○　　用　途：添景樹、群植
樹　高：1〜1.5m　植栽範囲：本州以北の冷涼地

地中からたくさんの枝幹が叢生し、枝先に長さ5〜10cmの穂状花序を出して淡紅色の小花を多数咲かせます。和名の由来は花序の形によります。散房花序をつける他のシモツケとは形態が異なり、すっきりした樹形が特徴です。

ホザキナナカマド
Sorbaria sorbifolia
穂咲七竈

分　類：バラ科ホザキナナカマド属の落葉性低木
原産地：中国北東部　開花期：6〜7月
花　芽：タイプ❻　花　色：○
用　途：添景樹　　樹　高：1.5〜2.5m
植栽範囲：関東以北〜北海道

近縁のS.アルボレアは中国中部〜西部に見られ5〜6mになるものがあります。中国名で「珍珠梅」と呼ばれているところから、近縁種のチンシバイやニワナナカマドと混同して呼ばれています。

キンモクセイ

Osmanthus fragrans var. *auranticus*

金木犀

分　類：モクセイ科モクセイ属の常緑性中高木
原産地：中国
開花期：9～10月
花　芽：タイプ 6
花　色：●
用　途：景観樹、生け垣

樹形・樹高　5.0～8.0m
植栽可能域

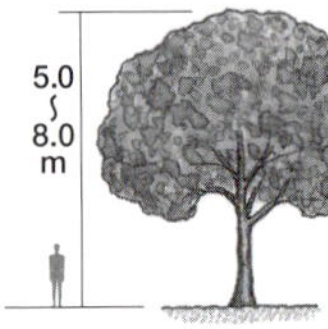

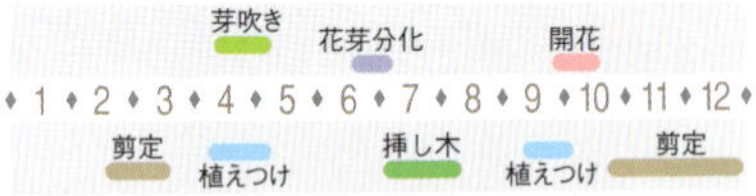

芽吹き　花芽分化　開花
・1・2・3・4・5・6・7・8・9・10・11・12
剪定　　挿し木　　剪定
　植えつけ　　植えつけ

キンモクセイの整枝
中心の長い枝はつけ根から切る
花後、春までに1～2芽残して切り取る

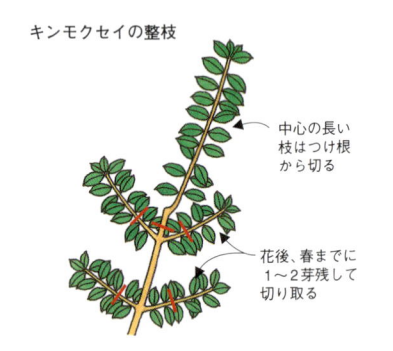

キンモクセイの円筒形仕立て

キンモクセイ

ギンモクセイ

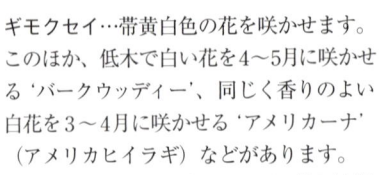

ウスギモクセイ

秋の訪れを告げる花。春のジンチョウゲと並んで香りの高い花木の双璧

　秋が訪れ、朝夕涼しさを覚える頃になると、街中がキンモクセイの香りに包まれます。モクセイというと本来はギンモクセイを指しますが、一般にはだれもが本種を思い浮かべることでしょう。事実、この仲間のなかで、最も多く庭木に利用されています。大気汚染にも強く樹勢の強い木です。

おすすめの種類　ギンモクセイ（モクセイの基本種）…枝はやや粗く、白花で香りはキンモクセイほど強くはありません。ウスギモクセイ…帯黄白色の花を咲かせます。このほか、低木で白い花を4～5月に咲かせる'バークウッディー'、同じく香りのよい白花を3～4月に咲かせる'アメリカーナ'（アメリカヒイラギ）などがあります。

植えつけ　4～5月上旬、および9月が適期。植え穴は少し大きめに掘り、腐葉土を10～15ℓほど入れて土とよく混ぜ、やや高めに植えつけて支柱を取りつけておきます。

整枝・剪定　花が終わった直後から4月上旬までが適期です。混んでいる部分の枝を間引き、花の咲いた枝も、基部の葉を2対ほど残して切りつめます。大きくなりすぎたからといって、ほとんど葉が残らないほど強く切りつめる人がいますが、このような強剪定は枝枯れを生じやすく、元の状態に戻るのに5～6年を要してしまいます。

四季の管理　ほとんど手はかかりません。肥料も改めて施す必要はありません。

苗のふやし方　挿し木が容易です。7～8月上旬に新梢を穂木として挿します。

病害虫　カイガラムシやテッポウムシの被害が見られるので、早めに駆除します。

コンパクトに維持するポイント

庭植えでは小さく仕立てるのはなかなか難しいので、鉢植えがよいでしょう。この場合、10号以上の鉢が必要です。

中国名だとモクセイ（ギンモクセイ）は「銀桂」、キンモクセイは「丹桂」。観光地として名高い「桂林」はモクセイの街という意味です。

ジャノメエリカ

Erica canaliculata

蛇の目エリカ〈別名：クロシベエリカ〉

分　類：ツツジ科エリカ属の常緑性低木
原産地：アフリカ南部ケープ地方
開花期：11月～3月上旬　　花　芽：タイプ ❶
花　色：●　　　　　　　　用　途：添景樹
樹　高：1.5～2.5m
植栽可能域：東京地方以西の暖地

雄しべの先の黒色の葯が目立つジャノメエリカ。エリカのなかで最も暑さ寒さに強く、庭植えに適している

門扉の脇に植えられたジャノメエリカ

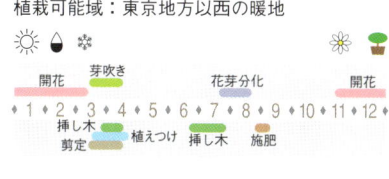

最も耐寒性に富むエリカ。東京近辺なら庭植えも可能

　本種はケープ地方原産で、エリカのなかでは大形のタイプに入り、また最も耐寒性のある種です。花は桃色の小さな鐘状で、名の由来は黒色の葯が目立つことによります。
おすすめの種類　本種のほか、多くは鉢植え向きです。エリカ・カルネア…耐寒性があり、寒冷地を好む。
植えつけ　冬の冷たく乾いた風の当たらない場所を選び、暖かくなった彼岸過ぎから4月に植えつけます。水はけのよい砂壌土がよく、鹿沼土やピートモスを植え土に混ぜ、水はけよく高めに植えつけます。
整枝・剪定　風で倒れやすいので、花後に刈り込んでいつも低く保ちます。
四季の管理　花後と9月上旬に、粒状の化成肥料を少量根元に施します。
苗のふやし方　挿し芽が一般的です。6～7月中旬頃が適期で、新梢を挿し穂とし、細かい鹿沼土に挿します。
病害虫　特に見られません。

▶ **コンパクトに維持するポイント**
花後の刈り込み剪定によって小さく仕立てていきます。

ハナセンナ

Cassia corymbosa

〈別名：アンデスの乙女〉

分　類：マメ科・カッシア属の落葉性低木
原産地：ブラジル～アルゼンチン北部
開花期：10～12月　　　　花　芽：タイプ ❷
花　色：●　　　　　　　　用　途：添景樹、根締め
樹　高：1.5～2.5m
植栽可能域：東京地方以西の暖地

モクセンナ　　　　　　　　　　　　　　　　ハナセンナ

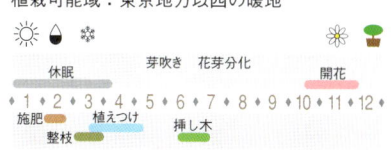

花の少ない晩秋から初冬の庭に黄金色の花を次々と咲かす

　昭和50年代頃までは、宮崎や鹿児島県などで街路樹の下草として植えられていました。近年、温暖化によって東京付近でもよく使われる花木のひとつとなっており、彩りの少ない初冬の庭を飾っています。
おすすめの種類　コバノセンナ…樹高1～1.6m程度。南アメリカ原産の花の美しい品種。モクセンナ…樹高2～5mとなり、亜熱帯地方ではよく使われているセンナ。
植えつけ　十分暖かくなった3月に入ってから行います。植え穴には腐葉土を入れ、高めに植えつけます。根鉢は表面を少し崩す程度でかまいません。
整枝・剪定　3月が適期です。厳寒期に行うと枝枯れを生じます。
四季の管理　肥料はあまり必要としません。2月上旬に油粕と骨粉を等量に混ぜたものを、根元に施してやれば十分です。
苗のふやし方　東京付近ではあまり結実しないので、挿し木によってふやします。適期は6月中旬～7月中旬です。
病害虫　ほとんど見られません。

▶ **コンパクトに維持するポイント**
適切な剪定を続けるか、または鉢植えで楽しみます。

サザンカ

Camellia sasanqua

山茶花

- 分　類：ツバキ科ツバキ属の常緑性小高木
- 原産地：四国、九州
- 開花期：10〜12月
- 花　芽：タイプ 2
- 花　色：●●○
- 用　途：景観樹、生け垣、盆栽

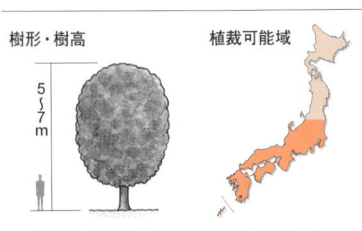

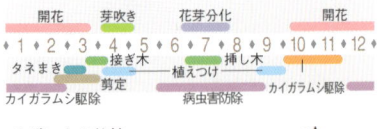

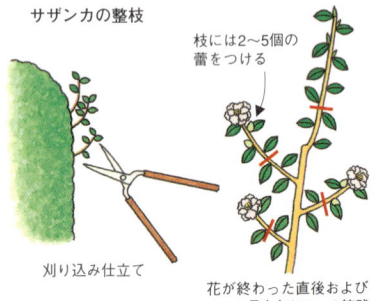

晩秋の青空を背景に咲くサザンカ

晩秋から冬を彩る貴重な花木。刈り込み、強剪定にも耐えるのでさまざまな仕立てが楽しめる

　四国、九州の限られた地域に自生する、わが国特産の花木で、花径5〜7cmの5〜6弁の白色花を咲かせます。江戸時代初期にはすでに多数の園芸品種が栽培されていた記録が見られます。

　また、同属のツバキとともに、果実からは油を絞り、材は薪炭にするなど、昔から人々の生活に深くかかわってきました。

おすすめの種類　'酒中花'…白地に紫紅色の覆輪斑の入る美花。'丁字車'…紅色の一重唐子咲き。'雪山'…白八重平開咲き。'七福神'…濃桃色半八重大輪種。'大錦'…白に濃紅色のぼかしが入る一重大輪種。'東雲'…桃色半八重大輪種。

　カンツバキはサザンカとツバキの交雑種で、サザンカの形態が強く12〜2月に開花する系統です。'朝倉'…白い花弁の外側に淡紅色覆輪斑が入る中輪種。'獅子頭'…紅色八重中輪咲きの横開性。'勘次郎'…紅色八重中輪咲きで立寒椿の名で知られています。'富士の峰'…白色中輪千重咲き。

　また、ハルサザンカ系もサザンカとツバキの交雑種ですが、こちらはツバキの形態が強く表れて、1〜3月に開花します。

植えつけ　常緑性なので4月に入ってからがよく、5月上旬および9月が適期です。鉢仕立てのものであれば3月や5〜7月、10月でも扱えますが、いずれの月に扱う場合も、根鉢は表面を軽く崩す程度にとどめて植えます。

　植え穴は少し大きめに掘って腐葉土を10ℓくらい入れ、よく踏み込んでから高めに植えつけます。

整枝・剪定　基本的には花の終わった直後から4月の間に行います。強い剪定は元気のよい新梢を伸ばし、次年度の花つきが悪くなるので、中程度の剪定にとどめます。

四季の管理　庭植えのものは2月と8月下

'銀竜'。ハルサザンカ系 　'飛竜'。ハルサザンカ系 　'七福神' 　'田子の浦'

'雪山'

単にカンツバキといえば、この'獅子頭'

'酒中花'

一般には「立寒椿」の名で知られる'勘次郎'　'勘次郎'の花

旬の2回施肥すれば十分ですが、鉢仕立ての場合は2月、5月、9月上旬と、年に3回施肥をします。

苗のふやし方　実生、挿し木、接ぎ木でふやします。実生は採りまき、挿し木は6月下旬～7月に、接ぎ木は3月下旬～4月が適期です。

病害虫　チャドクガ、テッポウムシ、カイガラムシ、アブラムシ、もち病などが見られるので、早め早めに駆除していきます。

コンパクトに維持するポイント

庭植えでも強く切りつめて小さく骨組みをつくることも可能ですが、より小さくつくるには鉢仕立てがよいでしょう。

'勘次郎'の生け垣

ハギ

Lespedeza

分　類：マメ科ハギ属の落葉性低木
原産地：全国（沖縄県を除く）
開花期：6〜9月
花　芽：タイプ 6
花　色：■ ○
用　途：添景樹

樹形・樹高　1.5〜2m

植栽可能域

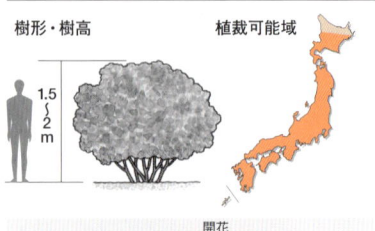

萌葉花芽分化／開花
1〜12月
施肥・株分け・挿し木・寒冷地植えつけ・挿し木・枝葉切りつめ可・枝葉切り取り・施肥

ハギの整枝
枠を取りつけて枝を整理してやるとよい
12〜2月に地際から切り取る

ミヤギノハギ。自生地は不明で園芸種といわれている

シロバナハギ

ヤマハギ

ソメワケハギ '江戸絞り'

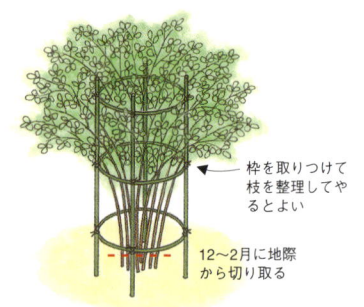

秋の山野を彩る代表的な花。花枝を自由に伸ばせるだけのスペースを確保して育てたい

「秋の七草」の筆頭に挙げられているように、すでに奈良時代から人々に親しまれてきました。万葉集にもたくさんの歌が詠まれているほか、絵画や工芸品にも古くから描かれてきた身近な花木です。

おすすめの種類　ヤマハギ…山野に自生する丈夫なハギ。ミヤギノハギ…枝は長く伸びて大きく湾曲して紫紅色の美しい花をたくさん咲かせる品種。シロバナハギ…白色の花を咲かせる美しい品種。ソメワケハギ…白と紅紫色の絞り花で、'江戸絞り'と呼ぶ品種がよく売られています。

植えつけ　地中で芽が動き出すのが早いので1〜2月（寒冷地では3月〜4月上旬）までに行います。植え穴は浅く大きく掘って堆肥を入れ、根先は切らずによく広げ、高めに植えつけることが大切です。地上部は地際5〜7cmほどで切って植えつけます。

整枝・剪定　春に萌芽した新梢の半ばから先に花を咲かせますから、秋までは枝を切りたくありません。5月上旬に半分くらい切っても再萌芽した枝に花は咲きますが、できるだけ切らないで育てます。晩秋になれば地上部を切っても差しつかえないので、12月中旬〜2月上旬頃に刈り取ります。

四季の管理　油粕と粒状化成肥料を等量に混ぜて1月下旬と8月下旬に施します。

苗のふやし方　1〜2月に株分けでふやすのが一般的ですが、2月下旬および6月下旬〜7月中旬に挿し木も可能です。

病害虫　これといったものは見られません。

コンパクトに維持するポイント

直径0.5〜0.7mくらい、高さ0.7〜1mくらいのあんどん支柱を壁に取りつけ、その中に枝をまとめると狭いところでも十分楽しめます。または鉢仕立てにし、新梢を5月上旬に半分くらいに切り、再萌芽させます。

ハギの名の由来は、生え芽（キ）の意味で、株元から多数の芽を出すことによります。秋になると咲く代表的な花なので「萩」の字が当てられたものです。

ヒイラギナンテン

Mahonia japonica

柊南天

分　類：メギ科ヒイラギナンテン属の常緑性低木
原産地：中国
開花期：3～4月　花　芽：タイプ❷
花　色：○　　用　途：根締め、列植、群植
樹　高：1.5m前後
植栽可能域：関東地方以西

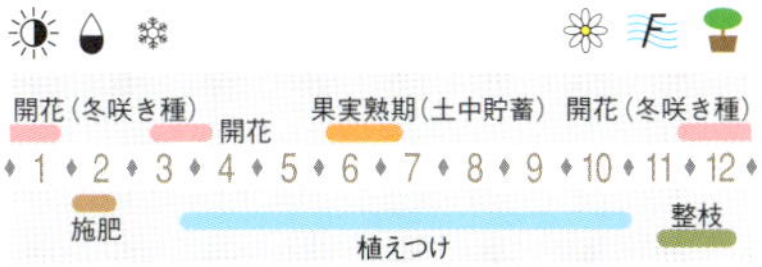

冬咲きの大型種'チャリティー'

ヒイラギナンテンの果実

使い方によって、和洋いずれの庭にもよくマッチする

　半日陰に適しますが、日なたや日陰にも強い丈夫な木です。
おすすめの種類　'チャリティー'…樹高3mほどになる大型の園芸品種で、12～1月に香りのよい花を咲かせます。このほか、ホソバヒイラギナンテン、セイヨウヒイラギナンテンなどの近縁種があります。
植えつけ　厳寒期と酷暑期を除けば、大体扱えます。土質は選びませんが、できれば腐植質に富む肥沃な土がよく、水はけがよいように植えつけます。
整枝・剪定　放任してもひどく姿を乱すことはありませんが、枝幹が多くなると乱れる枝ができるので、11～12月に、著しく長い枝や細かい枝、古い幹などを整理します。
四季の管理　正月前に、枝や枯れ葉を整理する程度です。
苗のふやし方　実生は6月に採りまき。挿し木は2～3月に行います。
病害虫　うどんこ病が出る程度です。

コンパクトに維持するポイント

普通種は、もともとそれほど大きくなりません。大型品種の'チャリティー'は3～4月に伸びすぎた枝幹を切りつめ、分枝させるとよいでしょう。

ロウバイ

Chimonanthus praecox

蠟梅〈別名：カラウメ〉

分　類：ロウバイ科ロウバイ属の落葉性
　　　　大低木～小高木
原産地：中国中部　　開花期：12～2月
花　芽：タイプ❶　花　色：○
用　途：添景樹、前庭　　樹　高：2～4m
植栽可能域：東北地方南部以南

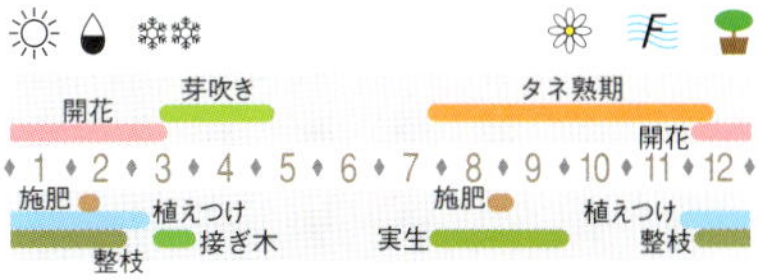

ロウバイ

ソシンロウバイ

マンゲツロウバイ

冬枯れの庭に馥郁とした香りを漂わせる人気花木

　早春の花というよりは冬の花といってよいでしょう。芳香のよい花木で、古くから庭木、切り花として利用されてきました。
おすすめの種類　トウロウバイ…ロウバイより香りは弱いが大花。ソシンロウバイ…ロウバイは花弁の基部が紫を帯びるのに対し、純黄色で芳香が強い。マンゲツロウバイ…純黄色でソシンロウバイより丸弁で大花。
植えつけ　2～3月の開花期から花の直後が適期。根鉢は表面を少し崩す程度とし、高めに植えつけます。
整枝・剪定　花が咲き終えた直後に行います。特に地際から出るヒコバエ、徒長枝、ふところの小枝などを切り取ります。
四季の管理　ほとんど手はかかりません。
苗のふやし方　実生、接ぎ木によります。ソシンロウバイも実生をすると多少の花の変異はあるものの、高い確率で花弁に汚れのないソシン(素心)が出ます。接ぎ木は3月下旬に切り接ぎをします。
病害虫　夏～初秋にテッポウムシの発生が見られます。早期発見に努めて駆除します。

コンパクトに維持するポイント

花の直後に強く切りつめて樹形を維持するか、鉢仕立てで楽しみます。

アオキ

Aucuba japonica

青木

分　類：ミズキ科アオキ属の常緑性低木
原産地：本州（東北南部以南）、四国、九州、沖縄
開花期：4〜5月
花　芽：タイプ❷
花　色：　　　実の色：
用　途：目隠し、風よけ、根締め、日陰地の植栽

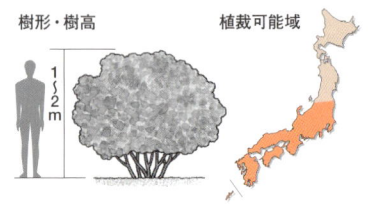

樹形・樹高　1〜2m　　植栽可能域

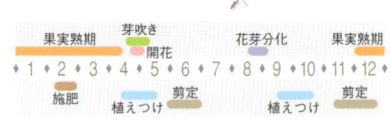

果実熟期	芽吹き		花芽分化	果実熟期
1・2・3	4・5	6・7・8・9	10	11・12
施肥	開花			
	植えつけ　剪定	植えつけ	剪定	

アオキの整枝
アオキは中心部の長い枝を切っていく 

光沢に富んだ濃緑の葉が魅力。特に美しい斑入り葉の品種は日陰の庭の彩りに最適

　艶のある濃緑色の枝葉が見どころで、美しい斑入り葉の品種も多数あります。また、雌株は、冬から秋にかけて小指の先大の果実が照りのある赤色に熟して見事です。日陰に強いこともこの木の魅力です。常緑樹ですが、比較的耐寒性に富みます。

おすすめの種類　'相模弁天'…亀甲形の葉は美しい斑入りで生長が遅い。'ホソバアオキ'…長楕円状披針形の葉が特徴。'シロミノアオキ'…果実が淡黄白色となる品種で、葉に星斑の入る白実種もある。'黄覆輪くずれ'…葉縁に黄色の不規則な覆輪斑が入る。'ピクチュラータ'…鮮やかな黄色の葉に星斑の入った緑色の不規則な覆輪斑となる美しい品種。ヒメアオキ…日本海側の積雪地帯に見られる変種で、枝は細く密生します。

植えつけ　適期は4〜5月および9〜10月。日陰または半日陰で、腐植質に富み、保湿性のある地を好みます。日なたで乾きやすい所は不適です。植え穴は大きめに掘り、腐葉土を15ℓほど入れ、高めに植えます。その後枝抜きをし、支柱をつけておきます。

整枝・剪定　適期は5〜6月または11〜12月。長く伸びた枝を適宜切りつめ、ふところの細かい枝や枯れ枝を整理します。

四季の管理　樹形を乱すとび枝を切る程度です。よほどの痩せ地以外、肥料も不要です。

苗のふやし方　実生、挿し木によりますが、実生ではいろいろな個体が現れるので、園芸品種は挿し木法によります。挿し木は6月下旬〜7月が適期です。

病害虫　風通しが悪いとカイガラムシが発生してすす病を誘発します。その他は、まれにテッポウムシの被害が見られる程度です。

コンパクトに維持するポイント

生長の遅い品種を選ぶことが第一。あとは毎年春の萌芽前に枝を切りつめます。

'サルフレア・マルギナータ'（覆輪葉）

雌木は美しい果実が楽しめる

ホソバアオキ

'ピクチュラータ'（中斑）

'スター・ダスト'（散り斑）

日本ではとかく粗末に扱われがちなアオキですが、常緑樹の少ないヨーロッパでは斑入り葉の美しさが賞され、観賞植物として珍重されています。

イヌツゲ

Ilex crenata

犬黄楊〈別名：ヤマツゲ〉

分　類：モチノキ科モチノキ属の常緑性小高木
原産地：日本全土
開花期：5〜6月
花　芽：タイプ5　　　花色：○
果実熟期：10〜11月（雌雄異株）
用　途：模様木仕立て、生け垣、トピアリー

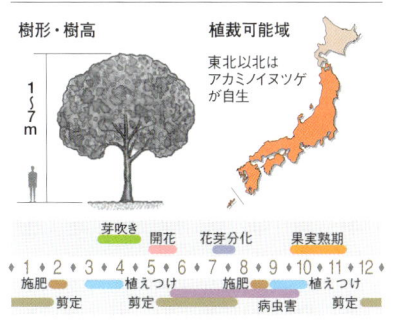

'ゴールデン・ジェム'

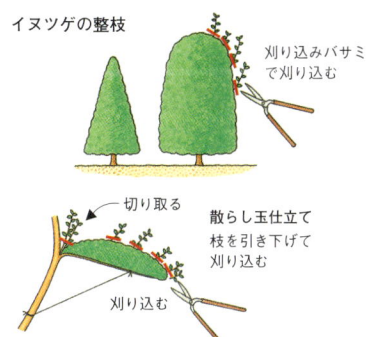

イヌツゲのアーチ仕立て

マメツゲ

'スカイ・ペンシル'

樹形づくりは自由自在。
庭木仕立ての楽しさを存分に
味わえる木です

　美しい花は咲きませんが、樹勢が強く、また萌芽力も強いので、刈り込むことで思いのままの樹形に仕立てやすいなど、庭木の優等生ともいえる木のひとつです。生け垣用樹としても貴重な存在です。

おすすめの種類　マメツゲ…葉の表面が凸状に丸くなる。玉仕立てに最適。キフイヌツゲ…黄色の散り斑種。'ゴールデン・ジェム'…黄色葉品種。ホウキイヌツゲ'スカイ・ペンシル'…枝幅は狭く柱状の樹形となる品種。キミノイヌツゲ…果実が淡黄色。アカミノイヌツゲ…東北以北に多く見られます。赤色の美しい果実をつけます。

植えつけ　3〜4月、9〜10月が適期ですが、それ以外の時期でも酷暑、厳寒期を除けば扱うことができます。

整枝・剪定　生け垣、玉仕立て、模様木仕立てなど、さまざまな樹形につくることが容易です。模様木の場合、枝の直しや不要な枝の切り取りなどは刈り込む前の3〜4月に行います。

　通常の整枝・剪定（刈り込みなど）は6月中旬〜7月および10〜12月を適期としますが、それ以外でも行えます。

四季の管理　油粕と粒状化成肥料を等量混ぜた肥料を2月と9月上旬に施します。

苗のふやし方　通常のイヌツゲは実生でふやしますが、園芸種は挿し木でふやします。挿し木は6月下旬〜7月および3月が適期。

病害虫　主な害虫としては、根元に発生するテッポウムシ、枝葉に発生するハマキムシです。テッポウムシは早めに駆除し、ハマキムシには浸透移行性殺虫剤が効果的。

▶ **コンパクトに維持するポイント**

枝を引いて誘引したり、かなり強い刈り込みも可能なので、思いどおりのコンパクトな樹形が楽しめます。

イヌツゲは庭木としての用途が似ているためかツゲ（ツゲ科）と混同されがち。ツゲの葉は対生するのに対し、本種は互生なので見分けがつきます。

常緑樹

オリーブ

Olea europaea

〈別名：オレイフ〉

分　類：モクセイ科オレア属の常緑高木
原産地：不明（北アフリカと考えられている）
開花期：5月下旬～6月
花　芽：タイプ❶　花　色：🟡
果実熟期：10～11月
用　途：添景樹

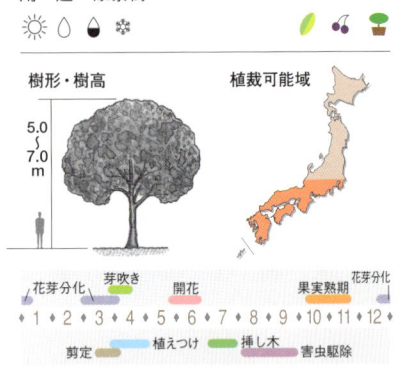

樹形・樹高　5.0～7.0m

植栽可能域

花芽分化／芽吹き／開花／果実熟期／花芽分化
1・2・3・4・5・6・7・8・9・10・11・12
剪定　植えつけ　挿し木　害虫駆除

オリーブの整枝

中心から伸び出た徒長ぎみの長い枝を切る

シンボルツリーとして門扉脇に植えられたオリーブ

オリーブの花

'ネバディロ・ブランコ'

オリーブのコンテナ栽培

地中海風のムードが持ち味。ガーデニング素材として人気を呼ぶおしゃれな木

　以前は一般家庭に植えられることはまれでしたが、銀緑色の枝葉がガーデニングの材料として一躍脚光をあび、温暖化も伴い、庭木としても利用されるようになりました。特に女性に人気のある木のひとつです。

おすすめの種類　'マンザニロ'…最も多く栽培されている品種です。このほか、'ミッション'、'ネバディロ・ブランコ'、'ルッカ'、'フラントイオ'（ベランダ・オリーブ）などの品種が出回っています。

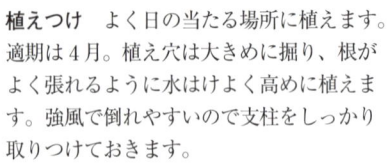

植えつけ　よく日の当たる場所に植えます。適期は4月。植え穴は大きめに掘り、根がよく張れるように水はけよく高めに植えます。強風で倒れやすいので支柱をしっかり取りつけておきます。

整枝・剪定　植え場所にもよりますが2～3mくらいに仕立てると管理が容易です。剪定の適期は3月頃。不定芽をよく出すので、そうした枝や込みすぎた部分の大枝を抜き、採光、風通しをよくします。

四季の管理　痩せ地に強いので、施肥は生育状態を見ながら骨粉やリン酸肥料を少量ずつ施しますが、ときどき石灰を少し施すことも大切です。また、乾燥を好むものの、開花から果実の肥大時には水分を必要とするので、乾き具合を見ながらときどき灌水をする必要があります。

苗のふやし方　接ぎ木、挿し木で。接ぎ木用の台木は実生で育てます。3年生くらいの太い枝を3月に挿すことも可能ですが、新梢挿しは7月が適期です。

病害虫　テッポウムシとコウモリガの幼虫の発生に気をつけ、早めに駆除します。

コンパクトに維持するポイント

強く切りつめることも可能ですが、切り口は保護剤を塗って保護します。大型のコンテナで楽しむのもよいでしょう。

明るい地中海沿岸を原産地とするオリーブは日光が大好き。そこで、日本では一年を通じて最も日照時間が長い香川県小豆島が主要な生産地となりました。

カナメモチ

Photinia glabra

要黐〈別名：アカメモチ〉

分　類：バラ科カナメモチ属の常緑性小〜中高木
原産地：本州中部地方以西、四国、九州
開花期：5月中旬〜下旬　花芽：タイプ❷
花　色：○　用　途：生け垣、刈り込み仕立て
樹　高：3〜5m
植栽可能域：関東地方以西

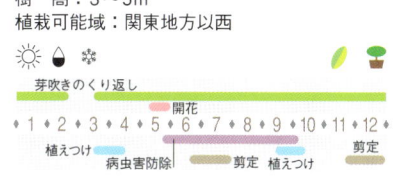

ベニカナメモチの新葉

'レッド・ロビン'の生け垣。刈り込むことで何度も赤い芽を楽しめる

燃えるように赤い
新葉時の色彩を楽しむ木

　細かい枝葉を密生し、新梢は淡紅色になりますが、芽先が赤く美しい個体は「ベニカナメモチ」と呼ばれ、特に喜ばれています。昔から主要な生垣材料とされてきました。
おすすめの種類　フイリカナメモチ…葉に白斑が入る品種。'レッド・ロビン'…カナメモチとオオカナメモチの交雑種。
植えつけ　3月上旬〜4月中旬が適期ですが9月の植えつけも可能。植え穴には腐葉土か堆肥を多めに入れ、土とよく混ぜて高めに植えつけ、支柱を取りつけておきます。
整枝・剪定　もっぱら刈り込みによって樹形を整えます。赤い芽が退色し充実したら刈り込むとまた新梢が伸びるので、東京付近以西では年に4回くらい刈り込み、そのつど赤い芽を楽しむことができます。
四季の管理　乾燥の激しい場所だと根の病気が出やすいので、そうしたところでは根元に堆肥などを埋め、保湿性を持たせます。
苗のふやし方　6月下旬〜7月に挿し木で。
病害虫　根の病気の紋斑病や褐斑病のほか、近年はウイルス性の病害が目立ちます。

コンパクトに維持するポイント

若木のうちから刈り込みを続けて樹形を維持します。または鉢植えで楽しみます。

クスノキ

Cinnamomum camphora

樟〈別名：クス〉

分　類：クスノキ科クスノキ属の常緑性高木
原産地：房総南部以西の太平洋沿いの
　　　　温暖な地域
開花期：5月　花芽：タイプ❷　花色：●
用　途：景観樹　樹　高：5〜7m
植栽可能域：関東南部以西

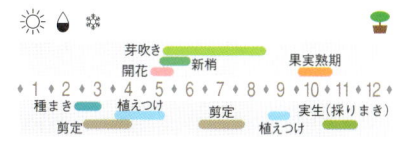

クスノキ。幹肌が細かく爆ぜるのもこの木の特徴

'レッド・モンロー'

新葉が開いた頃の
爽やかな緑が魅力

　近年の温暖化によって植栽範囲は拡大していますが、2〜3mの小さな苗が枯れずに冬越しできるのは、関東地方以西と思ったほうが安全でしょう。
おすすめの種類　'レッド・モンロー'…新梢が濃赤色で美しい。
植えつけ　寒さに弱いので、十分暖かくなった4〜5月中旬が適期です。植え穴は少し大きめに掘り、根巻き材をつけたままていねいに植えつけ、しっかりとした支柱を取りつけます。
整枝・剪定　萌芽力の強い木です。強剪定は再生力が最も盛んな3〜4月上旬または6月下旬〜7月に行います。
四季の管理　樹勢が強く、根が広く張るので、施肥の必要もほとんどありません。
苗のふやし方　基本種は実生でふやしますが、園芸品種は接ぎ木で。
病害虫　ほとんどありません。

コンパクトに維持するポイント

強剪定によりますが、限度があります。大型のコンテナで楽しむとよいでしょう。

グミ 'ギルト・エッジ'

Elaeagnus×ebbingei 'Gilt Edge'

分　類：グミ科グミ属の常緑性大低木
原産地：園芸品種
開花期：11月下旬～12月中旬
花　芽：タイプ❶　　花色：○
用　途：添景樹、コンテナガーデン
樹　高：2m前後

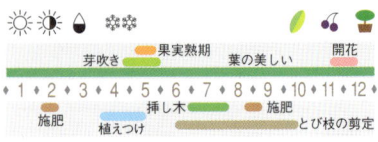

黄覆輪の斑が美しい'ギルト・エッジ'
'ライム・ライト'

鮮やかな黄覆輪の葉色を観賞する新品種

葉に鮮やかな黄色の覆輪が深く入るナワシログミ系の新しい品種です。従来からあるナワシログミの斑入り葉品種に比べると、その美しさは抜群です。
おすすめの種類　葉の美しいグミには本品種のほかに'ライム・ライト'があります。

'ギルト・エッジ'ほどの鮮やかさはありませんが、淡黄色の中斑が美しい品種です。
植えつけ　4～5月上旬が適期ですが、鉢仕立ての苗であれば、12～2月と8月を除き、いつでも扱えます。
整枝・剪定　徒長する枝は割合に少なく、樹形は自然にまとまります。長く伸びた枝幹だけを随時切り取るようにします。
四季の管理　チッ素過多は葉の発色に影響を及ぼします。三要素を等分に含む化成肥料を、2月と8月下旬に少量施す程度とします。
苗のふやし方　挿し木でふやします。新梢が充実した6月下旬～7月が適期です。
病害虫　通風、採光さえ良好であれば、気になるような病害虫は見られません。

▶ **コンパクトに維持するポイント**

立ち枝を切り取っていけば、低く抑えることができます。もちろん、鉢植えにするのもよい方法です。

ゲッケイジュ

Laurus nobilis

月桂樹〈別名：ローレル〉

分　類：クスノキ科ゲッケイジュ属の常緑性
　　　　小～中高木
原産地：地中海沿岸
開花期：4～5月　　花芽：タイプ❶
花　色：●　　　　用途：景観樹
樹　高：5～7m

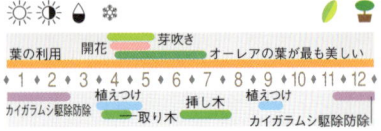

ゲッケイジュ。葉は「ローリエ」の名でスパイスとして利用される

スパイスの木。いまではシンボルツリーとして人気

以前から料理のスパイス材として1本は植えておきたい木でしたが、近年はオリーブと同様にガーデニングやコンテナガーデンのシンボルツリーとして人気があります。
おすすめの種類　'バリエガータ'…淡黄白色の斑が不規則に入ります。'オーレア'…

萌芽時は黄色。日を経るにしたがい黄金色になりますが、6月頃から薄れていきます。
植えつけ　4～5月中旬、または9～10月中旬ごろが適期。斑入り葉品種や'オーレア'は日当たりがよいほど鮮やかに発色します。植え穴は大きめに掘り、堆肥を10ℓほど入れて土とよく混ぜ、高めに植えつけます。
整枝・剪定　枝はやや直上するので、放置すると大きな樹冠をつくります。家庭では円柱形などに刈り込んで姿を整えるとよいでしょう。適期は6月下旬～7月です。
四季の管理　根元からヒコバエを多数出すので、まめに整理します。
苗のふやし方　実生もできますが、斑入り葉や黄金葉の品種は挿し木でふやします。
病害虫　カイガラムシがよく発生するので、早めに駆除します。

▶ **コンパクトに維持するポイント**

刈り込んで、好みの大きさに維持しますが、小さく育てるには鉢仕立てがよいでしょう。

サカキ

Cleyera japonica

榊 〈別名：ホンサカキ、マサカキ、ミサカキ〉

分　類：ツバキ科サカキ属の常緑性高木
原産地：関東地方以西、四国、九州、沖縄
開花期：6～7月　花　芽：タイプ 1
花　色：○　用　途：植え込み、生け垣、神事用
樹　高：5～8m
植栽可能域：東北南部以南の太平洋岸沿いの温暖地

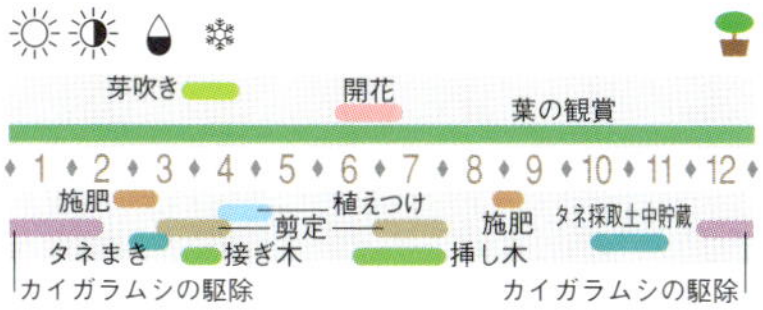

サカキ

フクリンサカキ

艶のある葉の美しさは格別。庭木としてもっと利用したい木

　神事に欠かせない木です。光沢のある厚革質の葉は美しく、モチノキやモッコクなどにひけをとりません。

おすすめの種類　'バリエガタ'…淡黄白色の覆輪斑が入るやや葉幅の狭い品種。'トリカラー'…卵状長楕円形の葉に帯黄白色の覆輪斑が不規則に入り、冬期寒さにあうと赤みを帯びて美しくなり、観葉植物としても十分楽しめます。

植えつけ　4～5月中旬および9月が適期。植え穴は根鉢よりも少し大きめに掘り、堆肥を入れて土をよく混ぜ、高めに植えつけます。根鉢を崩さずに植えることが大切です。

整枝・剪定　6月下旬～7月及び12月が適期。場所に合った樹冠に仕立てなければならないので、枝先を切りつめる必要がありますが、特に斑入種では玉仕立てのようにきれいに刈り込むことは避けたいものです。

四季の管理　チッ素過多になると斑の鮮やかさに欠けるので十分注意します。

苗のふやし方　基本種は実生、挿し木で。斑入り種は接ぎ木によります。

病害虫　根元にテッポウムシの被害が見られるので早めに駆除します。

▶ **コンパクトに維持するポイント**

適切な剪定を続けるか、鉢植えによります。

シイ（スダジイ）

Castanopsis cuspidata var.*sieboldii*

椎 〈別名：イタジイ〉

分　類：ブナ科シイ属の常緑性高木
原産地：本州（関東以西、四国、九州）
開花期：5～6月　花　芽：タイプ 1
花　色：●　用　途：景観樹、生け垣
樹　高：6～20m
植栽可能域：関東以西の太平洋岸沿いの暖地

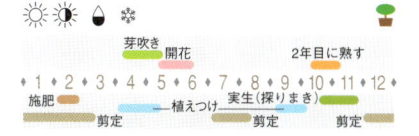

初夏には枝先にクリに似た花穂を伸ばす
覆輪斑が美しい。

フイリスダジイ

主木に適した常緑高木。刈り込み仕立ても可能

　正式の種名はスダジイです。潮風の当たる太平洋岸沿いの温暖な地域や房総以西の島々に多く見られ、都市部の住宅の庭木としてよく使われてきました。果実は生でも食べられますが炒って食べると美味です。

おすすめの種類　フイリスダジイ…黄色の覆輪斑が美しい。

植えつけ　4～5月中旬、および9月が適期です。鉢仕立て苗はポットからていねいに抜き、根鉢を崩さずていねいに植えつけます。

整枝・剪定　枝をよく伸ばすので剪定は不可欠です。斑入り種の場合は先祖返りして斑のない枝が出やすいので、まずこのような枝は発生次第掻き取っていきます。基本的な剪定は7月または12月に行います。

四季の管理　チッ素過多や多肥栽培は生長を促進させ、斑も鮮やかさを失うので、チッ素分を控え、リン酸を多めに施します。

苗のふやし方　基本種は実生で採りまきし、斑入り種は接ぎ木でふやします。

病害虫　アブラムシ、カイガラムシなどがよく見られるので早めに駆除します。

▶ **コンパクトに維持するポイント**

庭植えの場合はよく生長するので無理です。鉢栽培をおすすめします。

シマトネリコ

Fraxinus griffithii

島桜〈別名：タイワンシオジ〉

分　類：モクセイ科トネリコ属の常緑高木
原産地：沖縄諸島、中国南部、台湾、フィリピンほか
開花期：5～6月　花芽：タイプ❷
花　色：
用　途：景観樹

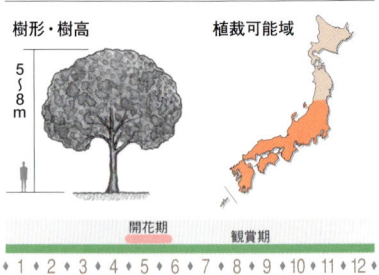

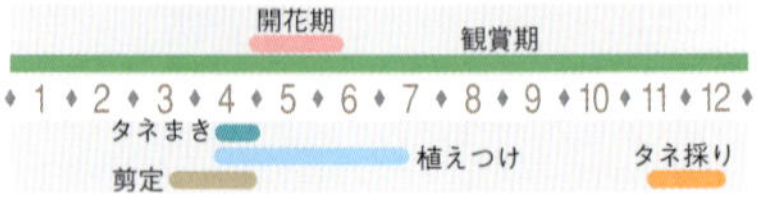

シマトネリコの整枝

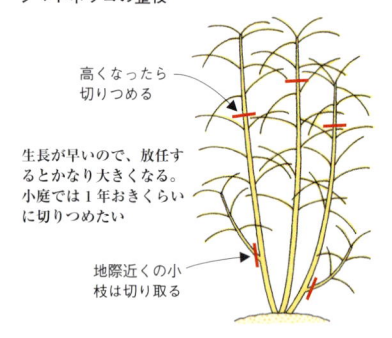

- 高くなったら切りつめる
- 生長が早いので、放任するとかなり大きくなる。小庭では1年おきくらいに切りつめたい
- 地際近くの小枝は切り取る

たわわに果実をつけたシマトネリコ（秋）

シマトネリコの花（初夏）

涼しげな羽状複葉が魅力。比較的寒さに強い常緑樹として都市近郊の洋風の庭に大人気

　小葉が5～9枚の奇数羽状複葉で、濃緑色全縁の艶のある革質葉です。20年ほど前はもっぱら室内用の観葉植物として扱われていましたが、暖地性の植物としては比較的耐寒性があるところから、戸外で楽しむコンテナ・ガーデンに盛んに使われるようになりました。近年は温暖化の影響もあって、東京付近以西の都市緑化や庭園素材として人気を呼んでいます。東京付近では、実生苗を3～7本寄せて育てた株立ち樹形のものが多く利用されているようです。

おすすめの種類　特にありません。

植えつけ　植えつけは4月に入ってからがよく、ヤエザクラが咲く時期から5月中旬頃までを目安として扱うようにします。植え穴はやや大きめに掘り、堆肥や腐葉土を10～15ℓ入れて土とよく混ぜ、高めに植えて支柱を取りつけます。

整枝・剪定　広い場所であれば放任してもよいのですが、根づくと旺盛に生長するので、一般家庭では毎年4月または12月に剪定をします。樹勢が強く、萌芽力もよいので強剪定も可能です。

四季の管理　狭い庭やコンテナ栽培では、整枝・剪定が大切な管理で、それ以外ほとんど手はかかりません。肥料は3月頃に油粕と粒状化成肥料を等量ずつ混ぜたものを、木の大きさに応じて施します。

苗のふやし方　東京付近では開花はしてもあまり結実しませんが、暖地ではよく結実するので、実生で容易にふやせます。

病害虫　まれにうどんこ病やテッポウムシの被害が見られる程度です。見つけたら早めの防除を心がけます。

コンパクトに維持するポイント

強剪定を行うことで、かなりコンパクトに仕立てることができます。

観葉植物として扱われる例が多いので、庭植えも狭いスペースに植えがちですが、放置するとあっという間に大きな樹冠とつくります。適切な剪定は欠かせません。

シャリンバイ

Rhaphiolepis umbellata

車輪梅〈別名：タチシャリンバイ〉

分　類：バラ科シャリンバイ属の常緑低木
原産地：中国地方、九州
開花期：5〜6月　花　芽：タイプ❷
花　色：○ ●　用　途：寄せ植え、生け垣
樹　高：2〜3m
植栽可能域：関東地方以西の太平洋岸沿い

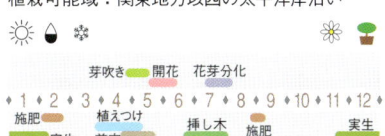

マルバシャリンバイ

萌芽力が強く、潮風や大気汚染に強い強健種

　樹勢が強く、萌芽力がよいので強い刈り込みができるところから、古くから庭木としてよく利用されてきました。特に潮風や大気汚染に強い点も大きな特徴です。
おすすめの種類　マルバシャリンバイ…葉は広楕円形。幹は立たずにブッシュ状になります。'スプリング・タイム'…やや淡い紅色花。'エンチャントレス'…紅色の美花で花つきがよい。
植えつけ　春の彼岸を過ぎれば扱えますが、4月に入ってからが適期で、次いで9月が適期です。日当たりと水はけのよい場所を選び、根鉢をあまり崩さないことがポイントです。
整枝・剪定　6月下旬と12月に刈り込んで樹形を整えていきます。
四季の管理　花後の花がら摘みが大切な作業ですが、それ以外はほとんど手入れの必要はありません。
苗のふやし方　普通種は実生でふやしますが、紅花種などは7〜8月に挿し木でふやします。
病害虫　テッポウムシの被害に注意します。

ベニバナシャリンバイ'エンチャントレス'

コンパクトに維持するポイント
マルバシャリンバイや紅花種は、放任状態でもコンパクトに仕立てられます。

セイヨウイワナンテン

Leucothoe walteri

西洋岩南天〈別名：アメリカイワナンテン〉

分　類：ツツジ科イワナンテン属の常緑性低木
原産地：北米・バージニア州、テネシー州、
　　　　ジョージア州にかけて分布
開花期：4〜5月（寒冷地）　花　芽：タイプ❶
花　色：○　樹　高：0.6〜0.8m　用　途：地被
植栽可能域：東北地方南部以南

日陰に強く、狭い場所の植え込みに絶好の素材

半日陰のカバープランツに絶好。カラフルで丈夫な常緑性低木

　正式和名はアメリカイワナンテンですが、セイヨウイワナンテンの別名で多く流通しています。葉はやや厚手質で光沢があり、枝の各葉腋に総状花序を出し、白い小花を多数つけます。
おすすめの種類　'レインボー'…最も多く栽培されている品種で、葉に淡黄、淡紅、白の斑が不規則に入ります。
植えつけ　8月の酷暑、1〜2月の厳寒期を除けば、大体心配ありません。
整枝・剪定　植えつけてからはほとんど手はかからず、放任してよいのですが、数年経って枝が繁ってきたら、4年生以上の古い枝幹を切り取って樹形を整えます。
四季の管理　一度植えつけると、普段の手入れもほとんど必要ありません。肥料は2月に、油粕と粒状化成肥料を等量に混ぜて根元にばらまいてやるとよいでしょう。
苗のふやし方　株分け、特に株元から出てくるヒコバエを切り離すのが最も簡単な方法です。また、6〜7月に挿し木も行えます。
病害虫　特にありません。

'レインボー'

コンパクトに維持するポイント
放任しても株は大きくは乱れません。

セイヨウヒイラギ

Ilex aquifolium **西洋柊**〈別名：ヒイラギモチ〉

分　類：モチノキ科モチノキ属の常緑性中高木
原産地：西アジア～ヨーロッパ南部
開花期：4～5月　果実熟期：10～12月
花　芽：タイプ **1**
花　色：○
用　途：景観樹、寄せ植え、生け垣

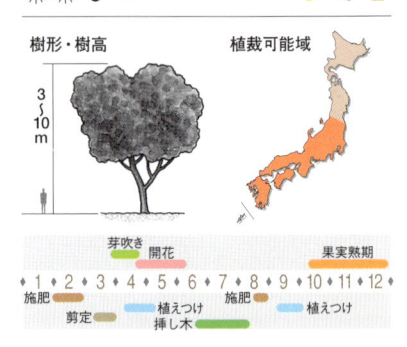

赤い実が美しいチャイニーズ・ホーリー

'シルバー・クイーン'

'サニー・フォスター'

セイヨウヒイラギ'ゴールデン・キング'

チャイニーズ・ホーリー'オー・スプリング'

長い枝は元から切るか3～5節残して切る

欧米ではクリスマスの飾りに欠かせない縁起木 美しい斑入り葉の品種も

モクセイ科のヒイラギとは異なり、モチノキやイヌツゲなどの仲間です。ヨーロッパ原産のイングリッシュ・ホーリー（ヨーロッパ・ホーリー）、北米原産のアメリカン・ホーリー（アメリカ・ヒイラギ）、それに中国原産のチャイニーズ・ホーリー（ヒイラギモチ）の三つに大別され、多くの園芸種が作出されています。いずれも赤い果実をつけるのが特徴で、クリスマスの飾りには欠かせません。

おすすめの種類　'アルゲンティア・マルギナータ'…イングリッシュ・ホーリーの斑入り種。チャイニーズ・ホーリー'紅千鳥'…葉に鋭い歯牙のない丸葉で実つきがよい。このほか、黄色の斑が美しく入る'オー・スプリング'、春の芽出しが黄金色で美しい'サニー・フォスター'などがあります。

植えつけ　十分暖かくなった4～5月上旬、および9月が適期です。日当たりのよい場所か午前中十分日の当たる場所を選びます。植え穴には腐葉土を10ℓくらい入れて土とよく混ぜ、高めに植えつけますが、このとき根鉢の土は表面を崩す程度にします。

整枝・剪定　果実は秋から2月くらいまで枝についているので、3月上旬～中旬に刈り込みますが、場所が広ければ、放任して飛び枝を切りつめる程度でよいでしょう。

四季の管理　2月に油粕と骨粉を、8月下旬には油粕と粒状化成肥料を等量ずつ混ぜたものを施します。

苗のふやし方　挿し木で行います。6月下旬～8月上旬に挿すとよく活着します。

病害虫　テッポウムシとハマキムシの発生が見られるので早めに駆除します。

▶ **コンパクトに維持するポイント**

刈り込んで樹形を維持しますが、より小さく仕立てたければ鉢植えします。

世界中の映画好きの人にはあこがれの街、ハリウッドはHolly-wood（ヒイラギの森）の意ですが、むろんアメリカン・ホーリーを指すものでしょう。

ソヨゴ

Ilex pedunculosa

冬青 〈別名：フクラシバ〉

分　類：モチノキ科モチノキ属の常緑性小〜中高木
原産地：日本の東海地方以西、四国、九州
開花期：5〜6月　　果実熟期：11月
花　芽：タイプ❶　花　色：○
用　途：景観樹　　樹　高：5〜15m
植栽可能域：関東地方以西の太平洋岸沿い

	開花			果実熟期	
1・2・3・4・5・6・7・8・9・10・11・12
施肥		施肥		剪定	
	植えつけ	剪定		植えつけ	

赤い果実と濃緑の葉との
コントラストが美しい

　雌株は花後結実し、3cmほどの長い柄の先に小豆大の果実を下垂させ、初冬には赤熟します。艶のある濃緑葉とのコントラストが美しく、実ものとしても人気があります。
おすすめの品種　キミノソヨゴは黄色い実をつける稀品種です。

艶のある濃緑の葉と、愛らしい果実との取り合わせが楽しい

ソヨゴの果実

植えつけ　腐植質に富む肥沃で水はけのよい場所が適します。4〜5月上旬が適期。根鉢をあまり崩さずに植えつけます。
整枝・剪定　株立ちを利用することが多いので、枝は短く切りつめたほうがすっきりします。6月下旬か12月が適期。短い枝は結実するので残し、長い枝を切り詰め、切り取ります。
四季の管理　2月の施肥、初夏の整枝以外、改めて管理の必要はありません。
苗のふやし方　確実に雌株を得るには接ぎ木が適します。生長は遅いのですが挿し木もできます。
病害虫　カイガラムシとすす病の発生に注意します。

コンパクトに維持するポイント

適切な整枝を続けることです。または鉢仕立てをおすすめします。

ナギイカダ

Ruscus aculeatus

梛筏

分　類：ユリ科ナギイカダ属の常緑性小低木
原産地：地中海沿岸
開花期：3〜4月　　果実熟期：10月ごろ
花　色：○　　　　用　途：庭木（下草）
樹　高：0.2〜0.6m
植栽可能域：関東以西の温暖な地

	開花			果実熟期	
1・2・3・4・5・6・7・8・9・10・11・12
株分け					
古い枝葉切り取り	植えつけ			植えつけ	

葉の上に赤い実がつく
面白い常緑低木

　葉の上に赤く丸い果実をつける変わった植物ですが、この葉のように見えるものは「葉状枝」といって枝が変化したものです。この葉（葉状枝）は菱形で先端が鋭く尖り、扱いにくいのが難点です。
おすすめの種類　高性大実ナギイカダ…果

矮性大実ナギイカダ

高性大実ナギイカダ

実の直径が10mm前後あり、非常に実つきのよい品種。50cmくらいの高さの株立ちとなります。雌株。**矮性大実種**…雌雄同株で一株でもよく実をつけます。樹高20〜30cm。
植えつけ　3〜5月および9〜10月が適期。鉢仕立て苗は根鉢を崩さないようにして扱います。植え穴には腐葉土を多めに入れ、土とよく混ぜ、高めに植えつけます。
整枝・剪定　ほとんど必要ありませんが、4〜5年生の古い枝幹は根元から切り取り、新しい枝条を発生させるようにします。古い枝幹の切り取りは3月に行います。
四季の管理　2月に油粕と骨粉を等量に混ぜたものを根元に施してやれば十分です。
苗のふやし方　株分けがよく、3月に行います。1株を3本くらいずつに分けます。
病害虫　特にありません。

コンパクトに維持するポイント

元来、小低木なので心配ありません。

ツゲの仲間

Buxus

黄楊

- 分 類：ツゲ科ツゲ属の常緑性低木〜小高木
- 原産地：ヨーロッパ、アジア、アフリカ、中米
- 開花期：3〜4月
- 花 芽：タイプ❶
- 花 色：●
- 用 途：添景樹、生け垣、境栽、トピアリー

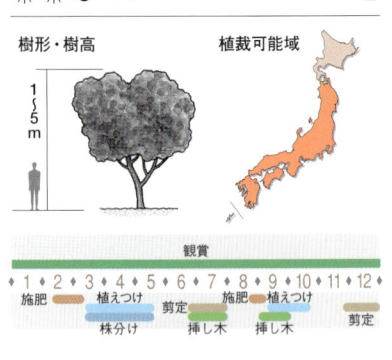

園路を囲むボックス・ウッドのヘッジ（境栽）

植え込み枡に植えたツゲ

ヒメツゲ（クサツゲ）

ツゲの葉は対性につく　　ツゲの花　　フイリツゲ

刈り込み仕立てに適した木。近年、導入された西洋種はボックス・ウッドの名で普及

　ツゲは硬く緻密な材が印鑑や櫛に適するところから、細工用材として昔から栽培されてきました。庭木や緑化樹としての利用が始まったのは昭和40年代以降のことです。ただし、ヒメツゲ（別名クサツゲ）は庭や花壇の縁取りとして古くから使われてきました。

おすすめの品種　ヒメツゲ……一般的にはクサツゲと呼び、細い枝幹を多数叢生し樹高30〜50cm程度の大きさで縁取りに適しています。セイヨウツゲ（ブクサス・センペルヴィレンス）……昭和40年頃からボックス・ウッドと呼ばれ非常に多く利用されてきたヨーロッパ原産のツゲです。セイヨウツゲ'エレガンティシマ'……葉の縁に淡黄白色の覆輪斑が美しい品種。

植えつけ　根が細かくて非常に根の張りがよく、3月中旬〜5月中旬および9〜10月中旬が適期です。植え穴には腐葉土を入れ、よく土と混ぜて植えつけます。

整枝・剪定　庭木として1.5m前後の散らし玉仕立ての場合、6月下旬〜7月に仕立てた枝に沿って刈り込みバサミで刈り込み、次は11月下旬〜12月に行えばよいでしょう。ヒメツゲはほとんど刈り込まなくてもよいのですが、ボックス・ウッドは6月下旬〜7月と12月に形に沿って刈り込みます。

四季の管理　2〜3月と9月上旬に油粕と粒状化成肥料を等量ずつ混ぜたものを根元にばらまいてやります。

苗のふやし方　挿し木が容易ですが、ヒメツゲは挿し木のほか株分けでふやせます。挿し木は6月下旬〜7月および9月が適期で、株分けは4〜5月に行います。

病害虫　主なものとしてはハマキムシ程度です。見つけ次第、早めに駆除します。

コンパクトに維持するポイント

生長が遅いので、特に必要ありません。

今でも鹿児島県南部では、細工材用としてツゲを栽培している畑を見かけますが、材が採れるまでには100年以上を要する気の長い樹木です。

ナンテン

Nandina domestica

南天、南天燭

分　類：メギ科ナンテン属の常緑性低木
原産地：本州中部以西の太平洋岸沿いの温暖地
開花期：6〜7月
花　芽：タイプ❷
花　色：○
果実熟期：10〜1月
用　途：添景樹、生け垣、目隠し

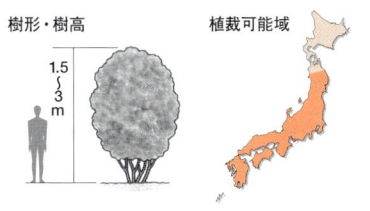

赤く実が熟したナンテン

ナンテンの花

シロミナンテン

矮性種のオタフクナンテン

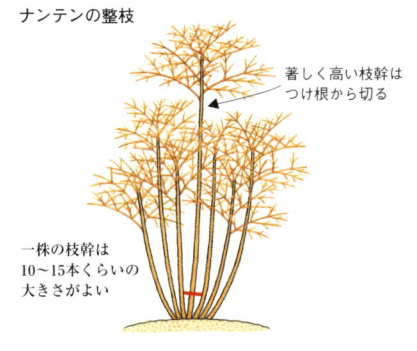

目隠しや生け垣に。難を転じるの語呂合わせから吉祥の縁起木とされてきた

　ナンテンの音が「難転」に通じるところから吉祥の木とされてきました。茎はほとんど枝を出さない単一性で、茎頂に大型の円錐花序をつけ、開花結実した果実は大豆大で赤熟します。葉や果実には、毒消しの効果があるとされ、食べ物を贈るときにこの葉を添える習慣が、今でも残されています。

おすすめの種類　庭木としては鎌倉時代の書物にも記されていますが、栽培が最も盛んだったのは江戸時代中期〜後期といわれ、多くの園芸種が作出されました。
シロミナンテン…果実白色。ウルミナンテン…果実が淡紅〜淡黄色に熟し果実がやや大きい。オタフクナンテン…葉幅の広い矮性種で秋の紅葉が美しい。ゴシキナンテンは別種とされていますが同一異名と考えてよいでしょう。

植えつけ　3〜4月上旬、および9月中旬〜10月が適期です。植え穴には腐葉土を多く入れて土とよく混ぜ、高めに植えつけます。

整枝・剪定　幹は枝をほとんど出さず単一性なので1株で100本、200本立ちというものを見かけますが、2〜3月または11〜12月に古い幹を切り取っていきます。

四季の管理　2月に油粕と骨粉を半々に混ぜたものを根元にばらまいてやります。

苗のふやし方　実生は12〜2月に果実を採り、果皮、果肉を除いて水洗いし、川砂に混ぜて土中に埋めておき、6〜7月にまくと8〜9月に発芽します。挿し木は2月下旬〜3月上旬に、株分けは3〜4月上旬または9月中旬〜10月に行います。

病害虫　カイガラムシ、ハマキムシ、葉枯れ病がわずかながら見られるので、ときどき殺菌殺虫剤を散布してやるとよいでしょう。

▶ **コンパクトに維持するポイント**
6号以上の鉢で仕立てるとよいでしょう。

ナンテンの幹を掘り上げ、横に伏せて土をかけておくと、各節から芽を吹くので、生け垣などを仕立てるときに便利です。

ニオイシュロラン

Cordyline australis

匂い棕櫚蘭

分　類：リュウゼツラン科センネンボク属の常緑性小高木
原産地：ニュージーランド　開花期：5～6月
花　芽：タイプ❷　花　色：○
用　途：景観樹　樹　高：3～6m
植栽可能域：関東地方以西の温暖な地域

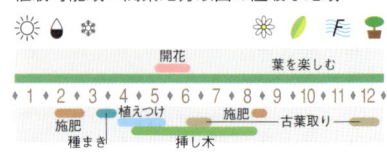

洋風の庭によく合う木。
甘い花の香りも魅力

　狭く長い葉を枝先に密生させ、その葉の間から大きな円錐花序を出して芳香のある小花をたくさん咲かせます。
　おすすめの種類　'愛知赤'…赤銅色の葉に鮮やかな紅色の縦縞が広く入ります。'アトム・ホワイト'…緑葉に白斑が広く入り、

エキゾチックな味わいがあるニオイシュロラン

その白斑の中に細い紅色斑が入ります。'アトロプルプレア'…赤銅色の大型葉。
　植えつけ　温帯から熱帯に広く分布している木なので、十分暖かくなった4～5月中旬および9月が適期です。植え穴には腐葉土を十分入れ、高めに植えて支柱をしっかり取りつけておきます。

花は強くて甘い香りがある

　整枝・剪定　枝の発生もあまりないので、枯れ葉を切り取る程度で十分です。
　四季の管理　肥料は油粕の固形を2～3月と8月下旬に施せば十分です。また葉の美しい矮性種は夏期40～50％くらいの遮光下で育てると美しい葉が楽しめます。
　苗のふやし方　挿し木が容易です。4月下旬～8月に葉の落ちた茎を切って挿します。
　病害虫　カイガラムシの発生がわずかに見られるので早めに駆除します。

▶ コンパクトに維持するポイント

大型種も、鉢植えにすると生長が抑えられ、コンパクトな姿で楽しめます。

ヒイラギ

Osmanthus heterophyllus

柊〈別名：オニオドシ〉

分　類：モクセイ科モクセイ属の常緑性中高木
原産地：関東南部以西の太平洋岸の暖帯林
開花期：10～11月　花　芽：タイプ❶
花　色：○　用　途：景観樹、生け垣
樹　高：5～10m
植栽可能域：東北地方南部以西の暖帯林

昔から親しまれてきた縁起木。
美しい葉色の品種を楽しみたい

　葉は艶のある厚革質で、葉縁にトゲ状の鋭い鋸歯が2～4対あるのが特徴です。晩秋、葉腋に白色の小花を束生し、芳香を漂わせます。トゲ状の鋸歯が邪鬼を防ぐとされ、古くから縁起木とされてきました。
　おすすめの種類　斑入りヒイラギ、オウゴ

斑入りヒイラギ

ンヒイラギ、マルバヒイラギなど。
　植えつけ　4～5月中旬および9月が適期です。植え穴は大きめに掘り、堆肥を10～15ℓ入れて土とよく混ぜ、高めに植えつけます。
　整枝・剪定　樹形本位の刈り込みは6月下旬～7月と12～3月に行いますが、花を楽しむ場合は12～3月の年1回とし、その後は樹形を乱す長い枝を切る程度とします。
　四季の管理　肥培が十分でないとカイガラムシが発生しがちです。油粕と粒状化成肥

ヒイラギの花

料を等量に混ぜたものを、2月上旬と8月下旬に施すとよいでしょう。
　苗のふやし方　挿し木でふやします。当年生枝を使い、6月下旬～7月に挿します。
　病害虫　カイガラムシや葉を食害する害虫が見られるので、早めに駆除します。

▶ コンパクトに維持するポイント

適切な剪定で樹形を維持します。もちろん鉢植えで楽しむのもよい方法です。

ヒサカキ

Eurya japonica

柃、野茶〈別名：イチサカキ、ヒサギ〉

分　類：ツバキ科ヒサカキ属の常緑性大低木～小高木
原産地：東北中部以南、四国、九州、沖縄
開花期：4月　　花芽：タイプ **1**
花　色：○　　用　途：添景樹、生け垣
樹　高：3～6m
植栽可能域：東北中部以南、四国、九州、沖縄

ヒサカキの雌花

ヒサカキ。葉腋にたくさんの雄花がついている

ハマヒサカキ

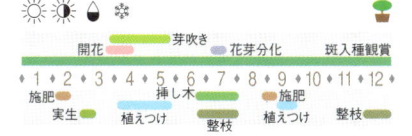

日陰に強く、枝葉が密に繁り刈り込みに耐える重宝な木

　樹勢が強く日陰にも強く、細かい枝葉を密生し、また強い刈り込みに耐え、萌芽力が強いため、庭木として使いやすい木です。
おすすめの種類　フイリヒサカキ…葉縁に不規則な淡黄白色の斑が入る品種。ハマヒサカキ…温暖な太平洋岸沿いに自生し、葉先が少し凹むのが特徴。生け垣にされます。
植えつけ　4～5月上旬および9月が適期。植え穴には堆肥を入れ、土とよく混ぜて高めに植えつけ、支柱を添えておきます。
整枝・剪定　刈り込みは6月下旬～7月および12月が適期です。
四季の管理　油粕と粒状化成肥料を等量に混ぜたものを2月と9月上旬に施して枝葉をよく伸ばします。
苗のふやし方　実生は秋に熟した果実を採りまきするか土中に埋めておいて3月上旬にまきます。挿し木は6月下旬～7月に新梢を6～7cmに切って挿します。
病害虫　通風が悪いとカイガラムシがよく発生します。カダンK液などを2～3回散布して駆除します。

コンパクトに維持するポイント

剪定によって小さく仕立てることが可能です。または鉢植えで楽しみます。

マサキ

Euonymus japonicus

柾

分　類：ニシキギ科ニシキギ属の常緑性小高木
原産地：本州、四国、九州、沖縄
開花期：6～7月　　花芽：タイプ **2**
花　色：●　　用　途：生け垣
樹　高：2～5m
植栽可能域：北海道南部以南

'黄金マサキ'の境栽垣

'ホンベッコウマサキ'

'オオサカベッコウ'

斑入り葉の品種が多数。雌木には美しい果実がつきます

　半日陰に強く、強い刈り込みも可能なところから、生け垣の主力樹種。雌雄異株。
おすすめの種類　'ホンベッコウ'…新梢が黄金色。やや生長の遅い品種。'オオサカベッコウ'…淡黄色の覆輪斑。'黄金マサキ'…芽出しが黄色の新品種。'キンマサキ'…中斑の葉で、新梢も黄色になるが青葉が出やすい。'ギンマサキ'…白色の覆輪斑。
植えつけ　3月下旬～4月、6月中旬～7月中旬、9月中旬～10月と幅広く扱えます。植えつけには腐葉土か堆肥を多めに入れ、保湿性を持たせることが大切です。
整枝・剪定　6月下旬～7月中旬と11～12月が適期。刈り込んで樹形を整えます。
四季の管理　油粕と粒状化成肥料を等量ずつ混ぜ、3月上旬と8月下旬に施します。
苗のふやし方　6月下旬～7月中旬に挿し木するとよく活着し、簡単に苗がつくれます。
病害虫　うどんこ病とユウマダラエダシャクの幼虫に注意。5月から月に1度の殺菌剤を、エダシャクは発生初期に殺虫剤を散布して駆除します。

コンパクトに維持するポイント

萌芽力が強く、強剪定が可能なので、コンパクトな姿を維持するのは容易です。

モチノキ

Ilex integra

黐の木 〈別名：モチ、トリモチ〉

分　類：モチノキ科モチノキ属の常緑性高木
原産地：関東地方以西、朝鮮半島南端部
開花期：4月　　　花　芽：タイプ 1
花　色：●
用　途：景観樹、境栽垣、日陰の植栽
樹　高：5～12m　植栽可能域：東北地方中部以南

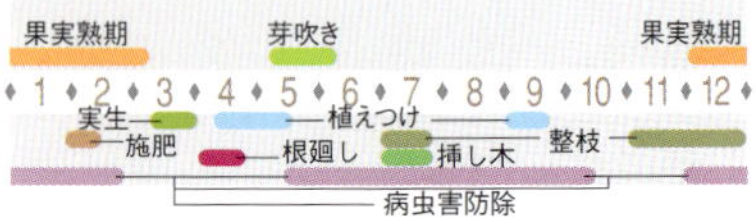

モチノキ
モチノキの熟果
アマミヒイラギモチ

半日陰に耐え、刈り込みに強い。
和風の庭には欠かせない常緑樹

　光沢のある葉が美しく、刈り込みに耐えよく萌芽するため、散らし玉などの仕立てものとされ、和風庭園には欠かせない木です。秋に赤熟する果実も見どころです。
おすすめの種類　キミノモチノキは果実は黄熟します。近縁種にソヨゴ（P101）やクロガネモチ（P111）、セイヨウヒイラギ（P100）などがあります。
植えつけ　5～10月中旬が適期。植え穴は大きめに掘り、堆肥を多めに施し、土を少し戻してやや高めに植えつけます。
整枝・剪定　適期は6～7月および11月。基本形に沿って伸び出た新梢を2～3節残して切りつめ、形を整えます。
四季の管理　2月に根の周囲に溝を掘り、寒肥として堆肥を十分に施し、土中の湿度を高めてやります。
苗のふやし方　秋に熟した果実を採り、果肉を取り除いてからタネを乾かさないように貯蔵し、翌春3月にまきます。
病害虫　ハマキムシ、カイガラムシに注意し、5～7月に殺虫剤を2～3回散布します。

コンパクトに維持するポイント

毎年、定期的な剪定を欠かさず、仕立てた樹形を維持するよう努めることです。

ヤツデ

Fatsia japonica

八手 〈別名：テングノウチワ〉

分　類：ウコギ科ヤツデ属の常緑性低木
原産地：関東地方南部以西、四国、九州、沖縄
開花期：11～12月　　花　芽：タイプ 2
花　色：○　　　用　途：添景樹、目隠し
樹　高：2～3m
植栽可能域：東北南部以西、四国、九州、沖縄

フイリヤツデ
ツムギシボリ

特異な形の掌状葉。
欧米では貴重な観葉植物

　日陰に強い代表的な木。葉は7～9裂する大きな掌状葉で茎頂に輪生状に互生します。枝先に円錐状の花序を出し、小花が球状につき、寂しい冬の庭に彩りを添えます。
おすすめの種類　フイリヤツデ…美しい白の斑入り種。ツムギシボリ…細かい斑紋が葉の全面に入る品種。
植えつけ　根鉢をきちんと取り、大きな葉を切り落として扱えば4～7月中旬および9月中旬～10月中旬に行えます。植え穴には堆肥を多めに入れて高めに植えつけます。
整枝・剪定　幹数を適度に間引き、地際から出る小さな不定芽や幹の途中から出ている芽を切り取り、さらに、頂部の小さな葉を4～5枚残して大きな葉を切り取ります。
四季の管理　多肥栽培は葉を必要以上に繁らせるので、肥料は控えめとします。
苗のふやし方　基本種は実生でよく、5月に黒熟した果実からタネを採り、採りまきします。園芸品種は6～7月に挿し木します。
病害虫　特にありません。

コンパクトに維持するポイント

伸びすぎた長い幹を切りつめると、切り口の脇から新しい芽が発生します。また、鉢仕立てにすると葉も小さく育って楽しめます。

モッコク

Ternstroemia gymnanthera

木斛〈別名：ポッポウユス〉

分　類	ツバキ科モッコク属の常緑性高木
原産地	本州房総半島以西の太平洋岸沿いの暖地、四国、九州、沖縄
開花期	6〜7月　　花芽：タイプ❶
花　色	○
用　途	主木、景観樹、境栽垣

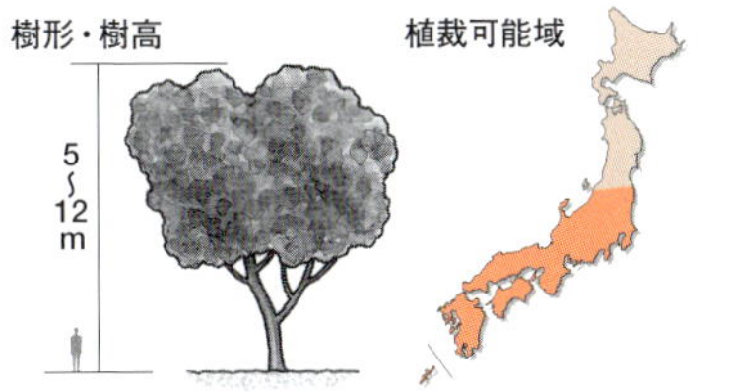

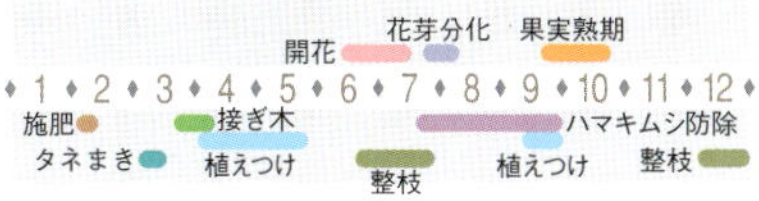

樹形・樹高　　植栽可能域
5〜12m

	1	2	3	4	5	6	7	8	9	10	11	12
					開花		花芽分化		果実熟期			
施肥				接ぎ木				ハマキムシ防除				
タネまき		植えつけ		整枝		植えつけ			整枝			

モッコクの整枝
2〜3節を残して切る
各節から新梢が伸び出て枝数がふえる

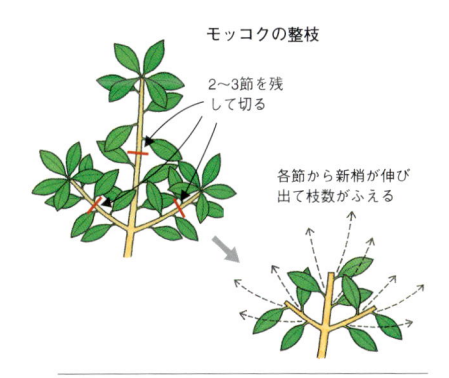

品格の高い木姿で、日本庭園では昔から主木として扱われてきた

モッコクの花（7月） 　　　秋の熟果

美しい照り葉と秋の果実が見事。庭木の王と呼ばれてきた名木で樹齢を経るにつれ品格が増します

　昔はモチノキ、モクセイとともに庭づくりに欠かせない樹種のひとつとされました。へら状の葉は光沢のある厚革質で枝先に輪生状に互生し、秋の果実も観賞の対象となります。日本庭園で見かける仕立て樹形のイメージがあるためか、近年の洋風の庭ではほとんど使われませんが、仕立て方次第では洋風の庭にもよくマッチします。また、剪定にも強く、よく芽吹くので、狭い場所でも十分利用することができます。

　潮風に耐え、また大気汚染に強いのも長所です。やや、寒さに弱いのが難ですが、関東地方以西なら問題なく育ちます。

おすすめの種類　フイリモッコク…斑の入り方で2〜3品種が見られます。

植えつけ　4〜5月および9月が適期です。植え穴は大きめに掘り、堆肥を多めに入れて土とよく混ぜ、根鉢をあまり崩さないでていねいに植えつけます。植えつけ後は支柱を取りつけておきます。

整枝・剪定　6月下旬〜7月と12月が適期です。ていねいに行う場合は輪生する小枝を間引き、残した枝も1枝ずつ切りつめていきますが、刈り込みも可能です。

四季の管理　2月に油粕と粒状化成肥料を等量ずつ混ぜて、根元に溝を掘って埋めてやるか根元にばらまいてやります。

苗のふやし方　実生は秋にタネを採って土中に埋めておき、翌年3月上旬にまきます。斑入りの品種は3月下旬から4月上旬に切り接ぎでふやします。

病害虫　通風が悪いとカイガラムシ、夏〜秋にハマキムシ、それにすす病などが見られるので的確に駆除します。

コンパクトに維持するポイント
生長がゆるやかなので、鉢植えにすると長く楽しめます。

午後の強い日ざしや冬の乾いた風は、葉を落とす原因となります。ただし、葉を落としても枝が枯れなければ、また葉を吹いてきます。

ヤマモモ

Myrica rubra

山桃、楊梅 〈別名：ヤンメ、ヤンモ〉

分　類：ヤマモモ科ヤマモモ属の常緑性高木
原産地：本州（房総半島南部以西の太平洋岸沿い）、
　　　　四国、九州、沖縄、朝鮮、中国南部、台湾
開花期：4月　　果実熟期：6～7月
花　芽：タイプ １　花 色：●
用　途：景観樹、添景樹

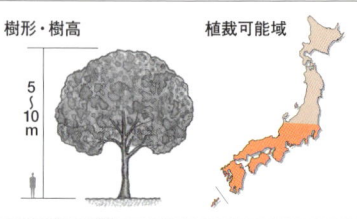

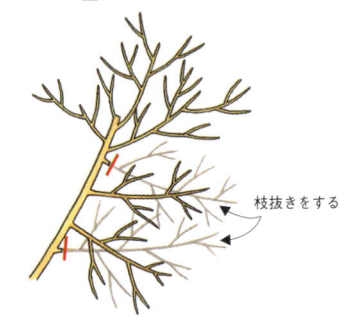

7月に入る頃、果実が赤く熟す　　大果品種の'瑞光'

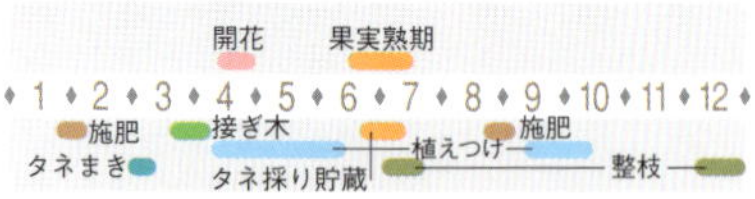

造園木とされる美しい木。家庭の庭に植えるならば、実の食べられる雌木を植えよう

　名の由来は小さな果実が「桃」に似るというより、山地に自生して果実が食べられることに由来するものと考えられます。果実は多汁質で、暗紅色に熟すと、生食、シロップ漬けやジャム、果実酒に利用できます。
おすすめの種類　'瑞光'…親指の先大の果実をつける有名品種。'守口'…前種同様、果実の大きな品種です。そのほか、近年、中国からより大果のものや白実種などが5～6品種、母樹用として導入されています。

植えつけ　4～6月頃までと9月中旬～10月上旬が適期です。鉢植え苗は根鉢の表面を少し崩す程度とします。植え穴には、堆肥を多めに入れて土とよく混ぜ、高めに植えつけます。ただし、ヤマモモは雌雄異株なので、雄株を植えておくことが大切です。
整枝・剪定　新梢の固まった7月または12月に枝抜きを主体とした整枝をします。また長く伸びた枝も元の部分の細かい芽を生かして切りつめます。
四季の管理　1月下旬～2月上旬に根元周囲に深さ30cmくらいの溝を掘って堆肥を入れ、その上に油粕と骨粉を等量ずつ混ぜたものをまいて埋めておきます。
苗のふやし方　6～7月に熟した果実の果肉を取り除いて土中に埋めておき、翌年3月上旬にまくと容易に苗が得られますが、雌木か雄木かの区別は結実するまでわかりません。園芸品種は実生苗を台木に3月中旬～4月上旬に切り接ぎでふやします。
病害虫　あまりありません。12～2月に石灰硫黄合剤を、また4月下旬～10月に殺菌剤、殺虫剤を2回ほど散布しておきます。

コンパクトに維持するポイント

大果をつける園芸品種は、10～15号の鉢で、樹高1.8～2mくらいに育てても十分楽しめます。

ヤマモモの名の由来は、「山の桃」のほかに、中国名の楊梅（ヤンメイ）からきたものという説もあります。

ユズリハ

Daphniphyllum macropodum

譲葉

分　類：ユズリハ科ユズリハ属の常緑性高木
原産地：関東以西、四国、九州、沖縄、朝鮮〜中国
開花期：5〜6月　　花芽：タイプ 1
花　色：○　用　途：添景樹
樹　高：5〜8m
植栽可能域：関東以西、四国、九州、沖縄

フイリヒメユズリハ

ユズリハ

ユズリハの果実（8月の状態）

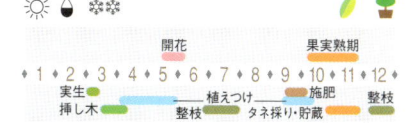

大型の葉が美しく、「代々、譲る」に通じる縁起木。

　ユズリハの名は、新葉が開く頃になると前々年生の葉が落ちることに由来します。「代々譲る」に通じるところから、縁起のよい植物とされ、正月の飾り物とされます。
おすすめの種類　ヒメユズリハ…葉は垂れずに斜上します。そのほかフイリユズリハ、フイリヒメユズリハなどがあります。
植えつけ　4〜5月および9〜10月上旬が適期です。植え穴には堆肥や腐葉土を入れ、高めに植えつけ、支柱を取りつけます。
整枝・剪定　放任すると大きな樹冠をつくり採光や通風が悪くなるので、大きな枝を間引きます。また、残した枝も脇に小枝があれば、その小枝を残して長い枝を切り取るなどして樹形を整えていきます。
四季の管理　あまり必要ありません。
苗のふやし方　10〜11月に熟した果実をつぶしてタネを水洗いし土中に埋め、3月上旬〜4月上旬にまきます。斑入り葉品種は3月中旬〜4月上旬に切り接ぎでふやします。
病害虫　通風等が悪いとカイガラムシの発生が見られるので早めに駆除します。

▶ **コンパクトに維持するポイント**
鉢仕立てがよいでしょう。特に斑入り種は鉢仕立てで楽しむことをおすすめします。

ユッカ

Yucca gloriosa

〈別名：アツバキミガヨラン（厚葉君が代蘭）〉

分　類：リュウゼツラン科ユッカ属の常緑性低木
原産地：北米南部
開花期：5〜6月と10〜11月　花芽：タイプ 2
花　色：○　用　途：添景樹
樹　高：1〜2m
植栽範囲：関東以西、四国、九州、沖縄

ユッカ・グロリオサの花

キミガヨラン

洋風の庭によく似合うエキゾチックな雰囲気が魅力

　厚い肉質の葉は剛直で四方に伸び出し、先端は鋭い刺状となっているのが特徴です。花茎は茎の中心部より伸び出て大きな円錐花序となり、白い鐘状花を多数咲かせます。
おすすめの種類　キミガヨラン…アツバキミガヨランに似るが葉の薄いのが特徴。イトラン…茎はほとんど立たず、葉は白粉を帯び、葉縁に細い繊維を糸状に出します。
植えつけ　掘り上げた株を半年、1年放置しておいても枯れず、土に接しているところから新しい根を出すほど強健です。4〜10月中旬頃までに少し土を盛り上げて植えつけ、支柱を取りつけておきます。
整枝・剪定　古い葉を切り取る程度です。葉は2年生くらいまでを残します。この作業は12月に行い、きれいな株姿で正月を迎えるとよいでしょう。
四季の管理　特にありません。
苗のふやし方　5〜7月に根元にたくさんのサトイモのような小株ができるので、これを切り離して植えつけます。また茎を20〜50cmに切って挿すと簡単に苗ができます。
病害虫　特に見あたりません。

▶ **コンパクトに維持するポイント**
生長が緩やかなので、鉢で育てるとずいぶん長い間、楽しめます。

リガストラム

Ligustrum

水蠟樹

常緑樹

分　類：モクセイ科イボタノキ属の落葉性
　　　　または常緑性の低木～小高木
原産地：日本、台湾、中国
開花期：5～6月　花芽：タイプ❷
花　色：○
用　途：添景樹、目隠し、生け垣

樹形・樹高　2～6m
植栽可能域

| 葉観賞 | 芽吹き | 開花 | 特に美しい | | 葉観賞 |
| 1・2・3 | 4・5・6 | 7・8・9 | 10・11・12 |

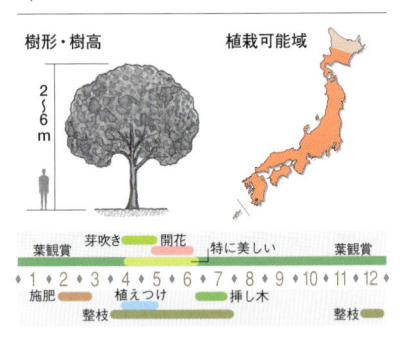

施肥　植えつけ　挿し木
整枝　　　　　　　　　整枝

リガストラムの整枝

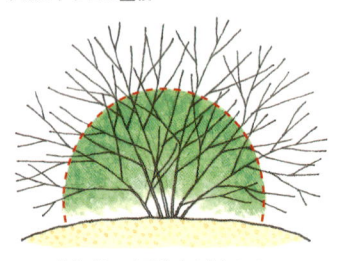

枝葉が細かく密生する木なので、玉仕立てと生け垣仕立てが適する

'バリエガタ'（通称シルバー・プリペット）

トウネズミモチ'トリカラー'

トウネズミモチ（開花時）

黄覆輪葉の'ハワディ'

美しい黄金色葉の'ビカリー'

お馴染みのネズミモチの仲間。近年は葉の美しい種類が続々と登場しています

「リガストラム」というのは耳慣れない名前かも知れません。イボタやネズミモチと聞けば古くから身近な植物ですから、だれもがご存じでしょう。この仲間で、近年はガーデニングに適した斑入り種や黄金葉種などが海外から次々と導入されています。
おすすめの種類　'トリカラー'…トウネズミモチの斑入り種。大きな葉で淡黄色の覆輪斑が美しく、覆輪斑が紅色になります。
'オーレア'…オオバイボタの変種で美しい黄金葉種。'バリエガタ'…帯黄白色の覆輪斑が入る美しい品種で、シルバー・プリペットの名で流通しています。フクラモチノキ…ネズミモチの変種で小さな丸い葉はよじれ、節間が詰まる矮性種。ネズミモチ…昔はイヌツゲやマサキと並んで定番の生け垣用樹でした。
植えつけ　4～5月と暖かくなってから行います。植え穴には堆肥か腐葉土を入れて高めに植えつけ、支柱を取りつけます。
整枝・剪定　4～7月を基本とします。温暖な地域なら12月に行ってもよいでしょう。
四季の管理　樹勢が強く、普通の土壌ならよく育ちます。特に斑入り種や黄金葉種はチッ素過多を避けたいので、2～3月上旬に根元に輪状に溝を掘り、油粕と骨粉を等量に混ぜたものを埋めてやるよいでしょう。
苗のふやし方　新梢の固まった6月下旬～7月に挿すと容易に苗木がつくれます。ネズミモチ、トウネズミモチは実生でふやします。
病害虫　カイガラムシ、アブラムシ、ハマキムシなどの被害が見られるので、早めに駆除します。

コンパクトに維持するポイント

ネズミモチ、トウネズミモチ以外は割合に小さく、特にフクラモチノキはごく矮性種で鉢植えに適します。

ネズミモチの名は、その果実がネズミのふんに似るためとか。白い小花を固まって咲かせるところからタマツバキの美称もあります。

ウバメガシ
Quercus phylliraeoides
姥目樫〈別名：ウマメガシ〉

- 分　類：ブナ科コナラ属の常緑性小高木
- 原産地：関東南部以西の太平洋岸沿いの山地
- 開花期：4〜5月　花芽：タイプ **5**
- 花　色：○　用　途：景観樹、生け垣、目隠し
- 樹　高：5〜7m　植栽可能域：東北南部以南

この仲間のなかでは枝葉が最も小さく、小枝を密生します。また、萌芽力が強いので、生け垣に適するほか、玉つくりや散らし玉に仕立てられ景観樹とされます。品種に葉が細く葉脈部が著しく凹むチリメンガシなどがあります。

カクレミノ
Dendropanax trifidus
隠蓑

- 分　類：ウコギ科カクレミノ属の常緑性小高木
- 原産地：本州（房総以西）、四国、九州
- 開花期：6〜7月　花芽：タイプ **2**
- 花　色：○　用　途：添景樹　樹高：5〜8m
- 植栽可能域：東北南部以南の太平洋岸沿い

日陰に強い数少ない貴重な庭木です。建物の北側の目隠しなどに用いられてきました。土質もほとんど選びませんが、腐植質に富む保湿性のある水はけのよい所ならよく育ちます。ただし、耐寒性は弱く寒地では育ちません。

クロガネモチ
Ilex rotunda
黒鉄黐

- 分　類：モチノキ科モチノキ属の常緑性高木
- 原産地：関東地方南部以西、四国、九州、沖縄
- 開花期：5〜6月　花芽：タイプ **2**
- 花　色：○　用　途：景観樹、盆栽
- 樹　高：10〜15m　植栽可能域：東北南部以南

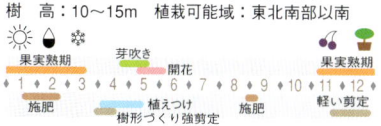

関東のモチノキ、関西のクロガネモチといってもよいほど、地域によって使い分けられています。関東地方では葉樹として使われているのに対し、関西では接ぎ木をした結実する雌株が使われるなど、目的も対照的です。

サルココッカ
Sarcococca humilis

- 分　類：ツゲ科サルココッカ属の常緑性小低木
- 原産地：中国西部
- 開花期：2〜3月　花芽：タイプ **1**　花色：○
- 用　途：グラウンドカバー　樹　高：30〜50cm
- 植栽可能域：関東地方以西、四国、九州

欧米では人気の高いツゲの1種。小枝が密生し、光沢のある葉は濃緑色で美しく、丈が低く日陰地に強い数少ない木のひとつです。花には香りがあり、果実は小豆大で紫黒色に熟しますが、S.ruscifoliaは赤色の美しい果実をつけます。

サンゴジュ
Viburnum odoratissimum
珊瑚樹〈別名：キサンゴ、ヤブサンゴ〉

- 分　類：スイカズラ科ガマズミ属の常緑性高木
- 原産地：本州西部〜沖縄にかけて
- 開花期：5月　花芽：タイプ **2**
- 花　色：○　用　途：景観樹、生け垣
- 樹　高：5〜8m　植栽可能域：関東以西の温暖地

多肉質の大きな葉を密生させるため最も耐火性が強く、また大気汚染や潮風に強い等のところから、昔から屋敷の北〜西側に4〜6mの高生け垣に利用されてきました。フイリサンゴジュは観葉植物としても十分楽しめます。

シャシャンボ
Vaccinium bracteatum
小小ん坊

- 分　類：ツツジ科スノキ属の常緑性低木
- 原産地：関東南部以西の太平洋岸沿いの暖地
- 開花期：7月　花芽：タイプ **1**
- 花　色：○　用　途：添景樹、生け垣
- 樹　高：2〜2.5m　植栽可能域：関東以西の暖地

東海地方では昔から生け垣に利用されてきました。果実がブルーベリーよりもアントシアニンを多く含んでいるといわれ、ガーデニングや自然食材として一躍人気が出てきました。寒さに弱いものの、樹勢が強く育てやすい木です。

シラカシ
Quercus myrsinaefolia
白樫〈別名：クロガシ〉

- 分　類：ブナ科コナラ属の常緑性高木
- 原産地：東北地方南部以南の温暖な地域、四国、九州
- 開花期：4～5月　　花　芽：タイプ❷
- 花　色：帯緑白色　　用　途：景観樹、防風・防火垣
- 樹高：10～20m　　植栽可能域：東北地方南部以南

昔は緑化樹として利用されることは少なく、防風・防火垣とされるほかは、もっぱら建築や木工材として利用されてきました。昭和40年代に入ってから、寸胴仕立てや棒ガシ仕立てとされたものが景観木として利用されています。

セイヨウバクチノキ'オットー・ロイケン'
Prunus laurocerasus 'Otto-Luyken'

- 分　類：バラ科サクラ属の常緑性低木
- 原産地：東南ヨーロッパ　　開花期：4月
- 花　芽：タイプ❶　　花　色：○
- 用　途：寄せ植え、境栽垣　　樹高：1～1.5m
- 植栽可能域：関東以西の太平洋岸沿いの平野部

セイヨウバクチノキの矮性品種。枝幹は立ち上がりますが生長は非常に遅く、また地際から多数の枝幹を叢生して大きな株となるところから、境栽垣や寄植えの刈り込みなどに適した樹種です。花つきがよく花穂は立ち上がります。

ソテツ
Cycas revoluta
蘇鉄〈別名：オオソテツ〉

- 分　類：ソテツ科ソテツ属の常緑低木～小高木
- 原産地：九州南部～奄美諸島、沖縄
- 開花期：8月　　用　途：景観樹
- 樹高：1～3m
- 植栽可能域：東京付近以西の太平洋岸沿いの温暖地

大きな羽状葉を頂部に群生し、幹は単一性で分岐しません。光沢があって雄大な羽状葉が特徴で、エキゾチックな雰囲気を演出する格好の樹木として、暖地では昔からよく使われてきました。過湿を嫌うので高植えとして育てます。

タラヨウ
Ilex latifolia
多羅葉〈別名：ハガキノキ、モンツキシバ〉

- 分　類：モチノキ科モチノキ属の常緑性高木
- 原産地：本州の近畿以西　　開花期：4月
- 花　芽：タイプ❶　　花　色：淡黄色
- 用　途：景観樹　　樹高：3～5m
- 植栽可能域：関東南部以西の太平洋岸沿いの温暖地

厚い革質葉は光沢があって美しく、葉裏に傷をつけると黒くなり、文字を記すことができるため「ハガキノキ」の別名があります。フイリタラヨウは趣味家が保存している程度ですが、葉縁に淡黄白色の覆輪斑の入る美しい品種です。

トベラ
Pittosporum tobira
扉〈別名：トビラノキ、トビラギ〉

- 分　類：トベラ科トベラ属の常緑性大低木
- 原産地：本州東北部以南の太平洋岸沿い
- 開花期：4～5月　花　芽：タイプ❷　花　色：○
- 用　途：添景樹、植え込みの下木　樹高：1.5～3m
- 植栽可能域：東北南部以南の太平洋岸沿いの温暖地

雌雄異株。雌株は果実をつけ、果実は秋になると3裂して真っ赤な種子が現れます。潮風や大気汚染等に最も強い木のひとつで、海岸沿いに多くの野生種が見られますが、緑化樹としての生産も多く行われています。

トベラの果実

フイリトベラ

ハイノキ
Symplocos myrtacea
灰の木 〈別名：イノコシバ〉

分　類：ハイノキ科ハイノキ属の常緑性大低木〜小高木
原産地：本州（近畿以西）、四国、九州
開花期：4〜5月　　花　芽：タイプ 1
花　色：○
樹　高：2〜6m　　植栽可能域：関東中部以西の温暖地

　身近に見られるサワフタギの近縁種ですが、本種は耐寒性に乏しく、東京付近では20年くらい前までは、庭植えにすると枝先が傷み十分に花を楽しめませんでした。しかし、温暖化が進んだ近年は、戸外でもよく開花が見られます。

ハクチョウゲ
Serissa japonica
白丁花 〈別名：ハクチョウボク〉

分　類：アカネ科ハクチョウゲ属の常緑性小低木
原産地：沖縄、台湾、中国南部ほか
開花期：5〜7月　　花　芽：タイプ 1　花　色：○
用　途：境栽垣、根締め　　樹　高：0.3〜0.7m
植栽可能域：関東以西の温暖な地域

　丁字咲きの白い花が咲くところから、この名があります。フイリハクチョウゲ、ヤエザキハクチョウゲなどがあり、萌芽力があり強い刈り込みもできるので、昔から庭に植えられてきました。近縁種のシチョウゲは花色が紫色です。

ヒイラギモクセイ
Osmanthus × fortunei
柊木犀

分　類：モクセイ科モクセイ属の常緑性小高木
原産地：不明　　開花期：10月
花　芽：タイプ 1　花　色：○
用　途：景観樹、生け垣　　樹　高：3〜6m
植栽可能域：関東以西の太平洋岸沿いの温暖な地域

　ヒイラギとギンモクセイの雑種といわれていますが、どこで生まれたかは分かっていません。楕円形の厚い革質葉は大きく、粗い大鋸歯縁を持っています。白色の小花は芳香があり、古くからよく庭に植えられてきた花木の一つです。

マテバシイ
Lithocarpus edulis
馬刀葉椎、全手葉椎 〈別名：サツマジイ〉

分　類：ブナ科マテバシイ属の常緑性高木
原産地：関東南部以西の太平洋岸沿いの温暖な地域
開花期：6月　　花　芽：タイプ 1
花　色：●　　用　途：防火樹、目隠し
樹　高：6〜12m　　植栽可能域：関東地方以西

　ブナ科の常緑性種のなかでは葉が大きく、樹冠を大きく開張するので、相当広い庭でないと庭木としてはつきにくいのですが、潮風や大気汚染に強く、建物周囲の植栽に適します。秋に熟した果実は大きく、炒って食べられます。

ヤブコウジ
Ardisia japonica
紫金牛、藪柑子 〈別名：コウジ、十両金〉

分　類：ヤブコウジ科ヤブコウジ属の常緑性小低木
原産地：本州、四国、九州　　開花期：7〜8月
果実熟期：10月ごろから　　花　芽：タイプ 1
花：○　用途：根締め、グラウンドカバー
樹高：0.1〜0.2m　　植栽可能域：北海道南部以南

　温暖な丘陵地の明るい林地内に自生が見られる小低木で、長いほふく枝の先に4〜6枚の葉を輪生状に互生し、葉腋に花柄を出して2〜5個の小花を咲かせて結実し赤熟します。斑入り葉などの園芸品種が多数栽培されています。

ローズマリー
Rosmarinus officinalis
〈別名：マンネンロウ〉

分　類：シソ科ロスマリヌス属の常緑性低木
原産地：地中海沿岸地域
開花期：不定期（3〜4月が多い）　花　芽：タイプ 1
花　色：●　　用　途：添景樹、列植、ハーブ
樹　高：0.6〜0.9m　　植栽可能域：東北地方以南

　樹勢の強い芳香性花木。属名はロスマリヌスですが、通常、英名のローズマリーの名で呼ばれています。本種には枝幹が立ち上がるものと下垂するものと2タイプがありますから、場所によって使い分けると面白いでしょう。

エゴノキ

Styrax japonicus

野茉莉〈別名：チシャノキ〉

分　類：エゴノキ科エゴノキ属の落葉中高木
原産地：日本、朝鮮半島、中国
開花期：5〜6月
花芽：タイプ❹
花　色：● ○
用　途：添景樹、前庭

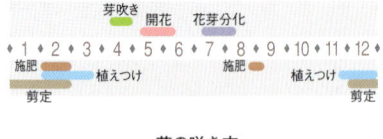

無数に咲く星形の花が魅力。
枝垂れ性品種から矮性品種まで
バラエティに富む人気の落葉樹

　初夏に枝一面、径1.5〜2cmの白い星形の花を、長さ3cmほどの花柄の先に下垂して咲かせます。野趣に富んだ風情を持つうえに病害虫も少ないため、雑木の中でも人気の高い樹種のひとつです。
おすすめの種類　シダレエゴノキ…枝が美しく下垂します。'ピンク・チャイム'…ベニバナエゴノキの代表品種。ほかに枝垂れ性品種もある。'エメラルド・パゴダ'…花が大きく、光沢のある葉が特徴。一才エゴノキ…20〜30cmで花をよくつける矮性種。

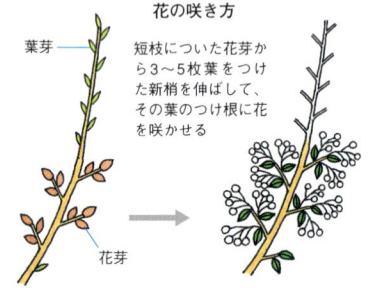

エゴノキは和洋いずれの庭にも似合う。満開時はまるで白い星が降るよう

ベニバナエゴノキの人気品種'ピンク・チャイム'

エゴノキの果実。果皮にエゴサポニンが含まれるため、昔は洗濯や駆虫剤に利用された

アメリカエゴノキ…小枝が密生し、小花の花弁が反転するのが特徴。
植えつけ　2〜3月中旬および11月下旬〜12月が適期です。植え穴はやや大きめに掘り、腐葉土を10〜15ℓ入れて元土とよく混ぜ、高めに植えつけて、支柱を取りつけます。
整枝・剪定　長く伸びた枝や樹冠内部の細かい枝、込みすぎた枝の間引き、切りつめを1〜2月に行う程度です。
四季の管理　肥料切れや著しい乾燥にあうと次の年には花をびっしり咲かせますが、花後に樹勢が著しく衰え、枝枯れを生じたりします。12〜1月に根元に輪状に溝を掘って堆肥や油粕を施し、肥培に努めます。

苗のふやし方　エゴノキは実生でふやしますが、ベニバナエゴノキや枝垂れ種などは接ぎ木法によります。
病害虫　風通しが悪かったり日照不足だと、アブラムシが発生したり、根元にテッポウムシの被害が見られることもあります。

コンパクトに維持するポイント

矮性品種を選ぶのが第一ですが、普通種を剪定することでコンパクトに保つこともできます。そのときはむやみに枝を切り詰めることは避け、間引き剪定でできるだけ自然樹形を損ねないよう注意します。また、コンテナで育てるのも一法です。

エゴノキの美しい自然樹形を生かすには、芝庭などに単植するとよく、テラスやウッドデッキのそばに植えれば、夏の緑陰樹としても最高です。

エンジュ

Sophora japonica

槐樹〈別名：キフジ、ホンエンジュ、クララ〉

分　類	マメ科ソフォラ属の落葉低木～小高木
原産地	中国北部
開花期	5～7月
花　芽	タイプ 1
花　色	🟡 ⚪ 🔵 🩷
用　途	景観樹、鉢植え

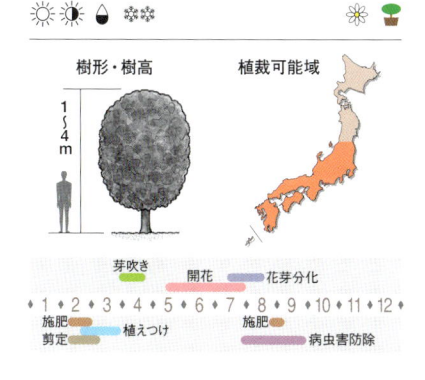

エンジュの花

ダビディー

エンジュの果実

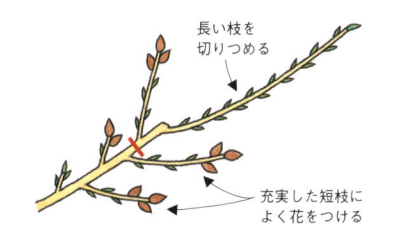

シダレエンジュ。その特異な枝ぶりから中国名は「竜爪樹」

自然に美しい樹形となる。特に枝垂れ種は家庭の庭におすすめ

　従来から身近に見られるエンジュ（槐）とイヌエンジュ（犬槐）は大きくなり、まれに役木として植えられる程度で、主に公園や街路樹として使われていますが、ここでは家庭の庭に適した種類を紹介します。

おすすめの種類　シダレエンジュ…エンジュの変種で、中国名「竜爪樹」。アカバナエンジュ…アメリカエンジュの赤花種で小高木。ダビディー…中国西部原産の低木で淡青色の美しい花を咲かせます。'ゴールド・スタンダード'…アメリカから導入したエンジュの変種で、枝は3～4年くらいまで黄色。葉は黄金色。ミクロフィラ…ニュージーランド原産。黄色の大きな花を咲かせる珍種。

植えつけ　2月下旬～3月が適期。植え穴には腐葉土を多めに入れ、穴底の土とよく混ぜて高めに植えつけます。

整枝・剪定　小型のものはほとんど必要ありませんが、シダレ種、アカバナ種、'ゴールド・スタンダード'などは枝をよく伸ばすので、2月に行います。剪定の要領は、台芽の掻き取り、長い枝の切りつめ、込みすぎた部分の枝抜きを主とします。

四季の管理　大型種は施肥の必要はなく、特に'ゴールド・スタンダード'は日陰とチッ素過多になると鮮やかな色が保てません。小型種は2月と8月下旬～9月上旬に軽く施肥します。

苗のふやし方　シダレ種、アカバナ種、'ゴールド・スタンダード'は、3月に切り接ぎで、ダビディーは挿し木、ミクロフィラは実生でふやします。

病害虫　大型種は根元にテッポウムシの被害が見られるので早めに駆除します。

▶ コンパクトに維持するポイント

鉢仕立てとするか、強い剪定をすることで小型に仕立てることが可能です。

シダレエンジュ（竜爪樹）は、中国では古くから立身出世の縁起木とされ、多くの家に植えられてきました。わが子の出世を願うならためしてみては？

イチョウ

Ginkgo biloba

公孫樹、銀杏〈別名：ギンナン〉

分　類	：イチョウ科イチョウ属の落葉性高木
原産地	：中国
開花期	：4～5月、果実熟期：9月下旬～11月中旬
花　芽	：タイプ 2　花　色：●
用　途	：景観樹、採果用、盆栽
樹　高	：10～20m　植栽範囲：北海道南部以南

秋には鮮やかな黄金色に染まる

ファスティギアータ・タイプ

秋の黄葉の美しさは格別。採果を目的とするなら雌木を

　マツやスギなどと同じ裸子植物です。中世代～新世代（2億1300万年～200万年前）の地層から化石がたくさん見つかっており、多くの仲間が繁茂していたことが証明されていますが、現存するのはこの1種のみです。雌雄異株。

おすすめの種類　フイリイチョウ、シダレイチョウ、極矮性イチョウ、ファスティギアータ・タイプ、ドワーフ・タイプ、オハツキイチョウ、チチイチョウなど。

植えつけ　落葉期であれば植えつけられます。ただし、極矮性種以外はかなり大きく育つので、植え場所は十分考慮します。

整枝・剪定　1～3月中旬頃までが適期。樹形や強弱の程度は植え場所にあわせます。

四季の管理　鉢で育てているものは隔年の植え替えが必要です。
　肥料は枝を伸ばし葉を大きくするので控えめがよいでしょう。

苗のふやし方　実生法によりますが、園芸種は3月上旬に切り接ぎでふやします。

病害虫　特に見られません。

コンパクトに維持するポイント

ドワーフタイプやごく矮性の品種を選ぶか、鉢植えで育てます。

カシワ

Quercus dentata

槲〈別名：カシワギ、モチガシワ〉

分　類	：ブナ科コナラ属の落葉性小高木
原産地	：北海道、本州、四国、九州
開花期	：4～5月　花　芽：タイプ 1
花　色	：●
用　途	：景観樹、葉はカシワ餅用に
樹　高	：10m内外　植栽可能域：全国

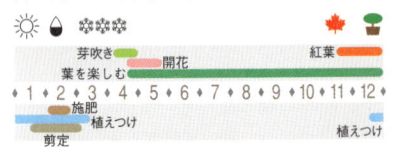

ハゴロモガシワ

カシワ。秋には美しい紅葉も楽しめる

風情に富んだ落葉樹。強剪定に耐え仕立てやすい点も庭木向き

　冬の間、枯れ葉が枝に残り、萌芽と同時期に古い葉を落とす性質があります。樹勢が強く土質は選びません。また潮風に強いのも特徴です。強剪定に強く、植え場所に適した大きさに仕立てることも容易です。

おすすめの種類　ハゴロモガシワ…葉が細裂するカシワの変種。オウゴンガシワ…クエルカス・エリアナの黄金葉でナラガシワの近縁種。その他イギリスナラ、北米産のアカガシワ（レッドオーク）などがあります。

植えつけ　12月中旬～3月上旬が適期。植え穴は大きめに掘り、堆肥を10ℓほど入れて高めに植え、支柱を取りつけます。

整枝・剪定　枝が太くて粗生するので、細かい枝は切り取るとともに、輪生枝は樹形を見ながら2本くらいに整理していきます。

四季の管理　著しい痩せ地でないかぎり施肥の必要はなく、育てやすい木です。

苗のふやし方　実生を主としますが、黄金葉や斑入り品種などは接ぎ木によります。

病害虫　ときおりテッポウムシの被害が見られるので早めに駆除します。

コンパクトに維持するポイント

冬期に強い切りつめを行い伸びすぎを抑えるか、または鉢植えで育てます。

カツラ

Cercidiphyllum japonicum

桂〈別名：オカズラ、コウノキ〉

分　　類：カツラ科カツラ属の落葉性高木
原産地：日本全土
開花期：4〜5月　　花　芽：タイプ 1
花　色：●
用　途：景観樹
樹　高：20〜25m　　植栽可能域：全国

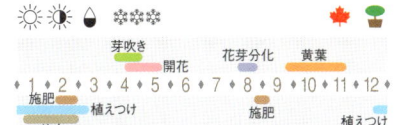

夏の緑葉はいかにもさわやか

新梢が紫味を帯びる'レッド・フォックス'

シダレカツラ

春から夏の涼しげな緑葉、秋の黄葉も美しい

　細い枝を四方に伸ばし、繊細な感じがします。淡緑色の新梢、ハート形の葉、秋の美しい黄葉と四季を通じて楽しめます。
おすすめの種類　シダレカツラ…細い枝を長く下垂させる品種。'レッド・フォックス'…新梢が淡紫紅色を帯びる園芸種。
植えつけ　葉の落ちた12月下旬〜3月上旬くらいまで扱えます。植え穴には腐葉土か堆肥を10〜15ℓ入れ、土とよく混ぜて高めに植え、支柱を取りつけておきます。
整枝・剪定　枝先を一律に切るようなことがないよう、間引き剪定で樹形をつくります。適期は1〜2月。
四季の管理　肥沃地で肥培すると、葉も大きくなり、秋の黄葉も鮮やかになりません。
苗のふやし方　基本種は実生によりますがシダレカツラや'レッド・フォックス'などは接ぎ木でふやします。
病害虫　ときおりテッポウムシの被害が見られるので、早めに駆除していきます。

コンパクトに維持するポイント

強い切りつめも可能なので冬期に樹形を整え直すか、または鉢植えで育てます。

コバノズイナ

Itea virginica

分　　類：ユキノシタ科ズイナ属の落葉性低木
原産地：北米東部
開花期：5〜6月　　花　芽：タイプ 1
花　色：○　　用　途：添景樹、寄せ植え
樹　高：0.7〜1.2m
植栽可能域：関東以西、四国、九州

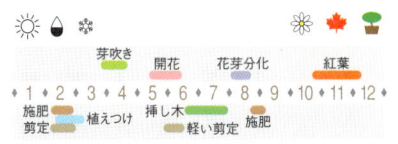

初夏には枝先に繊細な小花をつける

大株に仕立てたコバノズイナ

穂状に咲く白い花と秋の紅葉を楽しむ木

　我が国の山地に自生するズイナに比べて全体に小型で、小花を10cmくらいの穂状に咲かせます。特に秋の紅葉が美しく、鉢植えや盆栽などにもよく利用されてます。
おすすめの種類　シナズイナ…葉はセイヨウヒイラギのように粗鋸歯を持ちますが、触っても痛くはなく、6月頃20〜30cmの総状花序に緑白色の小花をつけて下垂します。常緑性。'ヘンリー・ガーネット'…淡紅色を帯びた小花を穂状に多数咲かせます。
植えつけ　2月下旬〜3月中旬が適期（常緑性は3月下旬〜4月中旬頃）。植え穴はやや大きめに掘り、堆肥か腐葉土を10ℓほど入れ、少し高めに植えることがコツです。
整枝・剪定　コバノズイナは、ほとんど手はかかりませんが、株元から多数の枝幹を伸ばすので、必要に応じて間引きます。
四季の管理　特にありません。多肥栽培は紅葉を損なうので施肥は控えめにします。
苗のふやし方　挿し木がよく、落葉性は2月下旬〜3月上旬と6月下旬、常緑性は6月下旬〜7月が適期です。
病害虫　特にありません。

コンパクトに維持するポイント

もともと小型の木なので、放任してもコンパクトによくまとまります。

カエデの仲間

Acer

楓、蛙手 〈モミジ〉

分　類：カエデ科カエデ属の落葉低木〜高木
原産地：北半球の温帯
開花期：4〜5月
花　芽：タイプ ❶
花　色：● ●
用　途：添景樹、池の端の植栽、盆栽

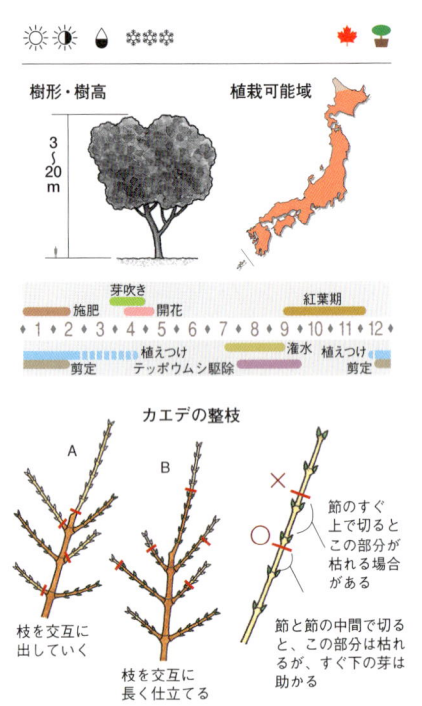

樹形・樹高　植栽可能域

3〜20m

芽吹き　開花　　　紅葉期
施肥
・1・2・3・4・5・6・7・8・9・10・11・12・
　　　　植えつけ　　灌水　植えつけ
剪定　テッポウムシ駆除　　　剪定

カエデの整枝

A　B
節のすぐ上で切るとこの部分が枯れる場合がある
枝を交互に出していく
枝を交互に長く仕立てる
節と節の中間で切ると、この部分は枯れるが、すぐ下の芽は助かる
A、B 2つの切り方がある

ネグンドカエデ'フラミンゴ'　若葉のときは白斑の部分がピンク色に染まって美しい

四季おりおりの風趣を楽しめる代表的な落葉樹。近年は海外産の美しい種類や品種も続々と登場

やわらかい春の新緑と綾錦にもたとえられる秋の紅葉——。日本の山野を彩る代表的な樹木がこのカエデ類です。種も豊富で、北海道から四国、九州まで、各地域地域に適した美しいカエデが見られます。

古くから絵画や詩歌の好材料とされ、庭園樹としても盛んに利用されてきました。江戸時代から園芸品種も数多く選抜されています。

わが国の気候風土に適した樹木であるため、容易に育てられることも、庭木としての魅力のひとつです。

おすすめの種類　イタヤカエデ…北方に多く見られる葉の大きなカエデで、秋には美しく黄紅葉します。ハウチワカエデ…種名に*japonicum*の名を持つカエデで、若葉は淡紅色。秋の紅葉が美しく、庭木、鉢植えによく使われています。イロハモミジ…一名タカオカエデ。一般に「モミジ」と呼ぶ場合は本種を指すほど身近に多く見られます。5〜7深裂する掌状葉で、秋の紅葉が特に美しいカエデです。オオモミジ…イロハモミジの変種で葉がやや大きく、7〜9裂の掌状葉を持つ黄紅葉の美しいカエデ。ヤマモミジ…イロハモミジの変種で日本海側に分布しますが、身近で見る機会は多くありません。コハウチワカエデ…山地では高木になりますが最近庭木としてもよく使われます。サトウカエデ…カナダの国旗に描かれている特有の葉形で知られています。ネグンドカエデ…昨今の洋風の庭に最も多く利用されている新梢の美しいカエデ。ノルウェーカエデ…別名ヨーロッパカエデ。欧米で最も多く栽培されているカエデで、葉が大きく、園芸品種が多い。ハナノキ…長野、岐阜、愛知県に分布します。秋の紅葉も美しいのですが、特に4月頃葉が出る前に咲く赤い花が美しいカエデです。ベニカ

カエデを園芸文化にまで高めたのは江戸の植木屋、伊兵衛政武。自らが選抜した個体に'鴨立沢'、'手向山'など、古歌にちなむ雅趣豊かな品種名を創案した。

黄色い若葉が人目を引くネグンドカエデ'オーラタム'

ネグンドカエデ'ケリーズ・ゴールド'

カナダの国旗でお馴染みのサトウカエデ

ノルウェーカエデ'ドラモンディー' 美しい白覆輪葉

ベニカエデ'レッド・サンセット'の紅葉

ノルウェーカエデ'プリンストン・ゴールド'

エデ…北米原産。別名アメリカハナノキと呼ぶ紅葉の美しいカエデ。メグスリノキ…複雑な紅葉を見せる美しいカエデ　この木のチップを煎じて飲むと肝臓に効く、といわれるところから、今でも薬局や観光地でチップが売られており、乱伐が心配されています。このほか、前述のカエデ、特にイロハモミジ、オオモミジ、ハウチワカエデ、コハウチワカエデ、ヨーロッパカエデなどには多くの園芸品種があり、広く楽しまれています。

植えつけ　落葉性なので、植えつけは12月から2月が適期ですが、2m以下の根巻き苗は3～5月上旬頃まで扱えます。ただし、最近多い鉢仕立て苗の場合は、根鉢の土を崩さなければ周年扱えます。

植え穴は大きく掘り、保湿性を持たせるため腐葉土か堆肥を、木の大きさに応じて植え穴の底に入れるか植え土とよく混ぜて高めに植えつけ、支柱をしっかり取りつけておきます。

整枝・剪定　山野の風趣を味わう木です。イヌマキやイヌツゲなどのように、庭に植えても枝を強く切りつめたり刈り込むような樹形づくりは、好ましくありません。あくまでも自然樹形を維持しながら、その場所に適した大きさに保っていくことが基本です。カエデ類は活動に入る時期が早いので、剪定は12月～2月上旬頃までを基本とし、また太い枝の切り口には、必ず癒合剤などを塗って保護しておくことも大切です。

四季の管理　庭植えの場合、注意したいことは多肥を避けることと、高植えにしている木は夏の乾燥期にはたっぷり水を与えてやることです。

また、高植えにして長年経たものは、1～2月に根元に放射状に30×30cmくらいの幅、深さの溝を掘り、堆肥か腐葉土を入れて埋め戻し、細根の更新を図ってやると効果的です。

苗のふやし方　基本種は実生でふやしますが、園芸品種は接ぎ木で行います。実生法

落葉樹

トウカエデの紅葉

秋、美しい黄色に染まったハウチワカエデ

'珊瑚閣（さんごかく）'の黄葉

'稲葉枝垂（いなばしだれ）'の紅葉

は秋に採ったタネを乾かさないことが大切。土中に貯蔵して春まきするか採りまきします。接ぎ木は3月に切り接ぎを行います。

病害虫 うどんこ病、カイガラムシ、アブラムシの被害が見られますが、最もやっかいなのがテッポウムシの被害です。根元に注意し、食入孔からオガクズが出始めたのを見つけたら早めに駆除します。

コンパクトに維持するポイント

大きくなってから強く切りつめるよりも、若木のうちから毎年、樹形を考えて枝をつくっていきます。または鉢仕立てで楽しみます。

トウカエデ'花散里'。斑入り葉の品種で、萌芽時は淡紅色、その後、白から黄みを帯びた明るい緑へと変わる。暗い色彩を背景に植えると、一段と目立ち、シンボルツリーに最適。秋の紅葉も美しい

ハウチワカエデの株立ち

オオモミジ '錦糸'

オオイタヤメイゲツ '金隠れ' の出葉と花

イロハモミジの新葉

メグスリノキの紅葉

イロハモミジ '出猩々'。その名のとおり、芽出し時の燃えるような紅の美しさで人気が高い
◀ヤマモミジ '青枝垂'。繊細な葉姿はとりわけ清涼感に富む。別名チリメンカエデ

121

クロモジの仲間

Lindera

黒文字

分　類：クスノキ科クロモジ属の落葉性低木
原産地：本州、四国、九州、中国
開花期：3〜4月
花　芽：タイプ 2
花　色：黄、緑
用　途：添景樹、袖垣

やわらかく芽吹いて春の訪れを告げるクロモジ

シロモジの花

美しい黄金色の花を咲かせるダンコウバイ

アブラチャン

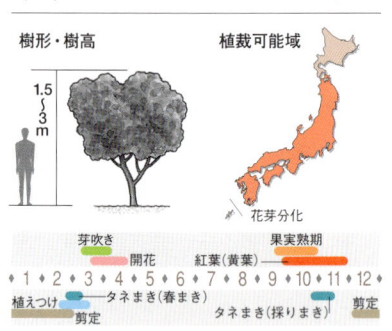

早春に咲く花は、地味ながら味わい深い。近年、人気の高い雑木の庭でも名脇役のひとつ

　この仲間は低い山林に多く見られます。あまり身近にあるところから、大事に扱われていないことが多いのですが、木の姿、花、秋の黄葉など、一年を通じて楽しむことができます。日本庭園はもちろん、洋風の庭でも、例えば日当たりがよくない狭いスペースなどに最適の樹種であるため、近年よく使われるようになりました。

おすすめの種類　ダンコウバイ…ウコンバナの別名をもつ大低木で、鮮やかな黄色の花が美しい。**アブラチャン**…小高木で径1.5mmほどの球形の果実をつけます。シロモジ…葉が大きく3裂するのが特徴。このほか、関東地方の雑木林でよく見かけるヤマコウバシ、岡山県以西に自生し、材が楊枝の材料とされるアオモジなどがあります。

植えつけ　2〜3月が適期。強い陽光と乾燥は適しません。植え穴に堆肥を多めに入れて、保湿性を高めた土壌に、水はけよく高めに植えつけ、支柱を取りつけておきます。

整枝・剪定　12〜2月に行います。地際からよく枝幹を出して大きな株立ちになるので、4〜5年生くらいの枝幹は切り取り、更新していくとよいでしょう。シロモジ、アブラチャンなどのように幹が立つものは、枝抜きによって樹形をつくっていきます。

四季の管理　土壌は中性に近い弱酸性が最も適します。

苗のふやし方　いずれも実生でふやします。タネは乾かすと発芽力を失うので、果皮と果肉を取り除いてすぐにまきます。

病害虫　あまりありませんが、株が大きくなるとテッポウムシが根元に発生するので、見つけ次第早めに駆除します。

▶ **コンパクトに維持するポイント**

根づいていれば強剪定をすることで小さく維持することは可能です。

クロモジの枝が昔から総楊枝（ふさようじ）や爪楊枝に使われてきたのは、木に精油（クロモジ油）が含まれ、芳香と殺菌力を備えているため。

コナラ

Quercus serrata

木楢 〈別名：ハハソ、イシナラ、ナラ〉

分　類：ブナ科コナラ属の落葉性高木
原産地：北海道、本州、四国、九州、朝鮮、中国
開花期：4～5月
花　芽：タイプ 2
花　色：黄
用　途：景観樹

樹形・樹高
10～15m

植栽可能域

芽吹き／新緑／開花／果実熟期／紅葉／施肥／植えつけ／タネまき（採りまき）／剪定／接ぎ木

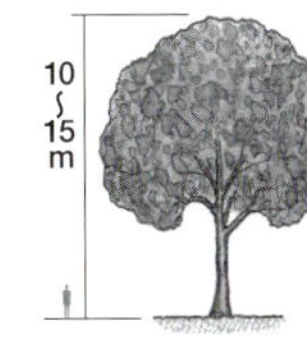

オウゴンガシワの整枝
（コナラ、アメリカナラなども準じる）

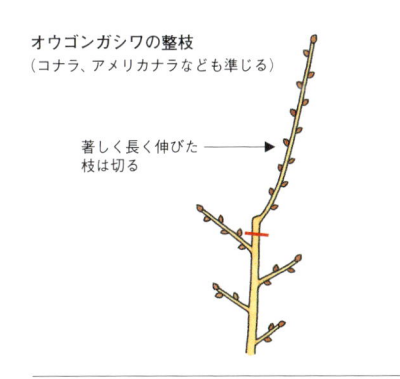

著しく長く伸びた枝は切る

コッキネア'スプレンデンス'の紅葉

コナラ。昔から親しまれてきた里山の落葉樹

レッドオーク（クエルカス・ルブラ）の紅葉

オウゴンガシワの新芽と花序

昔から親しまれてきた里山の代表的な広葉樹。葉の美しい新品種にも注目

　各地に残る雑木林を構成する代表的な木のひとつ。昔は薪炭材やシイタケの原木、落葉は堆肥と、私たちの生活に深いかかわりを持った木です。そのためか、近年のエコロジーへの関心の高まりから一般家庭の庭にもよく使われるようになりました。
おすすめの種類　オウゴンガシワ…葉はもちろん枝までも黄金になる美しい品種で、ナラガシワの変種です。アメリカナラ（ピンオーク）…北海道では街路樹や公園でよく見かけますが、関東以西では目にする機会の少ない木です。ピンオークは牧場の柵に使われることに由来。レッドオーク…生長が早い。イギリスナラ（オウシュウナラ）…ヨーロッパに広く分布するナラ。我が国へは黄金葉の'コンコルディア'や'ファスティギアータ'が導入されています。
植えつけ　2～3月上旬が適期ですが、小さな鉢仕立て苗であれば1～4月および9～12月まで扱えます。根鉢の土はあまり崩さないで植えつけますが、大きな木の移植は十分な根回しを施さないと困難です。
整枝・剪定　放任すると枝葉を長く伸ばして大きな樹冠になってしまうので、剪定は不可欠な作業です。大枝の切りつめや樹形づくりは1～2月が適期ですが、枝先の細かい枝は随時切って差しつかえありません。
四季の管理　多肥栽培は枝葉を必要以上に繁らせてしまうので、普通の土壌であれば、まず施肥の必要はありません。
苗のふやし方　コナラは実生で採りまきしますが、園芸品種は接ぎ木でふやします。
病害虫　うどんこ病、カイガラムシ、テッポウムシなどは早めに駆除します。

コンパクトに維持するポイント

適切な剪定によって小さく仕立てるか、鉢仕立てをおすすめします。

コナラやミズナラは薪炭材として欠かせないものでした。また、東北地方の山村などでは、その果実（ドングリ）も食用として重要なものでした。

サンゴミズキ

Cornus alba var.*sibirica*

珊瑚水木

分　類：ミズキ科ミズキ属の落葉性低木～大低木
原産地：アジア北東部
開花期：5～6月　　花芽：タイプ❷
花　色：○　　　　用　途：添景樹、花材
樹　高：1.5～2.5m
植栽可能域：北海道、東北から日本海側の寒冷地

'ゴーチャルティー'

シラタマミズキ

'シビリカ・バリエガータ'

冬期、美しく染まる枝幹を楽しむ

シラタマミズキの変種で地際から多くの枝幹を叢生します。枝は直上して大株になり、冬期鮮やかなサンゴ色になるのが特徴です。寒い地域ほど枝は鮮やかな色に染まり、冬の花材として栽培されています。

おすすめの種類　'ゴーチャルティー'…葉に黄覆輪にピンクを交えた斑が美しく入ります。シラタマミズキ…サンゴミズキの基本種で果実が9～10月に白く熟します。

植えつけ　1～2月および12月が適期ですが寒冷地では3～4月に植えつけます

整枝・剪定　12～2月に地際から切り取り、毎年地際から枝幹を出させます。

四季の管理　1～2月に油粕と粒状化成肥料を7：3程度に混ぜたものを、また8月下旬に粒状化成肥料を施して肥培します。

苗のふやし方　春挿しは2月下旬～3月上旬に、また7月上旬～中旬に新梢を挿します。

病害虫　通風が悪いとカイガラムシやアブラムシ、またテッポウムシの被害が見られるので早めに駆除していきます。

観賞のポイント

この仲間は枝幹が多くないと本来の美しさが見られないので、庭植えで株を大きくすることをおすすめします。

シデ

Carpinus

四出〈別名：シデノキ、ソロ〉

分　類：カバノキ科クマシデ属の落葉性高木
原産地：北半球の温帯に30余種が分布
開花期：4月　　　花芽：タイプ❷
花　色：●　　　　用　途：景観樹、盆栽
樹　高：7～15m
植栽可能域：本州以南、四国、九州

セイヨウシデ'ファスティギアータ'

アカシデ。代表的な里山の木
クマシデの盆栽

ケヤキやエノキとともに雑木林の代表的な落葉高木

シデ類は日本には5種見られますが、1部のものは庭や公園に植えられ、2～3の種は盆栽として楽しまれています。雑木林と呼ばれている里山の構成樹種のひとつです。

おすすめの種類　アカシデ…枝は細く新梢や紅葉が美しく、庭木、盆栽に利用されています。イワシデ…別名チョウセンソロ。葉が小さく幹の屈曲が面白いため盆栽によく使われます。クマシデ…雌花が筒状に下垂する姿がユニークです。

植えつけ　2～3月中旬が適期。植え穴はやや大きめに掘り、少し高めに植えつけます。

整枝・剪定　1～2月が適期。枝透かしによって整えていきます。

四季の管理　肥培は枝葉を繁らせるので、控えめにします。

苗のふやし方　実生法によります。秋に熟したタネを採り、乾かさないように貯蔵しておき、2月下旬～3月上旬にまきます。

病害虫　テッポウムシ、ハマキムシ、アブラムシなどが発生したら、早めに駆除します。

コンパクトに維持するポイント

枝抜きを主体とした適切な整枝を続けるか、鉢植えで小さく維持します。

シラカバ

Betula platyphylla var. *japonica*
白樺〈別名：シラカンバ〉

分　類：カバノキ科カバノキ属の落葉性高木
原産地：本州中部以北、北海道
開花期：4月　　花　芽：タイプ 1
花　色：〇　　用　途：景観樹
樹　高：10〜20m
植栽可能域：関東以西（太平洋岸沿い）を除く地域

ジャクモンティー'ドーレンボス' 　　高原の風情を漂わせるシラカバ 　　秋の黄葉も美しい

最も幹肌の美しい木の一つ。さわやかな高原の雰囲気を演出

　高原の雰囲気を演出するのには最適です。庭木としては複数本を植え、ヤマツツジやレンゲツツジを添えるくらいがよいでしょう。
おすすめの種類　ジャクモンティー、'ゴールデン・クラウド'、'プルプレア'、'ペンジュラ' など。
植えつけ　2月中旬〜3月中旬（寒冷地は3〜4月）が適期。植え土は火山灰質の軽い土がよく、植え穴には堆肥を入れて保湿性をもたせるとよいでしょう。移植を嫌うので、植え場所は十分考慮して決めます。
整枝・剪定　切り口がふさがりにくく、腐敗菌によって枯れ込みやすい木なので、剪定を嫌います。安心して切れるのは2〜3年生までの枝と思ってください。
四季の管理　痩せ地のほうが、美しい幹姿となるので施肥の必要はほとんどありません。
苗のふやし方　基本種は実生でふやしますが、園芸種は接ぎ木でふやします。
病害虫　通風が悪いと斑点病やさび病、テッポウムシやボクトウガの幼虫の被害が見られますので、早めに防除します。

コンパクトに維持するポイント
剪定でコンパクトに仕立てるのは、自然の美しさを損ねるので好ましくありません。

トネリコ

Fraxinus japonica
梣〈別名：タモ、サトトネリコ〉

分　類：モクセイ科トネリコ属の落葉性高木
原産地：本州中部地方以北
開花期：6〜7月　　花　芽：タイプ 2
花　色：〇　　用　途：景観樹
樹　高：約15m
植栽可能域：関東地方以北

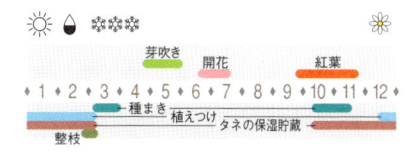

素朴な姿は洋風の庭にもよく似合う 　　煙るように咲くトネリコの花

雑木の庭や、洋風のナチュラルガーデンにも大の人気

　幹がしなやかに立ち上がる樹形と、明るい緑の羽状複葉が涼しげで、初夏に円錐花序をなして咲く白い小花も見るからにやさしげです。以前は庭木として使われることはありませんでしたが、いかにも山の木らしい素朴な風情があることから、近年好んで使われるようになりました。材は緻密で弾力性に富むところから、器具の柄材や野球のバットの材料とされてきました。
おすすめの種類　この仲間は種類が多く、アオダモやマルバアオダモ、セイヨウトネリコ、北アメリカ産のビロードトネリコなどが栽培されています。
植えつけ　12月中旬〜3月中旬が適期。乾燥を嫌うので、植え穴には堆肥を多めに入れ、湿潤な土壌にして植えつけます。
整枝・剪定　適期は3月上旬。自然の樹形を観賞する木なので、できるだけ枝を切りつめるのは避け、不要な枝を間引きます。
四季の管理　特にありません。
苗のふやし方　普通種は実生でふやしますが、園芸品種は接ぎ木でふやします。
病害虫　気になるものはありません。

コンパクトに維持するポイント
丈が高く伸びすぎたときは、途中の枝を残して幹を切り戻し、心の立て替えをします。

ドウダンツツジ

Enkianthus perulatus

灯台躑躅〈別名：ドウダン〉

分　類：ツツジ科ドウダンツツジ属の落葉性低木
原産地：伊豆以西、四国、九州
開花期：4月
花　芽：タイプ 2
花　色：○
用　途：添景樹、生け垣

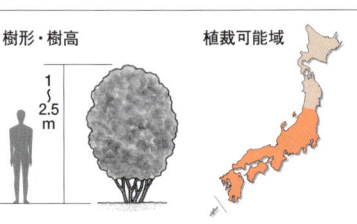

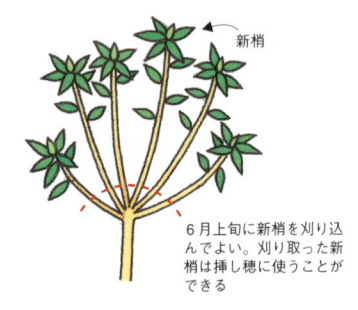

新葉が開くと同時に愛らしい壺型の花を下垂させる

ドウダンツツジは代表的な紅葉樹のひとつ

サラサドウダン

ベニドウダンツツジ。花は一段と小型で愛らしい

愛らしい壺状の花と、細い小枝が密生した秋の紅葉を楽しむ

葉は細い枝先に輪生状に互生し、小枝を密生して自然に樹形を整えます。イヌツゲが常緑性の庭木の名脇役ならば、ドウダンツツジは落葉樹の代表的な脇役の木で、さまざまな用途に使われます。若葉の展開とともに小枝の頂部から白い壺状の小花を4～6個吊り下げて咲かせます。

おすすめの種類　サラサドウダン…鐘形の花に紅色の筋が縦に入ります。**ベニサラサドウダン**…サラサドウダンの変種で、紅色の花を咲かせます。**ベニドウダンツツジ**…赤色の小花を総状に下垂して咲かせます。**チチブドウダン**…濃赤色花。**ツクモドウダンツツジ**…ごく矮性の品種。

植えつけ　火山灰質の土が適します。堆肥を多めに入れて土とよく混ぜ、高めに植えつけます。適期は2～3月および10月下旬～12月。大株は早春に植えつけます。

整枝・剪定　太い枝を発生させることはなく、小枝をたくさん密に発生させるので、刈り込みバサミで刈り込むだけです。新梢の固まりかけた5月下旬～6月中旬に刈れば秋の紅葉は十分楽しめます。その後は12月に再度刈り込み、正月を迎えます。

四季の管理　肥料は油粕か、油粕と粒状化成肥料を等量に混ぜたものを2月と8月下旬に根元にばらまいてやれば十分です。

苗のふやし方　挿し木で簡単にふやすことができます。新梢が充実しかけた6月上旬から中旬がよく、新梢のみを切り取って赤土か鹿沼土などに挿します。

病害虫　大株になると根元にボクトウガの幼虫が発生します。年に2～3回殺菌剤と殺虫剤を散布してやるとよいでしょう。

▶ **コンパクトに維持するポイント**

チチブドウダンやツクモドウダンツツジは庭植えでも1m以下で楽しめます。

生け垣には目隠しの役割があるので、普通は常緑樹が使われますが、ドウダンツツジは細かい小枝を密生させるため、落葉樹では珍しく生け垣に適します。

ナツハゼ

Vaccinium oldhamii

夏櫨

分　類：ツツジ科スノキ属の落葉性低木
原産地：北海道、四国、九州、朝鮮半島、中国
開花期：5月　　　花芽：タイプ❷
花　色：●　　　用　途：添景樹、下木
樹　高：1〜2m
植栽可能域：北海道、本州、四国、九州

野趣に富んだ落葉低木。
紅葉と秋の熟果を楽しむ

　ツツジ科スノキ属の落葉性低木です。和名は葉が色づくのが早く、7月頃から紅葉が始まるところから、紅葉樹を代表するハゼにちなんだものです。穂状についた果実が秋には黒熟し、生食できます。
おすすめの種類　この仲間（同属）にはブルーベリーやクロマメノキがあります。
植えつけ　2月中旬から3月上旬までが適期です。他のツツジ科の植物同様、酸性土を好み浅根性なので、植え穴には堆肥やピートモスを加え、やや高めに植えます。
整枝・剪定　それほどは伸びず、自然にまとまった姿となるので、2年に1回ほど冬の間に不要な枝を間引いてやる程度です。
四季の管理　半日陰でも育ちますが、日照が不足するときれいに紅葉しません。日陰になるようであれば、周囲の木の枝を整理してやるとよいでしょう。
苗のふやし方　実生もできますが、ヒコバエを利用した株分けが最も手軽な方法です。
病害虫　ほとんどありません。

> **コンパクトに維持するポイント**
> 冬の間に剪定をして小さな樹形を保ちます。ただし、枝先を切ると花芽を失うので、間引き剪定を主とします。

ナツハゼの紅葉

ナツハゼの熟果

ナンキンハゼ

Sapium sebiferum

南京黄櫨、烏臼木

分　類：トウダイグサ科シラキ属の落葉性高木
原産地：中国中部〜南部
開花期：6〜7月　花芽：タイプ❷
花　色：●　　　用　途：景観樹
樹　高：7〜12m
植栽可能域：関東地方以西の温暖な地域

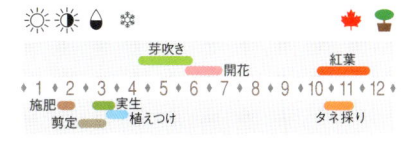

暖地で美しく紅葉する
数少ない木のひとつ

　中国原産ですが、タネから蠟が採れるところから、かなり古い時代に日本に入って来たと考えられますし、関西以西の暖地で特に紅葉が美しくなる数少ない木です。
おすすめの種類　'メトロ・キャンドル'…新梢が美しい黄色の園芸品種です。シラキ…近縁種で、秋の紅葉樹のひとつです。
植えつけ　暖地性の植物なので春の彼岸のころが適期。腐葉土を多めに入れて土とよく混ぜ、水はけよく高めに植えつけて、支柱を取りつけておきます。
整枝・剪定　落葉中の2月下旬〜3月上旬が適期です。剪定は場所に応じた樹冠に整えていきますが、一律に切りつめるようなことは避け、枝抜きにより樹冠を整えます。
四季の管理　チッ素分が多すぎると新梢が美しい鮮黄色になりません。2月に1度、油粕と骨粉を等量に混ぜたものを施します。
苗のふやし方　基本種は実生で、園芸品種は接ぎ木でふやします。
病害虫　日当たりと通風のよい所なら特にありません。

> **コンパクトに維持するポイント**
> 庭植えでは無理があります。鉢仕立てがよいでしょう。

ナンキンハゼ

'メトロ・キャンドル'

ニシキギ

Euonymus alatus

錦木 〈別名：ヤハズニシキギ〉

分　類：ニシキギ科ニシキギ属の落葉性低木
原産地：全国の山地
開花期：5〜6月　花　芽：タイプ 1
花　色：
用　途：根締め、添景樹、盆栽、
樹　高：1.5〜2.5m　植栽可能域：全国

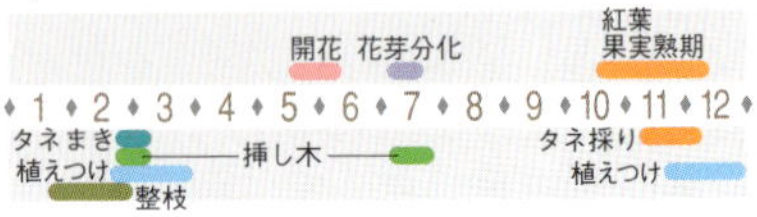

ニシキギの紅葉

コマユミは枝に翼がない

ニシキギの果実

「錦木」の名のとおり
秋の紅葉は見事

　秋の紅葉が美しく、枝の節間の左右には翼状にコルク質が発達します。育てやすく、庭木としてよく利用されています。

おすすめの種類　コマユミ…ニシキギと異なる点は枝にコルク質の翼がないことです。

植えつけ　2月下旬〜3月および11月下旬〜12月が適期。植え穴は大きめに掘り、堆肥を多めに入れて高めに植えつけます。

整枝・剪定　1〜2月が適期。丸く刈り込むようなことは避け、枝をつけ根から切り取り、自然樹形を保っていくことが大切です。

四季の管理　多肥、特にチッ素成分が多いと葉が大きくなってしまい、美しく紅葉しません。普通の庭土なら施肥しなくても十分に育ちます。

苗のふやし方　実生、挿し木、取り木は大きな苗が得られます。実生は秋〜冬に採取した果実を水洗いし、土中に埋めておいて2月下旬にまきます。挿し木は2月下旬に春挿しを、または7月に緑枝挿しをします。

病害虫　葉を丸めてしまうハマキムシやカイガラムシ、アブラムシ、うどんこ病などが発生するので早めに駆除します。

コンパクトに維持するポイント

鉢植えで楽しむのが最も適します。

ニセアカシア

Robinia pseudo-acacia

針槐 〈和名：ハリエンジュ〉

分　類：マメ科ハリエンジュ属の落葉性高木
原産地：北米
開花期：5〜6月　花　芽：タイプ 1
花　色：○ ●
用　途：景観樹、街路樹など、花は蜜源に
樹　高：10〜12m　植栽可能域：全国

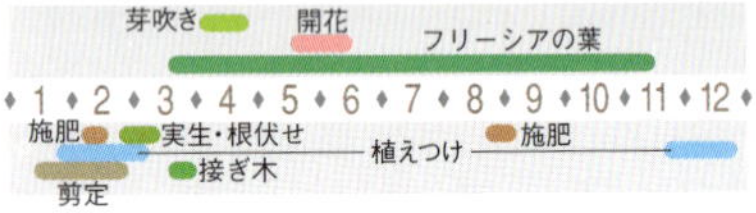

'カスケルージュ'

ニセアカシア（ハリエンジュ）の花

'フリーシア'

広いスペースがあれば
美しい葉と花を楽しめる

　マメ科特有の根粒菌を持ち、痩せ地に強いので、街路樹や砂防林などに最も適した木のひとつです。小庭には適しません。

おすすめの種類　'フリーシア'…黄金葉種。'カスケルージュ'…帯紫紅色の美しい花を咲かせます。

植えつけ　1月下旬〜3月上旬および11月下旬〜12月が適期。花の美しい園芸種は母種のハリエンジュを台木に接ぎ木しているので、根から不定芽を出すため、庭植えは好ましくありません。鉢植えをすすめます。

整枝・剪定　1〜2月が適期。花は短枝に咲くので長く伸びた枝は切ります。太い枝は切ったままでは腐りが入りやすいので、必ず保護剤で切り口を保護します。

四季の管理　鉢植えは2月と8月に油粕と化成肥料を等量に混ぜたものを施します。

苗のふやし方　ハリエンジュは実生、根伏せで、園芸品種は接ぎ木でふやします。

病害虫　カイガラムシ、テッポウムシ、ハマキムシなどが見られるので早めに駆除していきます。

コンパクトに維持するポイント

強剪定に耐え、芽吹きがよいので容易です。または鉢植えで小さく仕立てます。

ブナ

Fagus crenata

山毛欅〈別名：シロブナ、ソバグリ〉

分　類：ブナ科ブナ属の落葉性高木
原産地：北半球の温帯に約10種が分布
開花期：5月
花　芽：タイプ❷
花　色：
用　途：景観樹、盆栽

樹形・樹高　10〜20m
植栽可能域

芽吹き／開花／新緑／紅葉
1・2・3・4・5・6・7・8・9・10・11・12
接ぎ木／植えつけ
剪定／病虫害防除

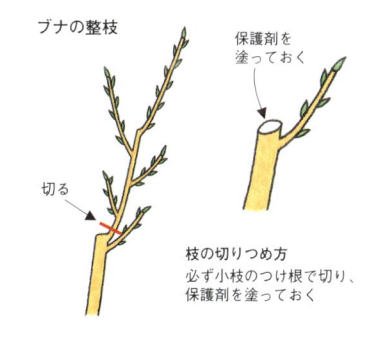

ブナの整枝
切る
保護剤を塗っておく
枝の切りつめ方　必ず小枝のつけ根で切り、保護剤を塗っておく

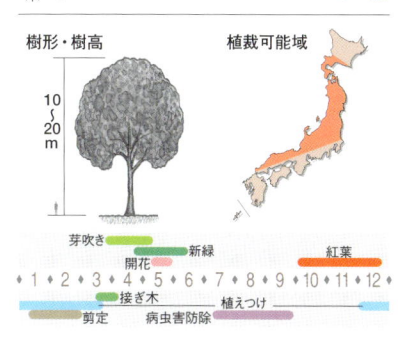

ファスティギアータ樹形の'ダーウィック・ゴールド'

やわらかなブナの若葉

ヨーロッパブナ'プルプレア'（ムラサキブナ）

ヨーロッパブナ'トリカラー'

美しい木肌の落葉樹。ヨーロッパブナは園芸品種も多数

　日本にも山地にブナとイヌブナの自生が見られます。幹が美しいにもかかわらず庭木や公園樹などに植えられることはほとんどありませんが、盆栽としては古くから楽しまれてきました。欧米で庭木としてよく植えられているヨーロッパブナには多くの園芸品種が見られます。

おすすめの種類　'プルプレア'（ムラサキブナ）…葉が銅赤色の美しい品種。'ペンジュラ'（シダレブナ）…青葉の枝垂れ種。'トリカラー'（フイリブナ）…銅赤色の葉で縁に明るい紅色の覆輪斑が入ります。

植えつけ　12〜3月上旬が適期。植え穴は大きめに掘り、堆肥を多めに入れて土とよく混ぜ、根鉢の表面を軽く崩す程度で高めに植えつけ、支柱を取りつけておきます。

整枝・剪定　剪定は1〜2月に行いますが、できる限り自然樹形を損なわないよう樹形を整えたいので、大きく育ててから強く切り詰めるよりも、小さいうちから枝抜きをして場所に適した樹形に仕立てていきます。太い枝や幹を切った場合は切り口に保護剤を塗って保護しておきます。

四季の管理　普通の庭土であれば肥料は改めて施さなくても十分育ちます。枝垂れ種は放任すると地面を這うように枝を繁らせていくので、目的の高さの支柱を取りつけ、芯を誘引して立てていきます。

苗のふやし方　ブナやイヌブナの普通種は実生で育てますが、園芸品種は切り接ぎでふやします。

病害虫　割合に少ない木ですが、根元にテッポウムシやコウモリガが食入することがあるので、早めに駆除します。

コンパクトに維持するポイント

庭植えにすると大きく育つので、鉢仕立てで楽しむことをおすすめします。

ブナの葉はカシワなどと同様、晩秋に枯れてもしばらく落ちずに枝上にとどまります。どうやら寒さから新芽を守る知恵のようです。

マルバノキ

Disanthus cercidifolius
丸葉の木 〈別名：ベニマンサク〉

分　類：マンサク科マルバノキ属の落葉性低木
原産地：中部地方以西
開花期：10～11月　　花　芽：タイプ 1
花　色：●　　　　　用　途：添景樹
樹　高：2～3m
植栽可能域：東北地方南部以西

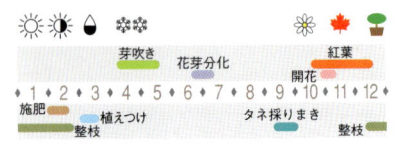

秋の日に映えるマルバノキの紅葉

マルバノキの花

斑入り葉品種の'恵那錦'

秋に咲くユニークな花。ハート形の葉の紅葉も美しい

　中部地方以西の本州、四国に分布する落葉低木で、谷間の砂礫地などに自生します。葉は互生し、ハナズオウに似たハート形で全縁。秋にはその年に伸びた枝の葉腋に短い花柄を出し、ヒトデ形をした暗紫紅色の小さな花を2個ずつ背中合わせに咲かせます。ただし、花は目立たず、観賞の対象となるのはピンク色の若葉と秋の真っ赤に色づく紅葉でしょう。本種は日本特産ですが、中国に1種、同属の植物があります。

おすすめの種類　斑入り葉（白覆輪）の'恵那錦'や八房の矮性品種があります。
植えつけ　3月上旬～中旬が適期です。有機質に富んだ適質地を選び、水はけよく、やや高めに植えつけます。
整枝・剪定　ほとんど必要ありません。ただし、伸びすぎた枝や不要な枝は落葉期間中に枝元から切り取ります。
四季の管理　特にありません。
苗のふやし方　基本種は実生で、園芸品種は接ぎ木でふやします。
病害虫　ほとんどありません。

コンパクトに維持するポイント
枝抜き剪定で生長を抑制できます。より小さくしたいなら矮性品種を選びます。

リョウブ

Clethra barbinervis
令　法 〈別名：ハタツモリ〉

分　類：リョウブ科リョウブ属の落葉性小高木
原産地：沖縄を除く日本全土
開花期：7～9月　　花　芽：タイプ 1
花　色：○　　　　　用　途：景観樹、添景樹
樹　高：3～6m
植栽可能域：北海道、本州、四国、九州

リョウブの大株

若葉を展開したリョウブ

まるで動物の尾のような総状花序が人目を引く

　野生的な雰囲気が好まれ、まれに庭木とされてきました。近年は低木性で叢生するアメリカリョウブに人気があります。
おすすめの種類　アメリカリョウブ…芳香のある小花を総状花序に咲かせます。'ピンク・スパイス'…紅色の美花。'ハミング・バード'…白花で花つきがよい矮性品種。
植えつけ　普通の庭土ならばよく育ちますが、著しい乾燥を嫌うので、植え穴には腐葉土を多めに入れ、保湿性を持たせて植えつけます。適期は2～3月上旬と12月です。
整枝・剪定　1～2月に古い枝を元から切り取ります。アメリカリョウブは長い枝を中ほどの小さい芽のある上で切り、また4～5年生の古い枝はつけ根から切り取ります。
四季の管理　2月に油粕と粒状化成肥料を等量に混ぜたものを施します。また3～4月に堆肥か腐葉土、ピートモスでマルチングをするのも乾燥を防ぐのに効果的です。
苗のふやし方　アメリカリョウブは叢生するので取り木や挿し木が容易です。取り木は2月、挿し木は6月下旬～7月中旬が適期。
病害虫　特に見られません。

コンパクトに維持するポイント
矮性のアメリカリョウブをおすすめします。

メギ

Berberis thunbergii

目 木 〈別名：コトリトマラズ〉

分　類：メギ科メギ属の落葉性低木
原産地：本州中部地方以西、九州
開花期：5～6月　　紅　葉：10～12月
花　芽：タイプ ❷
花　色：
用　途：添景樹、寄せ植え、境栽垣

'オーレア'

'アトロプルプレア'　　　'ローズ・グロー'

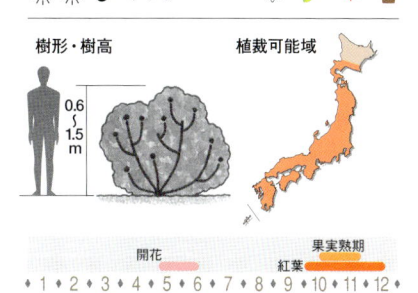

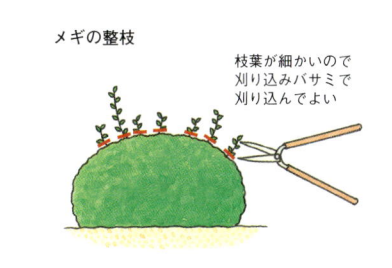

赤銅色や黄金色など
美しい葉の園芸品種は
境栽垣の好素材

　昔、枝を短く切って煎じた液が洗眼薬とされたことからこの名があります。山地や丘陵地などに自生する低木で、小枝には鋭いトゲがあります。初夏に5～6mmの淡黄色の小花を2～4個下向きに咲かせ、その後たくさんの果実が10月ごろから赤熟し、同時に紅葉も楽しめます。
おすすめの種類　'アトロプルプレア'…赤銅葉で横開性。'ローズ・グロー'…赤銅葉で新梢には紅色、淡紅色、桃色などが混じります。'オーレア'…黄金色葉。このほか、赤銅葉で立ち性の'ヘルモンド・ピラー'、赤銅葉に黄色の細い覆輪斑が入る'ゴールド・リング'などがあります。
植えつけ　3月が適期。植え穴には堆肥か腐葉土を10ℓくらい入れて土とよく混ぜます。小さなポット仕立て苗は鉢から抜いたら根鉢の表面を少し崩す程度で植えつけます。ただし、植えつけて4～5年経った木は移植を嫌うので避けます。
整枝・剪定　横に開く矮性種はほとんど剪定の必要はありません。基本的には2月に行いますが、6月下旬～7月に長く伸びた枝を軽く刈りそろえるとよいでしょう。

四季の管理　園芸種は葉の彩りを楽しむ木なので、日陰やチッ素過多で育てると鮮やかな色彩が楽しめません。肥料としては油粕と骨粉を7：3に混ぜたものを2月に根元にばらまきます。
苗のふやし方　もっぱら挿し木でふやします。2月下旬～3月上旬に前年枝を使った春挿しか、6月下旬～7月中旬に新梢を挿す夏挿しが適します。
病害虫　ほとんど見られません。

コンパクトに維持するポイント

矮性種が多いので容易です。もちろん鉢植えで育ててもよいでしょう。

別名のコトリトマラズは、細く鋭いトゲを持つ細い小枝が小鳥もとまれないほど密生することに由来します。

ヤナギ

Salix

柳

分　類：ヤナギ科ヤナギ属の落葉性低木～高木
原産地：北半球に広く分布
開花期：3～6月
花　芽：タイプ **1**
花　色：●
用　途：添景樹、景観樹

樹形・樹高
2～20m

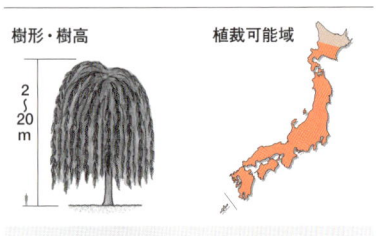

植栽可能域

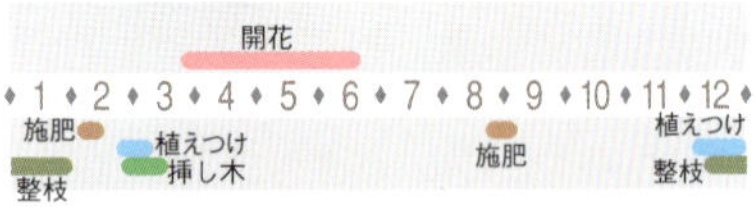

開花											
1	2	3	4	5	6	7	8	9	10	11	12

施肥／植えつけ・挿し木／施肥／植えつけ
整枝／／／／／整枝

ヤナギの整枝

シダレヤナギ
枝抜きで枝数を減らしていく

ネコヤナギ、クロヤナギ、コリヤナギ
1～3月に地際から切ってよい

シダレヤナギ

'トリスティス'

イヌコリヤナギ '白露錦'

フリソデヤナギ（アカメヤナギ）

ネコヤナギ

水との相性がよい木。池の端などに植えて優美な風情を楽しみたい

　ヤナギ属は主に北半球に300種あまり見られます。「ヤナギ」といえば水辺を連想するほど水との相性がよい木です。ただし、なかには丘陵地や高山の礫地帯に生育しているものもあります。

おすすめの種類　'白露錦'…広い地域に自生するイヌコリヤナギの変種で、新葉の色がピンクや白、乳白などいろいろ変化します。ネコヤナギ…早春に銀白色の大きな花序をつけます。ウンリュウヤナギ…細い枝がらせん状にねじれて伸びます。'トリスティス'…幹や枝条が黄金色でシダレ種もあります。そのほかネコヤナギの変種のクロヤナギ、花序が淡紅色のフリソデヤナギ（アカメヤナギ）、キンメヤナギ、コリヤナギなど、美しいものが数多くあります。

植えつけ　湿潤地を好むので、植え穴には堆肥を多く入れ、土とよく混ぜて植えつけます。2月中旬～3月上旬、または12月であれば根鉢の土はつけなくても差し支えありません。植えつけ後は支柱を添えます。

整枝・剪定　寒さに強く、萌芽力もよいことから、ネコヤナギ、フリソデヤナギなどは花材を兼ねて12月中旬～1月に剪定しますが、ほかのものも2月いっぱいに行えばよく、強く切りつめてもよいでしょう。

四季の管理　2月と8月下旬に油粕と化成肥料を等量に混ぜたものを施します。

苗のふやし方　2月下旬～3月上旬に15～20cmに切った穂木を挿しますが、シダレヤナギは太い枝を挿すことも可能です。

病害虫　アブラムシ、カイガラムシ、テッポウムシ、コウモリガ、ハマキムシなどが見られるので早めに駆除します。

コンパクトに維持するポイント

コンパクトに保つには、鉢植えが最も簡単な方法です。

ヤナギの仲間は非常に発根力が強く、花材に使った枝をそのまま水に挿しておくだけですぐに白い根が出てきます。

アオダモ
Fraxinus lanuginosa form serrata
〈別名：コバノトネリコ、アオタゴ〉

分　類：モクセイ科トネリコ属の落葉中高木
原産地：全国に分布
開花期：4〜5月　花芽：タイプ❷
花　色：○　用途：景観樹、前庭
樹　高：5〜10m
植栽範囲：日本全国

近年、山の木を用いた雑木の庭が盛んとなり、脚光を浴びるようになりました。楚々とした株立ち仕立てに人気があります。また、煙るように咲く春の花も風情があります。

アオハダ
Ilex macropoda
青膚

分　類：モチノキ科モチノキ属の落葉中高木
原産地：全国に分布
開花期：5〜6月　果実の熟期：10〜12月
花　芽：タイプ❷
花　色：○　用途：景観樹、前庭　樹高：6〜10m
植栽範囲：日本全国

名は、表皮を剥ぐと内皮が美しい緑色をしていることに由来します。雌雄異種で雌株は小豆大の果実をつけるので雌株を選ぶようにします。腐植質に富み保湿性肥沃土に適します。

アズキナシ
Sorbus alnifolia
小豆梨　〈別名：ハカリノメ〉

分　類：バラ科ナナカマド属の落葉性高木
原産地：本州、四国、九州の山地
開花期：5〜6月　花芽：タイプ❹ 前年生の短枝の葉腋
花　色：○　用途：景観樹
植栽範囲：本州、四国、九州　樹高：7〜15m

これまで庭木としてはあまり利用されませんでしたが、葉脈の美しい葉が魅力で、自然志向の昨今、ときおり見かけるようになりました。よく似た近縁種のウラジロノキ（*S.japonica*）も近年はよく使われます。

アメリカテマリシモツケ
Physocarpus opulifolius
〈別名：アメリカ手毬下野〉

分　類：バラ科テマリシモツケ属の落葉性低木
原産地：北アメリカ東部
開花期：5〜6月　花芽：タイプ❹
花　色：○　用途：植え込み、根締め
植栽範囲：東北地方中部以南

樹高1.5〜2mほどの低木で、株立ちとなります。濃い紫赤色葉の'ディアボロ'、黄金色を帯びた葉色が初秋まで続く'ルテウス'などカラフルな品種がよく利用されています。寒さにも強く、東北地方中部以南なら植栽可能です。

落葉樹

ウルムス'ダンピエリ・オーレア'
Ulmus × *hollandica* 'Dampieri Aurea'

分類：ニレ科ニレ属の落葉性小高木
原産地：フランス（作出）
開花期：3〜4月　花芽：タイプ 4　花色：○
用途：景観樹、緑化樹　樹高：5m
植栽可能域：北海道南部、本州、四国、九州

　樹高5mほどとなる小高木ですが、枝がホウキ状に立ち上がる樹形なので、狭い場所でも楽しめます。また初秋まで黄金色を保つ葉が美しく、芝庭などのシンボルツリーに適します。寒さに強く、北海道南部まで平気で生育します。

カイノキ
Pistacia chinensis
楷樹〈別名：ナンバンハゼ、クシノキ〉

分類：ウルシ科カイノキ属の落葉性高木
原産地：中国
開花期：4〜5月　花芽：タイプ 1
花色：黄　用途：景観樹
樹高：20〜30m　植栽可能域：関東地方以西

　きちんと直角に枝分かれするところから、楷書にちなんで楷樹と名づけられました。中国山東省曲阜にある孔子の墓所に植えられていたところから、クシノキ（孔子の木）の別名があります。広い庭が必要ですが秋の紅葉は見事。

ギョリュウ
Tamarix chinensis
檉柳〈別名：サツキギョリュウ〉

分類：ギョリュウ科ギョリュウ属の落葉性小高木
原産地：中国　開花期：5〜6月上旬と8月下旬〜9月
花芽：タイプ 6　花色：桃
用途：添景樹、盆栽　樹高：3〜5m
植栽可能域：関東地方以西

　シダレヤナギと同様に水辺に生育する木です。葉は小さく針状なので、針葉樹のように見えます。寒さを嫌うので、植えつけは4月上旬が適期。主に盆栽にされてきましたが、庭木としてももっと利用されてよい木です。

シダレグワ
Morus alba 'Pendula'
枝垂れ桑

分類：クワ科クワ属の落葉性小高木
原産地：中国、朝鮮半島
開花期：5月　果実熟期：6月　花芽：タイプ 1
花色：緑　用途：添景樹
樹高：3〜6m　植栽可能域：日本全土

　クワの変種で、マグワ（シログワ）の枝垂れ性品種です。普通種はもっぱら養蚕用でしたが、この品種は長く枝垂れた枝が傘のような面白い樹形をつくるので、古くから庭木として利用されてきました。6月には実が黒紫に熟します。

ニッサ シルバチカ
Nyssa sylvatica

分類：ニッサ科ニッサ属の落葉性高木
原産地：北米東北部〜西南部に広く自生
開花期：6月　花芽：タイプ 5　花色：○
用途：景観樹　樹高：20〜30m
植栽可能域：本州、四国、九州

　アメリカを代表する美しい紅葉樹です。水辺を好む木で、木は直立しひとりでに整った広円錐形の樹形となります。寒さにも強く、強健。光沢のある葉で、秋、早くから朱紅色〜濃紅色に染まります。直根性なので、移植は嫌います。

チャンチン'フラミンゴ'
Toona sinensis 'Flamingo'
香椿 〈別名：アカメチャンチン、ライデンボク〉

分　類：センダン科チャンチン属の落葉性高木
原産地：中国北部〜中部
開花期：6〜7月　　　　　果実熟期：10月
花　芽：タイプ❷　花色：○　用途：景観樹
樹　高：10〜20m　植栽可能域：北海道南部以南

　葉は羽状複葉でよい香りがあり、新葉は芽出しが美しい淡紅色、のち鮮紅色から黄白色、緑へと変化します。なお、新芽は食用ともされます。木は著しく上方へと伸び、独特の樹形となるので、シンボルツリーや景観樹に適します。

ネジキ
Lyonia ovalifolia ssp. *neziki*
捻木 〈別名：カシオシミ〉

分　類：ツツジ科ネジキ属の落葉性小高木
原産地：岩手県以南、四国、九州
開花期：6〜7月　　　花　芽：タイプ❶
花　色：○　　　　　用　途：景観樹
樹　高：5〜7m　植栽可能域：本州、四国、九州

　幹が少しねじれて伸びるのでこの名があります。春になると前年枝の葉腋から総状花序を伸ばし、白色の小さな壺状花を下向きに咲かせます。半日陰でもよく育ちますが、花つきをよくするには日のよく当たる場所で育てます。

ハゼノキ
Rhus succedanea
〈別名：トウハゼ、ハゼ〉

分　類：ウルシ科ウルシ属の落葉性小高木
原産地：本州中部以南、ヒマラヤ地方、中国、台湾
開花期：5〜6月　花芽：タイプ❶　花色：○
用　途：景観樹、盆栽　　樹　高：5〜10m
植栽可能域：関東地方以西、四国、九州、沖縄

　葉は羽状複葉。若枝に短毛をつけるヤマハゼとは異なり、枝は無毛です。昔はこの果実から木蝋を採取しました。秋の紅葉の美しさは格別で景観木として利用されます。ただし、人によってはかぶれることもあるので注意します。

ベニバスモモ
Prunus salicina
紅葉季

分　類：バラ科サクラ属の落葉性小高木
原産地：日本、中国　　開花期：4〜5月
花　芽：タイプ❶　　　花　色：○
用　途：景観樹　　　　樹　高：5〜7m
植栽可能域：日本全国

　一般には果樹として扱われますが、そのなかで葉が美しい赤紫のものをベニバスモモと呼び、観賞用として扱われています。なかには'コチェコ'のように果樹としても優秀な品種もあります。日当たりさえよければ栽培は容易です。

ミズキ'バリエガータ'
Cornus controversa 'Variegata'
〈別名：斑入りミズキ〉

分　類：ミズキ科ミズキ属の落葉性高木
原産地：日本、朝鮮半島、中国、ヒマラヤ地方
開花期：5〜6月　花芽：タイプ❷　花色：○
用　途：景観樹　樹　高：5〜10m
植栽可能域：北海道南部以南

　本品種は、葉に白覆輪が入るミズキの園芸品種です。斑は新芽のときは黄白色で、のちに白くなり、夏の直射光に当たっても傷まず、落葉するまで美しく観賞できます。また、当年枝は、冬になると光沢のある紅色となります。

Column

落葉樹

花にも劣らぬ華やかさ。

　落葉樹の多くが、秋が深まると一斉に明るい黄色やオレンジ色、あるいは燃えるような紅色に染まります。紅葉の名所を訪ねると、全山が綾なす色彩の美しさは、例えようもなく、百花繚乱の春にも劣らず華やかです。

　古の貴人たちが、春の「桜狩り」と秋の「紅葉狩り」を年中行事のひとつとして楽しみにしていたのも、さもありなんと頷ける話です。

　このところ、庭のスタイルとして「雑木を主体とした庭」が注目されていま

イロハモミジ

カシワバアジサイ

ハゼノキ

コマユミ

トチノキ

ナツハゼ

秋の紅葉を楽しもう

す。四季の変化に富んだ日本の原風景のすばらしさが再認識されてきたということでしょう。

雑木類には季節ごとにさまざまな見どころがありますが、一年を締めくくるハイライトが秋の紅葉です。

ひと口に紅葉といっても、樹種により色彩はみな微妙に異なります。参考までに、紅葉の特に美しい樹種を集めてみました。わが家の庭で、秋の日を受けて輝く彩りを、しみじみと味わってはみませんか。

トウカエデ

ベニカエデ

シモツケ'マクロフィラ'

ハナミズキ

紅葉が起こるメカニズム

秋に入って葉の色が変わる現象をひと口に紅葉と呼んでいますが、これには赤色に変わる「紅葉」と、黄色に変わる「黄葉」とがあります。そして「紅葉」と「黄葉」とは、生じるメカニズムがまったく異なります。

植物の葉が緑色なのは、葉の中にクロロフィルという色素が含まれているからです。ところが秋更けて葉の活動が衰えてくると、このクロロフィルが分解し、代わりに光合成によって葉の中に蓄えられた糖類からアントシアニンという赤い色素が生まれてきます。これが「紅葉」です。

これに対して「黄葉」は、もともとクロロフィルとともに葉に含まれていたカロチノイド系の色素が、秋にクロロフィルが分解され少なくなるために、目につくようになる現象を指します。

平地より山の紅葉が美しいのはなぜ？

東北地方や北海道、あるいは標高の高い山地の紅葉は実に鮮やかです。それに対し、平地の特に都会地では、同じ樹種でもそれほど美しい紅葉は感じられません。なぜでしょう。

まず第一に、平地では夏の暑さで葉焼けを起こしがちです。葉焼けを起こしてしまっては紅葉どころではありません。

また、紅葉現象が起きるのは、夜間の冷え込みに遇うことで葉柄のつけ根に、離層ができ、葉に蓄えられた糖分が枝へと移動しにくくなり、アントシアニンが生成されるからです。都会地のように夜間の温度が高いと、離層ができにくいため、糖分がどんどん葉から枝、幹へと移されてしまいます。つまり葉の中でアントシアニンが生まれにくくなるのです。

10月に入るまでは十分日光を浴び、その後急速に夜温が低くなることが、美しく紅葉するための必要条件というわけです。

カエデとモミジ

カエデ類は代表的な紅葉樹ですが、種によってモミジの名がついているものもあります（ヤマモミジ、オオモミジなど）。モミジという言葉は、もともとベニバナの花を揉んで染めた紅絹を意味する「揉み地」からきたものです。赤く紅葉するカエデを「もみぢかえで」と呼んだのが、いつしか省略されて、単に「もみぢ」といえばカエデを指すようになりました。

落葉樹

ウメモドキ

Ilex serrata

梅擬〈別名：オオバウメモドキ〉

分　類：モチノキ科モチノキ属　落葉性低木〜大低木
原産地：本州、四国、九州
開花期：6月　果実熟期：10月〜翌年1月
花　芽：タイプ1　花色：ピンク
用　途：添景樹、盆栽

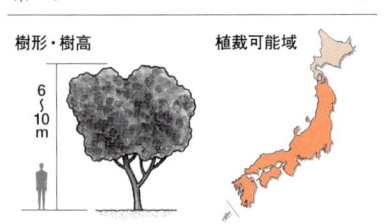

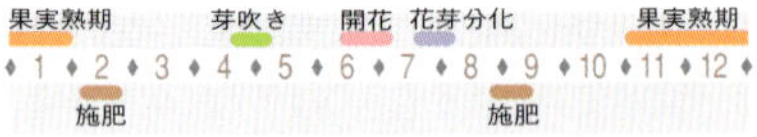

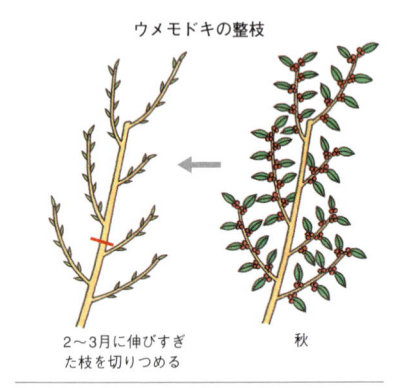

赤熟した実は、葉が落ちてからも長く2月頃まで樹上に残る

ウメモドキの花

大実品種の'大納言'

シロミノウメモドキ

枝を埋めてつく真っ赤な果実。秋から冬まで長く観賞でき、自然に樹形もまとまる

　雌株は小豆大の果実を枝一面にびっしりつけ、数ある実もののなかでも最も多くの人々に楽しまれている育てやすい木です。

おすすめの種類　'大納言'…果実が最も大きな品種。シロミノウメモドキ…果実が帯黄白色。コシヨウバイ…枝葉、果実が極めて小型。鉢植え、盆栽向き。

植えつけ　土質は特に選びませんが、日当たりのよい腐植質に富む肥沃な土で、水はけのよい場所が適します。植えつけは2〜3月および11〜12月が適期です。植え穴は大きめに掘り、腐葉土を穴底に入れるか、土とよく混ぜて植えつけます。

整枝・剪定　むやみに枝を伸ばすことはありません。ほとんど剪定の必要もないほどですが、根元や枝のつけ根付近などから徒長枝や胴吹き芽を伸ばすので、冬の間にこのような枝を切り取り、同時に細かい枝が混みすぎている部分の枝抜きを行います。

四季の管理　雌雄異株なので、近くに雄株があると結実がよくなります。施肥は油かすと粒状化成肥料を等量に混ぜたものを2月と9月上旬に根元付近にばらまきます。

苗のふやし方　実生で苗は簡単につくれますが、雌木か雄木かは4〜5年育ててみないとわかりません。盆栽では実生苗が喜ばれています。園芸種は実生苗を台木に使い3月に切り接ぎをしてふやしますが、4月に取り木をかけることで、より大きな苗を得ることもできます。

病害虫　通風が悪いとハマキムシが、また根元にテッポウムシの被害も見られます。日頃からよく観察し、早めに駆除します。

コンパクトに維持するポイント

萌芽力が強く強剪定が可能なので、難しくはありません、鉢植えであれば10cmくらいのミニ盆栽に仕立てることも可能です。

接ぎ木苗は単幹で育てますが、実生の木は株元から出るヒコバエを育てて、株立ちに仕立てると風情があります。

イチゴノキ

Arbutus unedo

苺の木

- 分　類：ツツジ科アルブツス属の常緑性低木～中高木
- 原産地：南ヨーロッパ、アイルランド
- 開花期：11～12月　果実熟期：11月～1月
- 花　芽：タイプ❷　花　色：○ ●
- 用　途：添景樹、根締め　樹高：4～6m
- 植栽可能域：関東地方～富山県以西

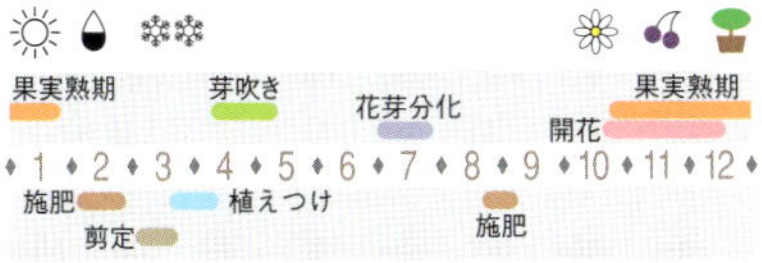

ベニヒメイチゴノキ

愛らしい花と果実が
同時に観賞できる珍しい木

　光沢のある革質の葉は美しく、冬の間に白い壺状の花と、熟した赤い果実や熟し始めの黄色の果実がいっしょに楽しめます。

おすすめの種類　ウネド'コンパクタ'（ヒメイチゴノキ）…1.5～2.5mの矮性種。ウネド'ルブラ'…同じく矮性種で紅色の花を咲かせます。

植えつけ　3月下旬～4月中旬が適期。移植を嫌うので、植え場所はよく考えて決めます。植え穴には堆肥や腐葉土を10ℓくらい入れるか、植え土とよく混ぜて高めに植えつけます。株の周囲にはピートモスなどでマルチングを施し、乾燥を防ぎます。

整枝・剪定　ヒメイチゴノキはほとんど必要ありませんが、枝が茂りすぎたときは3月に枝抜きをします。

四季の管理　樹冠が大きくなると強風で倒れやすいので支柱を取りつけておきます。

苗のふやし方　'コンパクタ'や'ルブラ'は7～8月に挿し木でふやします。

病害虫　ときおりテッポウムシの被害を受けるので早めに駆除します。

コンパクトに維持するポイント

'コンパクタ'や'ルブラ'などの矮性種は、放任しても小さく仕上がります。

コトネアスター

Cotoneaster

〈別名：シャリントウ〉

- 分　類：バラ科コトネアスター属の落葉または常緑性低木
- 原産地：中国中部～西部、ヒマラヤ地方
- 開花期：5～6月　果実熟期：11月～翌年2月頃
- 花　芽：タイプ❶　花　色：●
- 用　途：添景樹、グラウンドカバー　樹高：1～2m
- 植栽可能域：東北中部以南、四国、九州

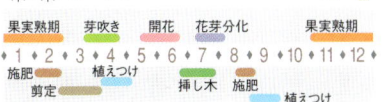

壁面に仕立てたコトネアスター

ベニシタン

自由に仕立てられるので、
壁面仕立てやグラウンドカバーに

　昭和40～50年代に流行し、多くの品種が導入されましたが、現在では這い性のタイプが地被材として栽培されているほか、ベニシタンのような小型のものが小鉢植えや盆栽などとして楽しまれている程度です。

おすすめの種類　ベニシタン…明治初期に導入された這い性のタイプで、庭木や鉢植えとして最も多く楽しまれている品種です。ダメリ…ほふく性種で樹勢が強く、園芸品種もいくつかあります。斑入りコトネアスター…葉に帯黄白色の斑が入り美しい。

植えつけ　半常緑のベニシタンは寒さに強いので3月中旬から扱えますが、常緑性のものは4月および9月が適期です。

整枝・剪定　ほとんど必要ありません。長く伸びた枝条や、樹形を乱す枝を切る程度でよいでしょう。適期は2～3月です。

四季の管理　特に必要ありません。

苗のふやし方　挿し木が容易です。6月下旬～7月が適期です。

病害虫　通風が悪いとハマキムシが見られる程度です。

コンパクトに維持するポイント

鉢植えにするか、庭植えも整枝剪定で容易にコンパクトな樹形を維持できます。

ガマズミ

Viburnum dilatatum

莢蒾〈別名：ヨツドドメ、ヨツズミ〉

分　類：スイカズラ科ガマズミ属の落葉性低木
原産地：全国
開花期：5〜6月。果実10月以降
花　芽：タイプ **1**
花　色：○
用　途：添景樹

カンボク

ガマズミの花 　　　ガマズミの熟果

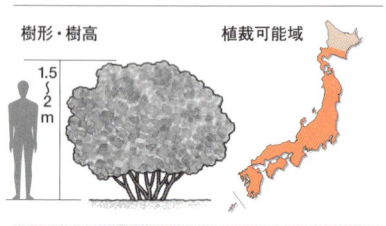

真っ赤な熟果が美しい。野趣豊かな秋の実もの

　身近な雑木林などに多く見られるためか、これまで庭木としての利用度は低かったのですが、秋に赤く熟す果実は美しく、小鳥が好んで食べるので鳥寄せにもなり、今後もっと利用したい実ものです。

おすすめの種類　コバノガマズミ…ガマズミより花序が小さく、葉の先が尖り、果実が下垂します。キミノガマズミ…果実が黄熟します。

　そのほか、果実がたくさんつき長い果柄を持って下垂するフウリンガマズミ、常緑性のハクサンボク、ゴモジュ、落葉性のムシカリ、カンボク、ブルーの果実をつけるダビディなどがあります。

植えつけ　2〜3月中旬が適期です。穴は大きめに掘り、腐葉土か堆肥を10〜15ℓ入れ、高めに植え支柱を取りつけておきます。

整枝・剪定　剪定は1〜2月に行います。一律に刈り込むようなことは避け、野趣を損なわないよう小枝を切り取ります。

四季の管理　日照不足だったり、チッ素過多での栽培は実つきが悪くなります。あまり肥培をしないほうが、かえって実つきはよくなります。

苗のふやし方　基本種の多くは実生法でふやしますが、キミノガマズミは接ぎ木でふやします。実生は熟した果実を早めに採り、果皮と果肉を取り除いて水洗いをした後、採りまきするか、土中に埋めておいて翌年春にまきます。接ぎ木は3月下旬に切り接ぎで行います。

病害虫　果実が色づきはじめころにハマキムシが発生し、果実を落としてしまいます。また、根元にテッポウムシの発生が見られるので早めに駆除します。

コンパクトに維持するポイント

冬期、枝抜きをして小さくするか、または鉢仕立てで小さく育てていきます。

ガマズミの熟果は酸味があり、焼酎に漬けると、美しい深紅色の果実酒ができます。また、昔から漬け物の色づけにも用いられてきました。

コムラサキ

Callicarpa dichotoma

小紫 〈別名：コシキブ〉

分　類：クマツヅラ科ムラサキシキブ属の
　　　　落葉性低木
原産地：本州、四国、九州、朝鮮半島、中国
開花期：6～7月　　果実熟期：11～12月
花　芽：タイプ 6　　花　色：●
用　途：添景樹、寄せ植え

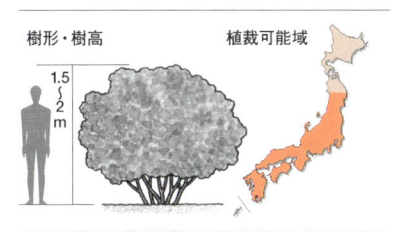

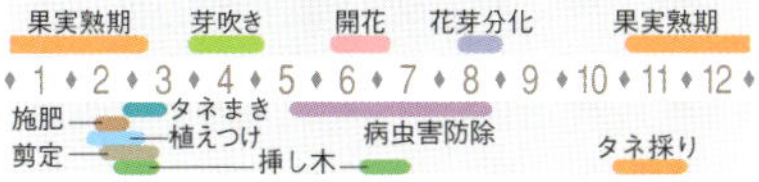

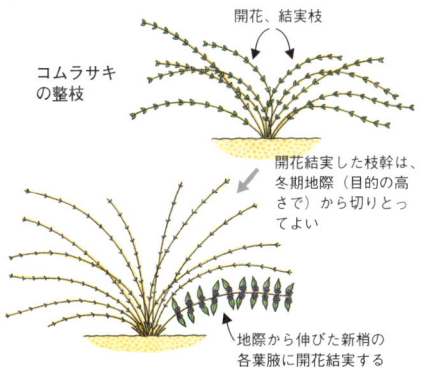

弓状に湾曲した長い枝に
愛らしい紫紅色の実がびっしり。
アプローチに列植すると見事

　細い枝の元から先端までの葉腋に、径3mmほどの球形の果実が群がるように固まってつき、秋になると紫紅色に色づきます。
おすすめの種類　シロシキブ…コムラサキの白実品です。ムラサキシキブ…樹高が3mほどになり、幹が立ち上がり太くなります。オオムラサキシキブ…伊豆半島以西の暖地の海岸沿いに自生します。枝が太く、葉も果実も大きく美しい。
植えつけ　2～3月中旬ごろまでが適期。植え穴はやや大きめに掘って、腐葉土を10～15ℓ入れて土とよく混ぜ、水はけよく高めに植えつけます。
整枝・剪定　1～2月上旬が適期。結実した枝幹は根元から切っても、春から伸びた新梢に実がつきますが、20～30cm残して、新梢を弓状に伸ばすのもひとつの方法です。
四季の管理　1～2月に肥料を施し、元気な新梢を伸ばすとよいでしょう。
苗のふやし方　実生と挿し木によります。
病害虫　テッポウムシ、ハマキムシに気をつける程度で、ほかにはあまりありません。

コンパクトに維持するポイント

長い枝を伸ばして数多くの実をつけたい木なので、どうしてもコンパクトに仕立てたければ鉢植えとします。

コムラサキ

コムラサキの花

シロシキブ

オオムラサキシキブ

ムラサキシキブの果実。果序が分岐してコムラサキより大きい

実もの

コムラサキは洋風の庭に列植してもよく似合います。ムラサキシキブは、山の木らしい素朴な風情があり、雑木の庭の添景にぴったりです。

センリョウ

Chloranthus glaber

千両

分　類：センリョウ科センリョウ属の常緑性低木
原産地：本州中部以西、台湾、中国南部
開花期：6月中～下旬　果実熟期：11～12月
花　芽：タイプ❷　　　花　色：●
用　途：根締め　　　　樹　高：0.6～1m
植栽可能域：関東地方の太平洋岸以西

正月の縁起木。乾いた風の当たらない半日陰で育てたい

　光沢のある濃緑色の葉の上にのるような形で穂状花序を出し、径5～6mmの果実が晩秋には赤熟します。ナンテンやマンリョウとともに、縁起のよい植物とされ、正月用の生け花材料に使われてきました。
おすすめの種類　果実が黄色いキミノセンリョウがあります。
植えつけ　強い日ざしと乾燥を最も嫌います。植えつけは3月下旬～4月がよく、50～60%ほど日陰となり、腐植質に富み保湿性の高い、水はけのよいところが適します。また、空中湿度が高いことが理想です。
整枝・剪定　結実した枝幹を生け花材料としてつけ根から切り取ってやれば、そのほかには剪定の必要はありません。
四季の管理　生育環境が適すれば、毎年多くの枝幹を発生させて大きな株になるので、場所に応じて余分な枝幹を整理します。
苗のふやし方　2～3月に実生、6月下旬7月に挿し木、4月に株分けでふやせます。
病害虫　特にありません。

▶ **コンパクトに維持するポイント**
地植えで放任すると、枝幹は1mほどに育ちますが、5～6号鉢で育てると50～60cmくらいに抑えることができます。

センリョウ／キミノセンリョウ

ツリバナ

Euonymus oxyphyllus

吊花〈別名：ツリバナマユミ〉

分　類：ニシキギ科ニシキギ属の落葉性低木
原産地：全国
開花期：5～6月　果実熟期：9月下旬
花　芽：タイプ❷　　　花　色：●
用　途：添景樹、盆栽　樹　高：2～4m
植栽可能域：日本全土

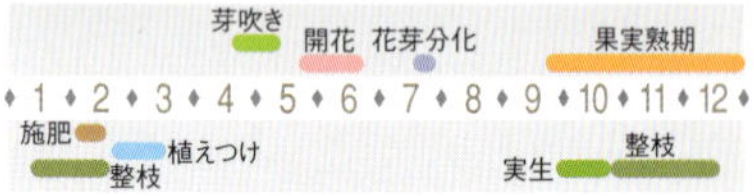

下垂して優雅に揺れる紅熟果を楽しむ

　マユミの近縁種で、ツリバナの名は新梢の葉腋から6～10cmの花柄を伸ばし、先端が数本に分岐してさらにその先端に1個ずつ花を咲かせることに由来します。
おすすめの種類　オオツリバナ…樹高が3～5mと大型のツリバナで、高い山に見られるのが特徴です。
植えつけ　2月下旬～3月中旬頃が適期。植え穴には腐葉土を10ℓくらい入れ、土とよく混ぜて高植えとします。苗は丈が高いので支柱を取りつけて保護しておきます。
整枝・剪定　1～2月および10月下旬～12月中旬に枝抜きをして整理します。自然樹形を損なわないようにすることが基本です。
四季の管理　2月に油粕の固形肥料を木の大きさに応じて施します。
苗のふやし方　タネは完熟させると発芽がいっそう遅くなるので早めに採ってきますが、それでも発芽までに1～3年かかるので気長に管理します。
病害虫　あまり見られませんが、ハマキムシが発生したら早めに駆除します。

▶ **コンパクトに維持するポイント**
あまり小さくしてしまうと結実しません。鉢植えがよいでしょう。

ツリバナの花／ツリバナの果実

ナナカマド

Sorbus commixa

七竈

分　類：バラ科ナナカマド属の落葉高木
原産地：北海道から九州までの亜高山
開花期：6～7月　果実熟期：10月中旬～1月
花芽：タイプ❹　花　色：○　実の色：●●
用　途：添景樹　樹　高：6～10m
植栽可能域：東北、北陸地方以北

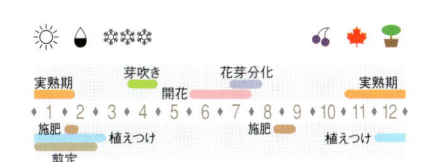

紅葉も果実も見事　　ナナカマドの花

真っ赤に色づく紅葉と果実。
北国の秋を代表する観賞樹木

　北国の代表的な紅葉樹。大きな房状につく小豆大の果実も真っ赤に熟して見事です。ただし、温暖な平野部では害虫が多く、生育も悪く枝枯れを起こしがちです。
おすすめの種類　ウラジロナナカマド…葉裏が粉白色となる。ナンキンナナカマド…樹高が7mほどの低木。セイヨウナナカマド…平地での栽培が容易な強健種。園芸品種が多い。

植えつけ　適期は12～3月上旬。植え穴は大きめに掘り、腐葉土を15～20ℓ入れて元土と混ぜ、必ず高めに植えつけます。植えつけ後、支柱を立てておくことも大切です。

色づいた果実は、1月すぎまで観賞することができる

整枝・剪定　1～2月に長く伸びた枝や胴吹き芽、ヒコバエ、込みすぎた枝を剪定します。
四季の管理　1～2月に寒肥を施します。油粕に、骨粉か粒状化成肥料を等量に混ぜたものを根元にばらまいておきます。
苗のふやし方　普通種は実生でふやしますが、園芸品種は接ぎ木でふやします。
病害虫　カイガラムシ、アブラムシ、ハマキムシ、テッポウムシなどの被害が見られるので、早めに発見し駆除します。

▍**コンパクトに維持するポイント**
生長の遅いセイヨウナナカマドなどを大型のコンテナで育てるとよいでしょう。

実もの

ニワウメ

Prunus japonica

庭梅

分　類：バラ科サクラ属の落葉低木
原産地：中国中部～北部
開花期：4月　実熟期：7月　花芽：タイプ❶
花　色：●　実の色：●○
用　途：添景樹
樹　高：1～1.5m
植栽可能域：北海道南部～九州

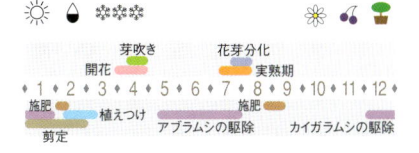

枝を埋めて咲くニワウメの小花　　夏に熟した果実は生食することできる

可愛い花と初夏を彩る果実。
コンパクトなので小庭にも最適

　ウメに似た淡紅色の小さなかわいい花が枝を埋めて咲きます。夏に赤熟した果実は美しいだけでなく生食もできます。
おすすめの種類　シロバナニワウメ…数の少ない稀品種です。

植えつけ　2～3月上旬が適期。植え穴は大きめに掘り、腐葉土か堆肥を10ℓほど入れて元土と混ぜ、水はけよく高めに植えつけます。
整枝・剪定　地際から多くの枝を発生させ、放任すると1m以上離れたところにもヒコバエを出すので、1～2月に整理します。枝幹は2～3本に制限し、その後発生したものは切り取り、離れた個所に出たヒコバエは早めに掘り取ります。古い枝も4～5年で切り取り、若い枝との更新を図ります。

四季の管理　特にありません。
苗のふやし方　取り木、株分け、挿し木などが行えます、掘り取ったヒコバエを植えつけてもよいでしょう。
病害虫　風通し、採光が悪いとアブラムシやカイガラムシが発生します。見つけしだい早めに駆除します。

▍**コンパクトに維持するポイント**
元来、高さ1.5mほどにしかなりません。鉢植えなら、さらに小さく仕立てられます。

ピラカンサ

Pyracantha coccinea

常盤山査子〈別名：トキワサンザシ〉

- 分　類：バラ科トキワサンザシ属の常緑性低木
- 原産地：西アジア
- 開花期：5〜6月　果実熟期：10月頃から
- 花　芽：タイプ❷
- 花　色：○
- 用　途：添景樹、生け垣、盆栽

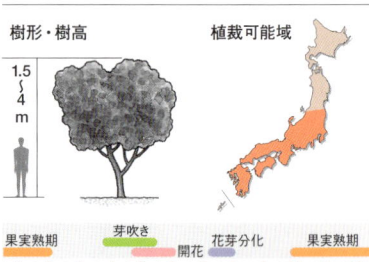

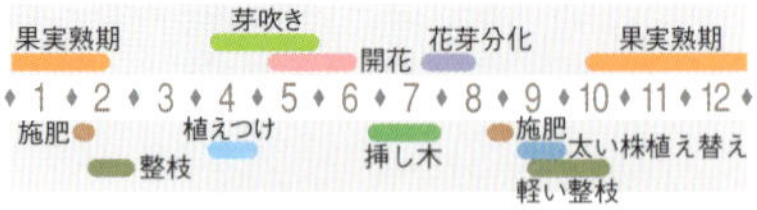

観賞用実ものの代表格。
生け垣や刈り込み仕立てのほか
壁面に誘引しても面白い

　日本には明治時代中期に渡来しましたが、昭和40〜50年代に大流行し、多くの品種が導入されました。樹勢が強く、大株に育てると、秋には鮮紅色の果実をつけた枝が滝のように垂れ下がり見事な姿となります。

おすすめの種類　タチバナモドキ（ホソバノトキワサンザシ）…扁平球の果実は橙黄色に熟し、その色がタチバナに似ることに由来します。ヒマラヤトキワサンザシ…果実が橙赤色の美しい種類で、'ハーレー・クイーン'や'オレンジ・ミルク'といった品種があります。

植えつけ　4月が適期です。根鉢を崩さずに植えつけます。植え穴には堆肥を入れて高めに植え、支柱を添えて苗木をしっかり固定しておきます。大株を植えつけるときは地上部を30〜50cm残してすべて切りつめ、9月に行うと比較的よく活着します。

整枝・剪定　根づくと1年に1.5〜2mほどの枝を伸ばします。放任すると、この長く伸びた枝も2〜3年後にはびっしり実をつけますが年々大きくなってしまうので、基本的にこのような枝は切り取ります。剪定は果実の落ちた2月が適期ですが、長い枝の剪定は9〜10月でも差しつかえありません。

四季の管理　肥料は2月上旬と8月下旬に油粕と粒状化成肥料を等量に混ぜたものを根元に施します

苗のふやし方　7月に挿し木をします。今年生枝を10〜12cmに切って小粒の赤玉土か鹿沼土に挿すと、よく活着します。

病害虫　通風が悪いといろいろな害虫が被害を及ぼすので、ときどき殺虫剤を散布しておくとよいでしょう。

コンパクトに維持するポイント

強く切りつめて無理やり小さくするよりも、鉢仕立てをおすすめします。

ヒメリンゴ

Malus prunifolia

姫林檎

分　類：バラ科リンゴ属の落葉性小高木
原産地：不明
開花期：5〜6月　　果実熟期：10〜1月
花　芽：タイプ ❹　　花　色：●
用　途：景観樹、盆栽　　樹　高：2〜3m
植栽範囲：沖縄を除く全国

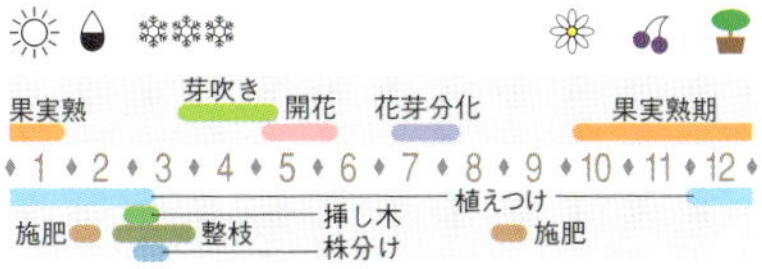

ヒメリンゴの実。ハナカイドウなどの受粉樹があるとよく結実する

淡い紅を帯びたヒメリンゴの花

春に咲く淡紅色の花と秋の果実を楽しむ

　観賞用として親しまれている小型のリンゴです。エゾノコリンゴと中国のイヌリンゴの雑種といわれています。
おすすめの種類　'ヒメコッコウ'…ヒメリンゴと'国光'の交配種。'アルプスオトメ'…'ヒメコッコウ'の姉妹種で美しい濃紅色に熟し、生食できます。
植えつけ　12〜2月（寒冷地では11月下旬〜12月または3〜4月）が適期。植え穴には堆肥を入れ高めに植えつけます。地上部は、目指す樹形によって切り詰めておきます。
整枝・剪定　剪定は12〜2月が適期。花芽は短枝の頂芽につくので、長く伸びた枝は場所や大きさに応じて切り詰めます。
四季の管理　2月上旬と8月下旬に油粕と骨粉を等量に混ぜたものを根元に埋めてやります。
苗のふやし方　台木にマルバカイドウまたはミツバカイドウの実生か根伏せ苗を使い、3月中旬〜下旬に接ぎ木をしてふやします。
病害虫　うどんこ病、赤星病、黒星病、シンクイムシ、ハマキムシ、ハダニ、テッポウムシなどが見られるので早めに駆除します。

コンパクトに維持するポイント
強い切りつめをして小さく仕立てるか、鉢植えで育てます。

マンリョウ

Ardisia crenata

万両

分　類：ヤブコウジ科ヤブコウジ属の常緑性小低木
原産地：関東地方以西、四国、九州、沖縄
開花期：7月　　果実熟期：11月〜2月
花　芽：タイプ ❶　　花　色：○
用　途：根締め　　樹　高：0.3〜1m
植栽可能域：関東以西の太平洋岸沿いの温暖地

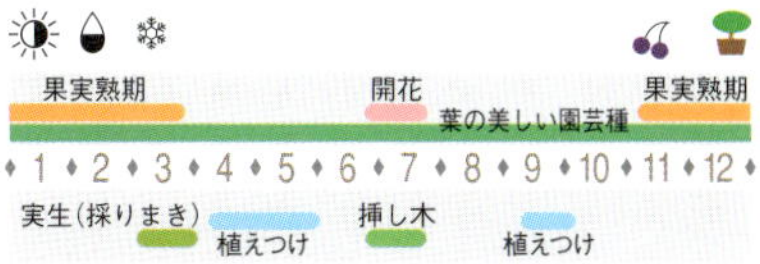

斑入り葉の園芸品種

前年枝の先端に開花・結実する

マンリョウの花

日陰の庭に彩りを添えるつややかな実

　関東地方以西の暖地の林内に自生する小低木です。縁起木として正月に飾られますが、園芸品種には葉に芸のあるものが多く、70〜80品種が見られます。
おすすめの種類　シロミノマンリョウ…白実種。'宝船'…大実の赤実種。オオミノシロミノマンリョウ…宝船と同様の白実種。
植えつけ　腐植質に富む火山灰質の軽い土が適するので、植え穴は大きく掘り、腐葉土、パーライトなどを多めに入れます。地上部は5cmくらい残して切り取り、根をよく広げ、高めに植えつけます。
整枝・剪定　枝はほとんど出さないのでほとんど必要ありませんが、高くなりすぎたものは4月に切り戻し、再度萌芽させます。
四季の管理　多肥の必要はありません。2月に油粕と粒状化成肥料を等量に混ぜたものを根元にばらまいてやります。
苗のふやし方　3月にタネをまくか、7月上旬に新梢を5〜6cmに切って挿します。
病害虫　あまりありませんが、通風が悪いとカイガラムシの発生が見られるので、駆除します。

コンパクトに維持するポイント
もともと小さい植物なので、特にこれといった方法を取らなくてもよいでしょう。

イイギリ
Idesia polycarpa
飯桐、山桐子(漢名) 〈別名：ナンテンギリ〉

分　類：イイギリ科イイギリ属の落葉性高木
原産地：本州中部以西、中国南部〜台湾
開花期：5月　　果実熟期：11〜12月　花芽：タイプ2
花　色：○　　用途：単植（景観樹）
樹　高：7〜10m　植栽可能域：関東以南の温暖地

生長が早く、直立した木にキリの葉を思わせる大きな葉をつけます。晩秋から冬にかけて、円錐状の果穂を下垂させ、橙赤色の小豆大の果実をびっしりつけてます。雌雄異株なので接ぎ木で育てた雌木を求めるようにします。

オトコヨウゾメ
Viburnum phlebotrichum
〈別名：コネソ〉

分　類：スイカズラ科ガマズミ属の落葉性低木
原産地：本州、四国、九州　開花期：5〜6月
果実熟期：9〜10月　花芽：タイプ2
花　色：○　　用途：添景樹
樹　高：1.5〜2m　植栽可能域：北海道南部以南

ガマズミの仲間では葉も花も最も小ぶりで、小さな散形花序に、はらはらと小花をつけて下垂させ、果実は秋に赤熟します。地味といえばこれほど渋い味わいの植物も少ないのですが、茶庭や狭い庭にはぴったりの実ものです。

カマツカ
Pourthiaea villose var.laevis
鎌柄 〈別名：ウシコロシ〉

分　類：バラ科カマツカ属の落葉性低木
原産地：本州、四国、九州　開花期：5月
果実熟期：10〜11月　花芽：タイプ1
花　色：○　　用途：添景樹、盆栽　樹高：2〜4m
植栽可能域：北海道南部、本州、四国、九州

別名のウシコロシは、強靭な枝がウシの鼻環に利用されたことに由来します。果実は小さいのですが、サンザシに似ている樹勢の強い木で、花も果実も楽しめますから、もっと庭木として利用されても面白いでしょう。

カラタチバナ
Arisia crispa
唐橘、百両金 〈別名：タチバナ〉

分　類：ヤブコウジ科ヤブコウジ属の常緑性小低木
原産地：本州（関東〜新潟県以西、四国、九州）
開花期：7月　果実熟期：10月下旬〜12月
花　芽：タイプ2　花色：○　樹高：20〜80cm
用　途：根締め、花材　植栽可能域：東北南部以南

やや厚みのある濃緑色の細葉で、球形の果実をつけます。マンリョウ、センリョウ、ヤブコウジとともに「百両金」の別名のある吉祥の木で、正月の飾りによく使われます。白実種のほか葉に芸のあるものが数多く残されています。

ケンポナシ
Hovenia dulcis
玄圃梨

分　類：クロウメモドキ科ケンポナシ属の落葉性高木
原産地：本州、四国、九州、朝鮮、中国南部
開花期：6〜7月　果実熟期：11月　花芽：タイプ1
花　色：○　用途：景観樹、薬用　樹高：10〜15m
植栽可能域：北海道南部以南、本州、四国、九州

果柄が3〜4cmと長く太くて肥厚し、ひねったように変形しますが、シャキシャキした食感で甘く生食できます。日本ではあまり食べられませんが、中国や韓国では酔い覚ましの妙薬。晩秋になると漢方薬店に山積みにされます。

ナツメ
Ziziphus jujuba
棗

分　類：クロウメモドキ科ナツメ属の落葉性小高木
原産地：中国北部　開花期：6月
果実熟期：10〜11月　花芽：タイプ1
花　色：○　用途：景観樹　樹高：5〜8m
植栽可能域：北海道、本州

長径2〜3cmの楕円状の果実はそれほど美味なものではありませんが、樹勢が強くたいがいの所でよく育つところから、昔は庭先によく見られたものです。在来種のほか、中国から近年輸入された大実ナツメの苗が売られています。

ハナイカダ
Helwingia japonica
花筏〈別名：ママコノキ〉

分　類：ミズキ科ハナイカダ属の落葉性低木
原産地：日本各地、中国
開花期：5月　果実熟期：7月　花　色：●
用　途：下木、茶庭、山菜、鉢植え
樹　高：2～3m　植栽可能域：日本全国

葉は卵状楕円形で互生し、5月頃淡緑色の花が葉の中央の主脈上に咲きます。雌雄異株。雌花は1～4花、雄花は数個が固まって咲き、果実は夏になると黒く熟します。名の由来は葉の上に乗っている花や実を筏乗りに見立てたもの。

マユミ
Euonymus sieboldianus
真弓〈別名：ヤマニシキギ〉

'緋玉'　　　　マユミ

分　類：ニシキギ科ニシキギ属の落葉性低木～小高木
原産地：沖縄を除く日本全土　開花期：5～6月
果実熟期：9～11月下旬　花　芽：タイプ❷
花　色：○　用　途：添景樹、盆栽
樹　高：2～5m　植栽可能域：沖縄を除く全国

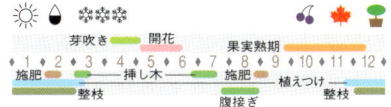

マユミの花

雌雄異株。紅葉はニシキギに劣りますが、果実は大きく鈴なりになって美しく、古くから庭木や盆栽として親しまれてきました。変異種に果実の赤いアカミノマユミ、果実が乳白色で仮種皮が赤いシロミノマユミなどがあります。

ミヤマシキミ
Skimmia japonica
深山樒

分　類：ミカン科ミヤマシキミ属の常緑低木
原産地：本州以南、台湾にかけて分布
開花期：4～5月　果実熟期：11～4月
花　芽：タイプ❷　花　色：○　用　途：下木
樹　高：約50cm　植栽可能域：本州以南

葉は光沢がある全縁の革質葉で、春に枝先から円錐花序を伸ばし、小花を密生させます。雌雄異株。果実は冬に赤く熟しますが、有毒なので扱いには注意が必要。園芸品種に、蕾が紅を帯びる'ルベラ'（雄木）などがあります。

ユスラウメ
Prunus tomentosa
毛桜桃、山豆子、梅桃

分　類：バラ科サクラ属の落葉性低木
原産地：中国北部　開花期：4月上旬
果実熟期：6月上～中旬　花　芽：タイプ❶
花　色：○　用　途：添景樹、果実生食
樹　高：1.5～3m　植栽可能域：本州、四国、九州

サクランボよりもはるかに古い時代に渡来し、花木、実ものとして楽しまれてきたようです。枝幹は横開し、枝の各葉腋にほとんど無柄といえる花を咲かせ、2ヶ月ほどで果実は赤く熟します。白実種と黄金葉の園芸品種があります。

広々としたコニファーガーデン。群馬県太田市アンディ＆ウイリアムスボタニックガーデンにて

イチイの仲間
イチイ

Taxus cuspidata
一位〈別名：オンコ〉

分　類：イチイ科イチイ属の常緑中高木
原産地：北海道や本州の亜高山帯から中国・東北地方
用　途：トピアリー、列植
樹　高：10m
植栽可能域：北海道南西部から九州

芽吹き											
1	2	3	4	5	6	7	8	9	10	11	12
	施肥										
		刈り込み・剪定									

　樹形は円錐形となります。葉は平たく線形で先端は尖り、濃緑色、裏面は淡黄緑色。紅色の仮種皮は多汁質で熟すと甘く、生食できます。ただし、この中に埋まっているタネは猛毒を含むので、かみ砕かないこと。年間30cm程度伸びます。
植えつけ　適期は2～3月。西日が当たらず水はけのよい場所が適します。酸性土を好むので植え穴には有機質を多く施し、盛り土しやや高めに植えつけます。
整枝・剪定　初春か夏に全体的に刈り込みます。
施肥　毎年2月頃に寒肥を与えます。
苗のふやし方　3月に前年枝を密閉挿しするか、秋にタネを採りまきします。

円錐形に刈り込んだイチイと果実

キャラボク'キンキャラ'
初夏の葉色(上)と冬の葉色(左)

イチイの仲間
キャラボク'キンキャラ'

Taxus cuspidata var.*nana* 'Aurescens'
伽羅木'金伽羅'〈別名：オウゴンキャラボク〉

分　類：イチイ科イチイ属の常緑低木
原産地：本州の亜高山帯から中国・東北地方
用　途：列植、ロックガーデン、グランドカバー
樹　高：1m程度
植栽可能域：北海道南西部から九州

芽吹き											
1	2	3	4	5	6	7	8	9	10	11	12
	施肥										
		刈り込み・剪定									

　イチイの変種であるキャラボクの園芸品種。キャラボクと比較して枝葉はひと回り小さく、樹形は半球形になります。新梢は鮮やかな黄金色、後に黄緑色あるいは緑色に変化します。年間10～15cm伸びます。
植えつけ　適期は2～3月で、西日が当たらず水はけのよい場所が適しています。日当たりが悪い場所やチッ素肥料が多いと、美しい黄金色にならないので注意が必要。
整枝・剪定　萌芽前と夏に全体的に刈り込む。
施肥　毎年2月頃に寒肥を与えます。
苗のふやし方　3月に前年枝を密閉挿しします。

イチイの仲間
ヨーロッパイチイ 'ファスティギアータ'
Taxus baccata 'Fastigiata'

分　類：イチイ科イチイ属の常緑中低木
原産地：ヨーロッパ〜ヒマラヤ地方
用　途：列植、ロックガーデン
樹　高：4〜7m
植栽可能域：北海道南西部から九州

ヨーロッパイチイ 'ファスティギアータ'

　ヨーロッパイチイの園芸品種で、樹形は円筒形になるところから、品種名ファスティギアータ（円錐状に先が尖ったという意味）と名づけられました。株元から長い枝が多数直上し、小枝も分枝後直上します。葉は外向きに展開し、長さ2〜3cm、幅2〜2.5mmの線形、黒緑色で光沢があります。年間に30cm程度伸びます。
植えつけ　適期は2〜3月で、西日が当たらず水はけのよい場所が適しています。
刈り込み・剪定　萌芽前と夏に全体的に刈り込みます。
施肥　毎年2月頃に寒肥を与えます。
苗のふやし方　3月に前年枝を密閉挿しします。

イトスギの仲間
アリゾナイトスギ 'サルフレア'
Cupressus arizonica 'Sulfurea'
アリゾナ糸杉〈別名：アリゾナヒバ〉

分　類：ヒノキ科ホソイトスギ属の常緑中低木
原産地：北米アリゾナ州からメキシコ北部
用　途：トピアリー
樹　高：4〜5m
植栽可能域：東北南部から九州

　アリゾナイトスギの園芸品種で、樹形は円錐形になります。枝葉が密生し、主幹は直上し枝は斜上します。鱗葉は黄色あるいは灰色を帯びた黄色で、冬でも変色しません。生育は比較的遅く、年間に20〜30cm程度伸びます。
植えつけ　適期は3〜4月で、定植後は自立するまで支柱に誘引し固定します。
整枝・剪定　萌芽前と夏に全体的に刈り込む。
施肥　毎年2月頃に寒肥を与えます。
苗のふやし方　3月に前年枝を密閉挿しします。

イトスギの仲間
アリゾナイトスギ 'ブルー・アイス'
Cupressus arizonica 'Blue Ice'
アリゾナ糸杉〈別名：アリゾナヒバ〉

分　類：ヒノキ科ホソイトスギ属の常緑中高木
原産地：北米アリゾナ州からメキシコ北部
用　途：トピアリー、添景樹
樹　高：8m程度
植栽可能域：東北南部から九州

アリゾナイトスギ 'サルフレア'

アリゾナイトスギ 'ブルー・アイス'

　アリゾナイトスギの園芸品種で、樹形は広円錐形になります。主幹は直上し、枝は斜上あるいは水平に伸びます。鱗葉は白色のワックスがのるため、たいへん美しい銀白色となりますが、このワックスは風雨などで徐々にはがれ落ち、次第に緑色が強まってしまいます。生長は早く、年間に30〜50cm伸びます。
植えつけ　適期は3〜4月で、定植後は自立するまで支柱に誘引し固定します。
整枝・剪定　萌芽前と夏に全体的に刈り込む。
施肥　毎年2月頃に寒肥を与えます。
苗のふやし方　3月に前年枝を密閉挿しします。

イトスギの仲間
イタリアンサイプレス 'スウェンズ・ゴールド'
Cupressus sempervirens 'Swane's Gold'
〈別名：イタリアイトスギ〉

分　類：ヒノキ科ホソイトスギ属の常緑中高木
原産地：西アジア、南欧、地中海
用　途：列植、ロックガーデン、添景樹
樹　高：6〜8m
植栽可能域：関東から沖縄

イタリアンサイプレス 'スウェンズ・ゴールド'

　イタリアンサイプレスの園芸品種で、樹形は狭円錐形または狭円柱形。主幹は直上し、枝は上向きに伸びます。野生種に比べて枝葉が細かく密生し、樹高5mの株で株張り60〜70cmとスリムです。鱗葉は黄色か黄金色でよく目立ちます。耐寒性は若干劣り、関東北部以北や高冷地では露地での越冬は困難です。年間に40〜60cm伸びます。
植えつけ　3〜4月が適期。
整枝・剪定　萌芽前と夏に全体的に刈り込む。
施肥　毎年2月頃に寒肥を与えます。
苗のふやし方　2〜3月に前年枝を密閉挿しで。

イトスギの仲間
モントレーイトスギ 'オーレア'
Cupressus macrocarpa 'Aurea'
モントレー糸杉〈別名：モントレーヒノキ〉

- 分　類：ヒノキ科ホソイトスギ属の常緑中低木
- 原産地：カリフォルニア州
- 用　途：トピアリー、添景樹
- 樹　高：4〜6m
- 植栽可能域：関東から沖縄

モントレーイトスギ 'オーレア'

　カリフォルニア州原産のモントレーイトスギの園芸品種。樹形は広円錐形または円錐形になります。鱗葉は黄金色で 'ゴールドクレスト' より太く硬く、主幹は直立し側枝は斜上します。'ゴールドクレスト' より丈夫で病気にかかりにくいため、露地植えが可能です。通風のよい場所を選び、樹高を制限しスリムに仕立てます。年間に30〜50cm伸びます。

植えつけ　3〜4月が適期です。
整枝・剪定　萌芽前と夏に全体的に刈り込む。
施肥　毎年2月頃に寒肥を与えます。
苗のふやし方　1〜3月に前年枝を密閉挿しで。

イトスギの仲間
モントレーイトスギ 'ゴールドクレスト'
Cupressus macrocarpa 'Goldcrest'
モントレー糸杉〈別名：モントレーヒノキ〉

- 分　類：ヒノキ科ホソイトスギ属の常緑中高木
- 原産地：カリフォルニア州
- 用　途：トピアリー、添景樹
- 樹　高：10m
- 植栽可能域：関東から沖縄

　モントレーイトスギの園芸品種で鉢物でも普及し、枝葉にサンショウに似た芳香があります。樹形は円錐形で、主幹は柔らかく枝は斜上し密生。葉色は鮮やかな黄緑色か黄金色で、霜に当たると橙色を帯びます。葉には鱗葉と針葉、混合タイプとがあります。露地植えは倒れやすく、雨や夜露に当たると病気になりやすい傾向があります。生育は旺勢で年間に60〜80cm伸びます。

植えつけ　適期は3〜4月。
整枝・剪定　萌芽前と夏に全体的に刈り込む。
施肥　毎年2月頃に寒肥を与えます。
苗のふやし方　1〜3月に前年枝を密閉挿しで。

モントレーイトスギ 'ゴールドクレスト'

コノテガシワの仲間
コノテガシワ 'エレガンティシマ'
Platycladus orientalis 'Elegantissima'
児の手柏〈別名：タチコノテ〉

- 分　類：ヒノキ科コノテガシワ属の常緑中高木
- 原産地：中国
- 用　途：生け垣、列植
- 樹　高：5〜6m
- 植栽可能域：北海道南西部から沖縄

コノテガシワ 'エレガンティシマ'

　樹形は円錐形、もしくは狭円錐形になります。主幹、側枝ともに直上して枝葉を密につけ、枝葉は平べったく、ほかの枝葉と平行に伸びます。鱗葉は新梢時は鮮やかな黄金色で、のちに黄緑色に変わり、冬は赤茶色か褐色になります。萌芽力が強く刈り込みにもよく耐え、生長は早く年間に30〜50cm伸びるので、生け垣には最適です。ほかに冬でも赤くならない 'コレンス・ゴールド' もあります。

植えつけ　適期は2〜3月。
整枝・剪定　萌芽前と夏に刈り込みます。
施肥　毎年2月頃に寒肥を与えます。
苗のふやし方　1〜3月に前年枝を密閉挿しで。

コノテガシワの仲間
コノテガシワ 'オーレア・ナナ'
Platycladus orientalis 'Aurea Nana'
児の手柏〈別名：オウゴンコノテ〉

- 分　類：ヒノキ科コノテガシワ属の常緑中低木
- 原産地：中国
- 用　途：列植、ロックガーデン、添景樹
- 樹　高：1〜2m
- 植栽可能域：北海道南西部から沖縄

コノテガシワ 'オーレア・ナナ'

　中国では寺院や墓地に植栽されています。本種は実生選抜された黄緑葉の園芸品種で生育が遅く、樹形は長楕円形や卵形になります。株元から多数分枝して枝葉は平べったく直上し、ほかの枝葉と平行に伸びます。鱗葉は新梢時は鮮やかな黄金色、その後徐々に色がさめて黄緑色になり、冬になると褐色を帯びます。年間に15〜20cm伸びます。

植えつけ　適期は2〜3月。
整枝・剪定　萌芽前と夏に全体的に刈り込む。
施肥　毎年2月頃に寒肥を与えます。
苗のふやし方　1〜3月に前年枝を密閉挿しで。

コノテガシワの仲間
コノテガシワ'フィリフォルミス'
Platycladus orientalis 'Filiformis'
児の手柏

分　類	ヒノキ科コノテガシワ属の常緑中低木
原産地	中国
用　途	ロックガーデン
樹　高	2m
植栽可能域	北海道南西部から沖縄

◆1　◆2　◆3　◆4　◆5　◆6　◆7　◆8　◆9　◆10　◆11　◆12
芽吹き
施肥　　　　　　　刈り込み・剪定

　比較的小型で、樹形は半球形あるいは広円錐形になりますが、自然樹形で栽培されることは少なく、一般には共台に高接ぎしてスタンダード形に仕立てられます。鱗葉は長く伸びたひも状で黄緑色ですが、冬にはベージュを帯びて下垂します。年間に15～30cm伸びます。
植えつけ　適期は2～3月。
整枝・剪定　萌芽前と夏に全体的に刈り込む。
施肥　毎年2月頃に寒肥を与えます。
苗のふやし方　1～3月に前年枝を密閉挿しするか、2～3月に接ぎ木をします。

コノテガシワ'フィリフォルミス'

コノテガシワ'ローズダリス'下は冬の葉色

コノテガシワの仲間
コノテガシワ'ローズダリス'
Platycladus orientalis 'Rosedalis'
児の手柏

分　類	ヒノキ科コノテガシワ属の常緑中低木
原産地	中国
用　途	ロックガーデン
樹　高	2m
植栽可能域	北海道南西部から沖縄

◆1　◆2　◆3　◆4　◆5　◆6　◆7　◆8　◆9　◆10　◆11　◆12
芽吹き
施肥　　　　　　　刈り込み・剪定

　樹形は卵形あるいは長楕円形で、枝は株元から多数枝分かれし、直上または斜上します。短くやわらかな針葉が密生し、全体にモコモコとして愛らしい姿になります。新梢は黄緑色、のちに灰色を帯びた緑色に変わり、冬は品種名が示すとおりバラ色（赤紫色）に変わります。年間に20～25cm伸びます。
植えつけ　適期は2～3月。
整枝・剪定　萌芽前と夏に全体的に刈り込む。
施肥　毎年2月頃に寒肥を与えます。
苗のふやし方　1～3月に前年枝を密閉挿しで。

サワラの仲間
サワラ'ゴールデン・モップ'
Chamaecyparis pisifera 'Golden Mop'
椹

分　類	ヒノキ科ヒノキ属の常緑中低木
原産地	岩手県～九州
用　途	グラウンドカバー、ロックガーデン、添景樹
樹　高	1～2m
植栽可能域	北海道南西部から九州

◆1　◆2　◆3　◆4　◆5　◆6　◆7　◆8　◆9　◆10　◆11　◆12
芽吹き
施肥　　　　　　　刈り込み・剪定

　野生種は日本原産の常緑高木で、大きくなると樹高30mに達します。本種は'フィリフェラ・オーレア'の枝変わりから生じた園芸品種で、樹高は1～2m、樹形は円錐形ですが、若木のうちは心が立たず半球形です。葉色は'フィリフェラ・オーレア'より鮮やかで、しかも、生育が遅いため、グラウンドカバーに適しています。年間20cmほど伸びます。
植えつけ　2～3月。
整枝・剪定　萌芽前と夏に全体的に刈り込む。
施肥　毎年2月頃に寒肥を与えます。
苗のふやし方　1～3月に前年枝を密閉挿しで。

'ゴールデン・モップ'左は冬の葉色

サワラ'フィリフェラ・オーレア'

サワラの仲間
サワラ'フィリフェラ・オーレア'
Chamaecyparis pisifera 'Filifera Aurea'
椹〈別名：オウゴンヒヨクヒバ、オウゴンイトヒバ〉

分　類	ヒノキ科ヒノキ属の常緑中高木
原産地	岩手県～九州
用　途	グラウンドカバー、ロックガーデン
樹　高	4～5m
植栽可能域	北海道南西部から九州

◆1　◆2　◆3　◆4　◆5　◆6　◆7　◆8　◆9　◆10　◆11　◆12
芽吹き
施肥　　　　　　　刈り込み・剪定

　糸状に伸びた優雅な枝葉は年中黄金色をしていて、特に冬は橙色を帯びた美しい葉色になります。樹形は円錐形または広円錐形。現在では低く刈り込んでグラウンドカバーに使われていますが、心が立ちやすいため頻繁に刈り込む必要があります。年間30～40cm伸びます。
植えつけ　適期は2～3月。
整枝・剪定　萌芽前と夏に全体的に刈り込む。
施肥　毎年2月頃に寒肥を与えます。
苗のふやし方　1～3月に前年枝を密閉挿しで。

サワラの仲間
サワラ'ボールバード'
Chamaecyparis pisifera 'Boulevard'
椹

分　類：ヒノキ科ヒノキ属の常緑中高木
原産地：岩手県～九州
用　途：添景樹
樹　高：5～7m
植栽可能域：北海道南西部から九州

　柔らかい針葉の'スクアローサ'の枝変わりから生じた園芸品種で、樹高は5～7m、樹形は円錐形となります。発音の違いから、ブールバードあるいはブルーバードとも呼ばれます。針葉はややカールし緑青色で葉裏は灰白色、冬もあまり変色しません。年間30～40cm伸びます。
植えつけ　適期は2～3月。株内部の葉が枯れ込みやすいため、肥料切れや水切れを起こさないよう管理します。
整枝・剪定　萌芽前と夏に全体的に刈り込む。
施肥　毎年2月頃に寒肥を与えます。
苗のふやし方　1～3月に前年枝を密閉挿しで。

サワラ'ボールバード'青緑色の葉色がよく目立つ

トウヒの仲間
カナダトウヒ'コニカ'
Picea glauca var. *albertiana* 'Conica'
カナダ唐檜

分　類：マツ科トウヒ属の常緑低木
原産地：北米
用　途：ロックガーデン、トピアリー
樹　高：3m
植栽可能域：北海道から九州

　最大30mにも達するカナダトウヒの園芸品種で、一般にはコニカの名で流通。矮性種ですが最終的に樹高は3m程度になります。樹形は整然とした円錐形で、樹形はあまり乱れません。分枝が旺勢で枝は斜上あるいは上向きに伸び、枝葉が密生します。針葉は新梢時が鮮緑色、のちに青みを帯びた緑色になり、冬は若干ベージュを帯びます。年間に10～20cm伸びます。
植えつけ　適期は1～3月。
整枝・剪定　萌芽前と夏に全体的に刈り込む。
施肥　毎年2月頃に寒肥を与えます。
苗のふやし方　1～3月に前年枝を密閉挿しで。

カナダトウヒ'コニカ'

トウヒの仲間
カナダトウヒ'サンダース・ブルー'
Picea glauca 'Sanders Blue'
カナダ唐檜

分　類：マツ科トウヒ属の常緑低木
原産地：北米
用　途：ロックガーデン、添景樹
樹　高：2～3m
植栽可能域：北海道から九州

　'コニカ'から選抜された矮性品種で、最終的に樹高2～3m、樹形は円錐形になります。分枝が旺勢で枝は斜上か上向きに伸び、枝葉が密生。針葉は白色を帯びた灰青色で遮光下だとより青くなりますが、ときどき先祖返りして緑葉が展葉しますから、見つけ次第元から切除します。年間10～20cm伸びます。
植えつけ　1～3月。
整枝・剪定　萌芽前と夏に全体的に刈り込む。
施肥　毎年2月頃に寒肥を与えます。
苗のふやし方　1～3月に前年枝を密閉挿ししますが、必ず青葉がついた枝を挿すようにします。

カナダトウヒ'サンダース・ブルー'

トウヒの仲間
コーカサストウヒ'オーレア'
Picea orientalis 'Aurea'
コーカサス唐檜

分　類：マツ科トウヒ属の常緑中低木
原産地：西アジア
用　途：ロックガーデン、クリスマスツリー、添景樹
樹　高：3～5m
植栽可能域：北海道から九州

　樹形は狭円錐形。クリスマスツリーとしての利用も多く、病虫害に強いためにヨーロッパではよく植えられています。枝は斜上あるいは水平に伸び、先端が若干下垂します。分枝が旺勢で枝葉が密生。針葉は新梢時乳黄色で、のちに黄金色になり、夏以降は暗緑色に変化します。球果は長さ5～7cmで卵球形、はじめは紫色ですが、成熟する秋には茶褐色になります。年間10～20cm伸びます。
植えつけ　適期は1～3月。
施肥　毎年2月頃に寒肥を与えます。
苗のふやし方　1～3月にヨーロッパトウヒ等の台木に前年枝を接ぎ木します。

コーカサストウヒ'オーレア'新芽時と雌花・雄花

トウヒの仲間
コロラドトウヒ 'グラウカ・グロボーサ'
Picea pungens 'Glauca Globosa'
コロラド唐檜

分類：マツ科トウヒ属の常緑低木
原産地：北米
用途：ロックガーデン、添景樹
樹高：1〜1.5m
植栽可能域：北海道から九州

コロラドトウヒ 'グラウカ・グロボーサ'
生長はとても遅い

樹高30mになるコロラドトウヒの園芸種。生育は極めて遅く、高さ1〜1.5m、直径1.5m程度になります。樹形ははじめ半球形、のちに心が立ち広円錐形に。分枝が旺勢で、短い側枝が多数不規則につき、株の内部が見えないほど密生。針葉はワックスで覆われ、灰白色を帯びた青緑色ですが、風雨で次第にはげ落ちるため、新梢時が最も美しい。年間5〜10cm伸びます。
植えつけ 適期は1〜3月。
整枝・剪定 萌芽前と夏に刈り込みます。
施肥 毎年2月頃に寒肥を与えます。
苗のふやし方 1〜3月にヨーロッパトウヒ等の台木に前年枝を接ぎ木します。発根率は低いですが、密閉挿しも可能です。

トウヒの仲間
コロラドトウヒ 'ホプシー'
Picea pungens 'Hoopsii'
コロラド唐檜〈別名：フープシー〉

分類：マツ科トウヒ属の常緑中高木
原産地：北米
用途：ロックガーデン、クリスマスツリー、添景樹
樹高：6〜8m
植栽可能域：北海道から九州

ブルーのトウヒの人気品種で、樹形は円錐形になります。側枝や小枝は水平に伸びるため、苗木はボリューム感に欠けます。針葉は長く頑強で触ると痛く、灰青色か白青色。側枝を接ぎ木しますが、直上しにくいため、苗のうちに支柱に誘引し、強制的に直上させます。年間20〜30cm伸びます。
植えつけ 適期は1〜3月。
整枝・剪定 萌芽前と夏に刈り込みます。
施肥 毎年2月頃に寒肥を与えます。
苗のふやし方 1〜3月にヨーロッパトウヒ等の台木に前年枝を接ぎ木します。
病害虫 枝先にシンクイムシが入りやすく、西南暖地ほど顕著なため定期的な防除が必要。

コロラドトウヒ 'ホプシー'

トウヒの仲間
ヨーロッパトウヒ
Picea abies
ヨーロッパ唐檜
〈別名：ドイツトウヒ、オウシュウトウヒ〉

分類：マツ科トウヒ属の常緑中高木
原産地：ヨーロッパ全域と西シベリア
用途：ロックガーデン、クリスマスツリー、添景
樹高：30m
植栽可能域：北海道から九州

ヨーロッパトウヒ

昔からクリスマスツリーとしてなじみ深い樹で、樹高は30m以上に達し、樹形は狭円錐形あるいは円錐形になります。枝は水平に伸びますが、老木では下垂します。針葉は細かく濃緑色で、光沢があります。球果は円筒形で枝から下垂し、秋に茶褐色に熟します。生長は大変早く年間に60〜80cm伸びます。
植えつけ 適期は1〜3月。
整枝・剪定 萌芽前と夏に全体的に刈り込む。
施肥 毎年2月頃に寒肥を与えます。
苗のふやし方 実生によります。

ヨーロッパトウヒ 'アクロコナ' と若い球果

トウヒの仲間
ヨーロッパトウヒ 'アクロコナ'
Picea abies 'Acrocona'
ヨーロッパ唐檜

分類：マツ科トウヒ属の常緑中低木
原産地：ヨーロッパ全域と西シベリア
用途：ロックガーデン
樹高：2〜3m
植栽可能域：北海道から九州

ヨーロッパトウヒは大きくなると高さ30mにも達しますが、こちらは高さ2〜3mの矮性種です。樹形は最終的に円錐形になりますが、若木の場合は心が立ちにくく、枝が水平に伸びるため枝垂れたり地面を這ったりして独特の形態になります。針葉は濃緑色で先が尖り、光沢があります。球果は円筒形で枝に下垂し、秋に茶褐色に熟します。年間に20〜30cm伸びます。
植えつけ 適期は1〜2月。
整枝・剪定 萌芽前か夏に剪定します。
施肥 毎年2月頃に寒肥を与えます。
苗のふやし方 1〜3月にヨーロッパトウヒなどの台木に前年枝を接ぎ木します。

ロックガーデン風に高低差をつけてさまざまな
コニファーの形と色合いが楽しめる庭

トウヒの仲間
ヨーロッパトウヒ '{ペンデュラ}'
Picea abies 'Pendula'
ヨーロッパ唐檜

分　類：マツ科トウヒ属の常緑中低木
原産地：ヨーロッパ全域と西シベリア
用　途：ロックガーデン
樹　高：1m
植栽可能域：北海道から九州

芽吹き	
1・2・3・4・5・6・7・8・9・10・11・12	
施肥	刈り込み・剪定

ヨーロッパトウヒ '{ペンデュラ}'

　主幹は湾曲しながら立ち上がり、側枝は下垂し枝先が上向します。主幹を立ち上げないと枝は横に張り、ほふく状に地を這います。一般には支柱に誘引し、目標の樹高になったら放任します。針葉は濃緑色で光沢があり、冬も変色しません。年間20～30cm伸びます。
植えつけ　1～3月
整枝・剪定　萌芽前か夏に剪定します。
施肥　毎年2月頃に寒肥を与えます。
苗のふやし方　1月～3月にヨーロッパトウヒなどの台木に前年枝を接ぎ木します。また、発根率は低いのですが、密閉挿しも可能です。

ニオイヒバの仲間
ニオイヒバ '{グリーン・コーン}'
Thuja occidentalis 'Green Cone'
匂檜葉

分　類：ヒノキ科クロベ属の常緑中高木
原産地：北米東部
用　途：生け垣
樹　高：4～5m
植栽可能域：北海道南西部から九州

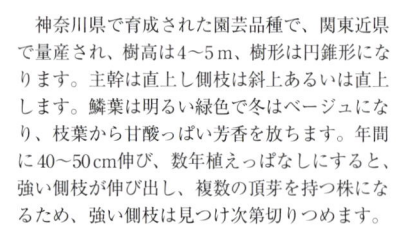

芽吹き	
1・2・3・4・5・6・7・8・9・10・11・12	
施肥	刈り込み・剪定

ニオイヒバ '{グリーン・コーン}'
上は冬の姿

　神奈川県で育成された園芸品種で、関東近県で量産され、樹高は4～5m、樹形は円錐形になります。主幹は直上し側枝は斜上あるいは直上します。鱗葉は明るい緑色で冬はベージュになり、枝葉から甘酸っぱい芳香を放ちます。年間に40～50cm伸び、数年植えっぱなしにすると、強い側枝が伸び出し、複数の頂芽を持つ株になるため、強い側枝は見つけ次第切りつめます。
植えつけ　適期は1～3月。
整枝・剪定　萌芽前と夏に全体的に刈り込む。
施肥　毎年2月頃に寒肥を与えます。
苗のふやし方　1～3月に前年枝を密閉挿しで。

ニオイヒバの仲間
ニオイヒバ 'グロボーサ'
Thuja occidentalis 'Globosa'
匂檜葉

- 分　類：ヒノキ科クロベ属の常緑低木
- 原産地：北米東部
- 用　途：ロックガーデン、添景樹
- 樹　高：1～1.5m
- 植栽可能域：北海道南西部から九州

ニオイヒバ'グロボーサ'半球形に繁る

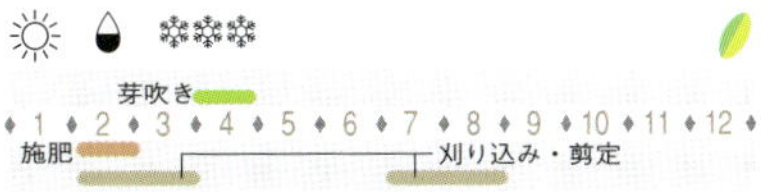

　矮性種で、樹高は1～1.5m、樹形は半球形になります。枝は斜上し、枝葉は平べったく若干重なり合います。鱗葉は緑色、冬はベージュあるいは褐色になります。密閉挿し後、2～3年で丸くなりはじめ、10年程度で樹高が1m程度、玉の直径が1.2m程度の株になります。放任でも半球形になりますが、1、2回刈り込むと緻密な株に仕上がります。成長は遅く年間の伸びは10cm程度です。

植えつけ　適期は1～3月。
整枝・剪定　萌芽前と夏に全体的に刈り込む。
施肥　毎年2月頃に寒肥を与えます。
苗のふやし方　1～3月に密閉挿しします。

ニオイヒバの仲間
ニオイヒバ 'スマラグ'
Thuja occidentalis 'Smaragd'
匂檜葉〈別名：エメラルド、エムロウド〉

- 分　類：ヒノキ科クロベ属の常緑中高木
- 原産地：北米東部
- 用　途：列植、生け垣、添景樹、トピアリー
- 樹　高：3～5m
- 植栽可能域：北海道南西部から九州

ニオイヒバ'スマラグ'
上はスパイラル仕立て

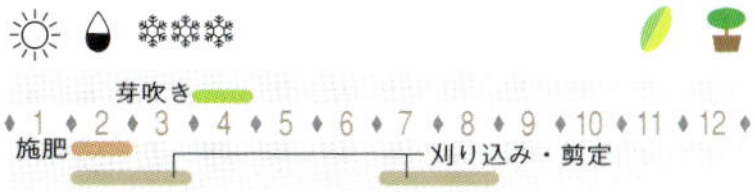

　わが国でもっとも普及している園芸品種で、樹高は3～5m、樹形は円錐形になります。主幹や側枝は上向し、枝葉は平べったく密生します。鱗葉は光沢のある濃緑色で、冬は若干ベージュを帯び、枝葉からトロピカルフルーツのような甘い香りを放ちます。年間に20～30cm伸びます。

植えつけ　適期は1～3月。数年植えっぱなしにすると、強い側枝が伸び出し、複数の頂芽を持つ株になるため、強い側枝は見つけ次第切りつめます。
整枝・剪定　萌芽前と夏に全体的に刈り込みます。
施肥　毎年2月頃に寒肥を与えます。
苗のふやし方　1～3月に密閉挿しします。

ニオイヒバの仲間
ニオイヒバ 'ヨーロッパ・ゴールド'
Thuja occidentalis 'Europa Gold'
匂檜葉

- 分　類：ヒノキ科クロベ属の常緑中高木
- 原産地：北米東部
- 用　途：列植、生け垣、添景樹
- 樹　高：4～6m
- 植栽可能域：北海道南西部から九州

ニオイヒバ'ヨーロッパ・ゴールド'
上は冬の葉

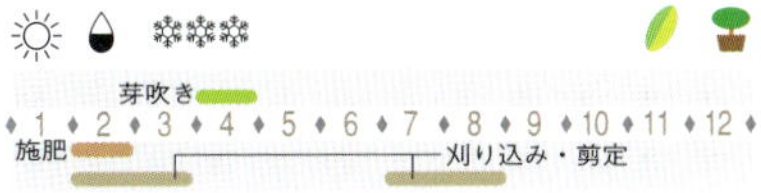

　樹形は狭円錐形になります。生育は'スマラグ'より若干旺勢です。また、本品種のほうが枝葉が粗く水平に伸びます。新梢は黄金色で夏は黄緑色になり、冬は橙色を帯びた黄色に変化するので、季節感が楽しめる木です。刈り込むと枝葉が密でボリューム豊かな株に仕上がりますが、日陰では特有の黄金色が発現しません。年間に30～40cm伸びます。

植えつけ　適期は1～3月。
整枝・剪定　萌芽前と夏に全体的に刈り込む。
施肥　毎年2月頃に寒肥を与えます。
苗のふやし方　1～3月に密閉挿しでふやします。

ニオイヒバの仲間
ニオイヒバ 'ラインゴールド'
Thuja occidentalis 'Rheingold'
匂檜葉

- 分　類：ヒノキ科クロベ属の常緑中低木
- 原産地：北米東部
- 用　途：グラウンドカバー、添景樹
- 樹　高：2～3m
- 植栽可能域：北海道南西部から九州

ニオイヒバ'ラインゴールド'
葉色の変化が楽しめる

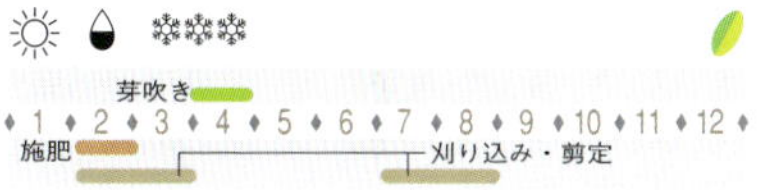

　本園芸品種は'エルワンゲリアーナ・オーレア'の幼葉、つまり針葉部分を選抜し園芸品種化したもので、生育中に成葉と同じ鱗葉が発生することがあります。樹形は初め半球形ですが、その後心が立ち円錐形になります。春から秋は黄金色、冬は銅色を帯びた黄色に変わります。年間に10～20cm伸びます。

植えつけ　適期は1～3月。
整枝・剪定　萌芽前と夏に刈り込みます。
施肥　毎年2月頃に寒肥を与えます。
苗のふやし方　1～3月に密閉挿しします。
現在は密植してグラウンドカバーに利用されていますが、株が接すると蒸れやすいので株間を十分あけます。

ヒノキの仲間
ヒノキ 'カマクラヒバ'
Chamaecyparis obtusa 'Breviramea'
檜

分　類：ヒノキ科ヒノキ属の常緑中高木
原産地：日本
用　途：生け垣
樹　高：4〜6m
植栽可能域：北海道南西部から九州

ヒノキは福島県から屋久島にかけて分布する高さ30mになる常緑高木で、全国的に植林されています。本種はその園芸品種で樹高は4〜6mと小さく、樹形は狭円錐形になります。鱗葉は濃緑色で枝は短く密生し、刈り込みによく耐えるため、生け垣や鉢物に適しますが、放っておいても自然樹形でよくまとまります。年間に30〜40cm伸びます。

植えつけ　適期は1〜3月。
整枝・剪定　萌芽前と夏に全体的に刈り込む。
施肥　毎年2月頃に寒肥を与えます。
苗のふやし方　1〜3月に密閉挿しします。

ヒノキ 'カマクラヒバ' 上は冬の葉

ヒノキ 'クリプシー' 日陰ではこのみごとな葉色は出ない

ヒノキの仲間
ヒノキ 'クリプシー'
Chamaecyparis obtusa 'Crippsii'
檜

分　類：ヒノキ科ヒノキ属の常緑中高木
原産地：日本
用　途：生け垣、添景樹、街路樹
樹　高：6〜8m
植栽可能域：北海道南西部から九州

樹形は円錐形になって主幹は直上し、枝は斜上あるいは水平に伸びます。鱗葉は年中黄金色で、特に冬は鮮やか。葉先がやや垂れ下がるため、葉色と相まって表情のある姿になり人気があります。また、枝数が多く刈り込みによく耐えるので、生け垣に利用されることが多い木です。生育は比較的よく年間40〜60cm伸びます。日陰地に植えたのでは黄色の発現が劣ります。

植えつけ　適期は1〜3月。
整枝・剪定　萌芽前と夏に全体的に刈り込む。
施肥　毎年2月頃に寒肥を与えます。
苗のふやし方　1〜3月に密閉挿しします。

ヒノキの仲間
ヒノキ 'ナナ・グラシリス'
Chamaecyparis obtusa 'Nana Gracilis'
檜

分　類：ヒノキ科ヒノキ属の常緑低木
原産地：日本
用　途：ロックガーデン、添景樹
樹　高：1.5m
植栽可能域：北海道南西部から九州

樹高は低く樹形は円錐形になりますが、苗木はなかなか心が立ちません。鱗葉は濃緑色で、冬になっても色が変わることはありません。枝数が多く枝葉が密生します。欧米のドワーフ・コニファーガーデン（小型の針葉樹ばかりでつくられた庭）で必ず目にする園芸品種です。年間に10〜15cm伸びます。

植えつけ　適期は1〜3月。
整枝・剪定　萌芽前と夏に全体的に刈り込む。
施肥　毎年2月頃に寒肥を与えます。
苗のふやし方　1〜3月に密閉挿しします。

ヒノキ 'ナナ・グラシリス'

ヒノキ 'ナナ・ルテア'

ヒノキの仲間
ヒノキ 'ナナ・ルテア'
Chamaecyparis obtusa 'Nana Lutea'
檜

分　類：ヒノキ科ヒノキ属の常緑低木
原産地：日本
用　途：ロックガーデン、添景樹
樹　高：1m
植栽可能域：北海道南西部から九州

黄色の矮性種で生育は 'ナナ・グラシリス' より劣り、年間5〜10cm程度で樹高は1m程度。樹形は円錐形になりますが、苗木はなかなか心が立ちません。幹が見えないほど枝葉が密生し見ごたえのある姿になりますが、日陰に植えたのでは黄色の発現が悪く、黄緑色や緑色になります。

植えつけ　適期は1〜3月。
整枝・剪定　萌芽前と夏に全体的に刈り込む。
施肥　毎年2月頃に寒肥を与えます。
苗のふやし方　1〜3月に密閉挿しするか、ヒノキかサワラなどを台木として接ぎ木します。

ヒマラヤスギの仲間
ヒマラヤシーダー

Cedrus deodara
〈別名：ヒマラヤスギ〉

分　類：マツ科ヒマラヤスギ属の常緑高木
原産地：ヒマラヤ山脈周辺やアフガニスタン
用　途：公園樹
樹　高：60ｍ
植栽可能域：北海道南西部から九州

遠めにも目立って美しいヒマラヤシーダー

　大変大きくなる木で樹高60ｍ、幹径3ｍの記録が残されています。樹形は円錐形で主幹は直上して側枝が水平に伸び、枝の先端が下垂します。針葉は細長く先が尖り、灰緑色あるいは青を帯びた緑色になります。球果は長さ7～13cmの卵形か長卵形で、はじめ青藍色、成熟すると暗褐色になります。生長は大変早く、年間1～1.5ｍも伸びます。

植えつけ　適期は1～3月。
整枝・剪定　萌芽前と夏に全体的に刈り込む。
施肥　毎年2月頃に寒肥を与えます。
苗のふやし方　タネを秋に採りまきするか、春まで貯蔵してまきます。

ヒマラヤスギの仲間
アトラスシーダー'グラウカ'

Cedrus atlantica 'Glauca'

分　類：マツ科ヒマラヤスギ属の常緑高木
原産地：北アフリカ
用　途：公園樹
樹　高：20～30ｍ
植栽可能域：北海道南西部から九州

アトラスシーダー'グラウカ'と球果

　欧米では各所に植栽される園芸品種で、樹高は20～30ｍ、樹形は円錐形になります。主幹は直上し、側枝は幹から鋭角に斜上します。針葉は短く、銀青色あるいは灰青色で高級感があります。球果は淡褐色で長さ5～8cmの円筒形または卵形になります。枝が弱いため、ある程度の大きさになるまでは摘心を繰り返すとよいでしょう。年間50～70cm伸びます。

植えつけ　適期は1～3月。
整枝・剪定　萌芽前と夏に全体的に刈り込む。
施肥　毎年2月頃に寒肥を与えます。
苗のふやし方　ヒマラヤシーダーの実生苗を台木とし、接ぎ木します。

ヒマラヤスギの仲間
アトラスシーダー'グラウカ・ペンデュラ'

Cedrus atlantica 'Glauca Pendula'

分　類：マツ科ヒマラヤスギ属の常緑中低木
原産地：北アフリカ
用　途：公園樹、ロックガーデン
植栽可能域：北海道南西部から九州

アトラスシーダー'グラウカ・ペンデュラ'

　枝垂れ性の園芸品種で、一般的には目的の高さまで支柱で誘引し、その後は放任して自然樹形を楽しみます。幹が太く充実してくれば、支柱がなくても自立します。枝数は少なく馬のたてがみのように側枝、小枝とも分枝後すぐに下垂します。針葉は灰青色で、冬は若干ベージュを帯びます。年間30～40cm伸びます。

植えつけ　適期は1～3月。
整枝・剪定　萌芽前と夏に剪定を行います。
施肥　毎年2月頃に寒肥を与えます。
苗のふやし方　ヒマラヤシーダーの実生苗を台木とし、接ぎ木します。

ビャクシンの仲間
アメリカハイビャクシン'ウイルトニー'

Juniperus horizontalis 'Wiltonii'
アメリカ這柏槙

分　類：ヒノキ科ビャクシン属の常緑低木
原産地：北米西部
用　途：グラウンドカバー
植栽可能域：北海道から沖縄

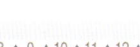

アメリカハイビャクシン'ウイルトニー' 上は冬の姿

　枝が放射状に這い広がるほふく性の園芸品種で、広がりは直径3～4ｍになります。凹凸面に植えてもその形状に沿って這い広がり、よく枝分かれして枝葉が密生するため、大変緻密なグラウンドカバーとなります。ほかに支柱仕立てにもされますし、鉢植えにして高い台などに置き、枝を垂らして観賞されたりします。春から秋は、灰緑色あるいは青緑色の明るい葉色ですが、冬は渋い紫色を帯びます。性質が丈夫なうえ生長が早く、年間に30～40cm伸びます。

植えつけ　適期は1～3月。
施肥　毎年2月頃に寒肥を与えます。
苗のふやし方　1～3月に密閉挿しします。

ビャクシンの仲間
アメリカハイビャクシン 'マザー・ローデ'
Juniperus horizontalis 'Mother Lode'
アメリカ這柏槇

分　類：ヒノキ科ビャクシン属の常緑低木
原産地：北米西部
用　途：グラウンドカバー、支柱仕立て
植栽可能域：北海道から沖縄

アメリカハイビャクシンの仲間は、アメリカで多くの園芸品種がつくり出されていて、本種はその中の'ウイルトニー'の枝変わりから選抜されたほふく性の園芸品種です。枝は直径1～1.5mの放射状に伸び、凹凸面でもその形状に沿って這い広がります。よく枝分かれして枝葉が密生するため、緻密なグラウンドカバーとなります。葉色は春から秋は黄金色、冬は橙色を帯びます。夏場の強光と乾燥で葉焼けを起こすことがあるため、西日を避ける工夫が必要です。年間に15～20cm伸びます。

植えつけ　適期は1～3月。
施肥　毎年2月頃に寒肥を与えます。
苗のふやし方　1～3月に密閉挿しします。

アメリカハイビャクシン'マザー・ローデ'　下は冬の葉

ビャクシンの仲間
エンピツビャクシン 'グレイ・オウル'
Juniperus virginiana 'Grey Owl'
鉛筆柏槇

分　類：ヒノキ科ビャクシン属の常緑低木
原産地：北米中・東部
用　途：グラウンドカバー、添景樹
樹　高：1.5～2m
植栽可能域：北海道から沖縄

エンピツビャクシンは北米中・東部原産の常緑高木で、鉛筆材として使われるところから名づけられました。本種はその園芸品種で、樹高は1.5～2m、直径3m前後になり、樹形は盃状になります。枝は放射状に伸びて斜上し、側枝は水平に伸びるか、あるいは斜上します。分枝が旺勢で、枝葉が密生します。鱗葉は灰青色または灰青緑色で、冬でも変色しません。年間40～60cm伸びます。

植えつけ　適期は1～3月。
施肥　毎年2月頃に寒肥を与えます。
苗のふやし方　1～3月に密閉挿しします。

エンピツビャクシン'グレイ・オウル'

ビャクシンの仲間
エンピツビャクシン 'バーキィー'
Juniperus virginiana 'Burkii'
鉛筆柏槇

分　類：ヒノキ科ビャクシン属の常緑中低木
原産地：北米中・東部
用　途：生け垣、列植
樹　高：3～4m
植栽可能域：北海道南西部から沖縄

樹形は円錐形または円筒形になり、主幹は直立し側枝は斜上します。分枝が旺勢で、樹冠内が見えないほど枝葉が密生します。鱗葉は細く短く、比較的やわらかい感触が人気です。春から秋にかけては青みを帯びた緑色、降霜時は赤紫色あるいは紫色に変色しますが、葉は低照度下では青みが増し針状に展開します。年間に30～40cm伸びます。

植えつけ　1～3月。
整枝・剪定　萌芽前と夏に全体的に刈り込む。
施肥　毎年2月頃に寒肥を与えます。
苗のふやし方　1～3月に密閉挿しします。

エンピツビャクシン'バーキィー'　上は冬の姿

ビャクシンの仲間
コロラドビャクシン 'スカイロケット'
Juniperus scopulorum 'Skyrocket'
コロラド柏槇

分　類：ヒノキ科ビャクシン属の常緑中低木
原産地：北米西部
用　途：生け垣、列植、添景樹
樹　高：4～5m
植栽可能域：北海道南西部から沖縄

コロラドビャクシンは、鉛筆材に利用されたり庭木として植えられます。本種はその園芸品種で、古くから人気の高いコニファーです。樹高は4～5m、直径は50～60cmで、樹形は品種名のとおりロケット形になります。ただし、老木になると樹形が乱れやすいのが欠点。主幹、側枝とも直上します。鱗葉は青緑色で、冬は若干ベージュを帯びます。枝葉は水不足や肥料不足で観賞性が低下します。年間30～40cm伸びます。

植えつけ　適期は1～3月。
整枝・剪定　萌芽前と夏に全体的に刈り込む。
施肥　毎年2月頃に寒肥を与えます。
苗のふやし方　1～3月に密閉挿しします。

コロラドビャクシン'スカイロケット'　上は冬の姿

ビャクシンの仲間
コロラドビャクシン
'ブルー・ヘブン'
Juniperus scopulorum 'Blue Heaven'
コロラド柏槇

分 類：ヒノキ科ビャクシン属の常緑中低木
原産地：北米西部
用 途：生け垣、列植、添景樹、街路樹
樹 高：4〜5m
植栽可能域：北海道南西部から沖縄

樹高は4〜5m程度、樹形は狭円錐形あるいは円錐形になります。幼木は枝葉が粗くボリューム感に欠けます。主幹は直上し、側枝は斜上した後直上します。日当たりを好み、低照度下では生育が劣ります。鱗葉は灰白色を帯びた緑青色で、冬も変わりません。新梢時は白いワックスが付着していますが、風雨により次第にはがれ落ち、観賞性も徐々に低下します。年間15〜25cm伸びます。

植えつけ 適期は1〜3月。
整枝・剪定 萌芽前と夏に全体的に刈り込む。
施肥 毎年2月頃に寒肥を与えます。
苗のふやし方 1〜3月に密閉挿しします。

コロラドビャクシン'ブルー・ヘブン' 下は冬の姿

ビャクシンの仲間
ニイタカビャクシン
'ブルー・カーペット'
Juniperus squamata 'Blue Carpet'
新高柏槇

分 類：ヒノキ科ビャクシン属　常緑低木
原産地：中国南東部からヒマラヤ地方
用 途：グラウンドカバー
樹 高：0.8〜1m
植栽可能域：北海道から沖縄

樹高は1m程度で、枝は放射状に伸びて直径2〜3mに生え広がります。主枝は横方向に伸びて、小枝が多数分枝します。小枝は水平に伸びるか、やや下垂しながら伸びて、幾重にも重なるように地面を覆うのでグラウンドカバーとしての利用が多く、ほかにコンパクトな姿から盆栽にも利用。針葉は春から秋にかけては灰青色あるいは青緑色で、冬は茶褐色になります。生長は早く年間に50〜60cmも伸びます。

植えつけ 適期は1〜3月。
施肥 毎年2月頃に寒肥を与えます。
苗のふやし方 1〜3月に密閉挿しします。

ニイタカビャクシン'ブルー・カーペット' 左は冬の姿

ビャクシンの仲間
ニイタカビャクシン
'ブルー・スター'
Juniperus squamata 'Blue Star'
新高柏槇

分 類：ヒノキ科ビャクシン属　常緑低木
原産地：中国南東部からヒマラヤ
用 途：グラウンドカバー、寄せ植え
樹 高：30〜50cm
植栽可能域：北海道から沖縄

ニイタカビャクシンの矮性園芸品種で、樹高は30〜50cmと低く直径1m程度に生え広がって、自然に半球形になります。枝は斜上あるいは水平に伸び、小枝が旺勢に分枝します。葉は灰青色あるいは青緑色で、冬は若干紫茶色を帯びる渋い色合いになります。日当たりを好むので、低照度下では生育が劣ります。生長は遅く、枝は年間10cm程度しか伸びません。

植えつけ 適期は1〜3月。日陰の植栽には向きません。
施肥 毎年2月頃に寒肥を与えます。
苗のふやし方 1〜3月に密閉挿しします。

ニイタカビャクシン'ブルー・スター'の冬の姿 左はスタンダード仕立て

ビャクシンの仲間
ハイネズ
'ブルー・パシフィック'
Juniperus conferta 'Blue Pacific'
這杜松

分 類：ヒノキ科ビャクシン属の常緑低木
原産地：北海道の日本海側、岩手から神奈川県までの沿岸
用 途：グラウンドカバー、支柱仕立て
植栽可能域：北海道から沖縄

海岸の砂地や岩の上に生えて、幹が地面を這うように伸びるハイネズの園芸品種。したがって潮害にはきわめて強く、ハイネズ同様に枝を放射状に広げ、接地点から根を伸ばして地を這って伸び進みます。針葉は硬く尖っていて、さわると痛いほどです。色は青みを帯びた緑色で、裏面は灰白色を帯びます。生長は大変早く年間に50〜70cm伸びます。

植えつけ 1〜3月
施肥 毎年2月頃に寒肥を与えます。
苗のふやし方 1〜3月に密閉挿しをするか、秋にタネを採りまきします。

ハイネズ'ブルー・パシフィック'

ビャクシンの仲間
ハイビャクシン

Juniperus procumbens

這柏槙〈別名：ソナレ〉

分　類：ヒノキ科ビャクシン属の常緑低木
原産地：九州から朝鮮半島
用　途：グラウンドカバー、寄せ植え、盆栽
樹　高：1m
植栽可能域：北海道から沖縄

ハイビャクシンの植え込み

　よく盆栽に使われるイブキの変種で樹高は1m程度、枝は放射状に這い広がり直径は2〜3mになります。幼木は針葉の割合が高く、老木ほど鱗葉の割合が高くなります。葉色は帯青緑色で一年中変わることはありません。年間20〜30cm伸びます。もともと海岸に生えるため潮害に極めて強い木で、壱岐辰ノ島に群生があり、天然記念物に指定されています。

植えつけ　適期は1〜3月。
施肥　毎年2月頃に寒肥を与えます。
苗のふやし方　1〜3月に密閉挿しするか、秋にタネを採りまきします。

ビャクシンの仲間
フィツェリアナビャクシン 'セイブルック・ゴールド'

Juniperus × pfitzeriana 'Saybrook Gold'

フィツェリアナ柏槙

分　類：ヒノキ科ビャクシン属の常緑中低木
原産地：種間雑種
用　途：グラウンドカバー、添景樹
樹　高：1.2〜1.5m
植栽可能域：北海道から沖縄

　ビャクシンとサビナビャクシン種間雑種ですが、ビャクシンに分類する学説もあります。中型の園芸品種で、樹高は1.2〜1.5m、直径は2m程度、樹形は盃状になります。主枝は放射状に斜上し、側枝は斜上あるいは水平に伸長します。分枝が旺勢で、株の内部が見えないほど枝葉が密生し、小枝の先は若干垂れます。針葉は春から秋は黄金色、冬は黄色になり、年間を通してみごとです。年間30〜40cm伸びます。

植えつけ　適期は1〜3月。
施肥　毎年2月頃に寒肥を与えます。
苗のふやし方　1〜3月に密閉挿しします。

フィツェリアナビャクシン 'セイブルック・ゴールド'

モミの仲間
コロラドモミ 'カンディカンス'

Abies concolor 'Candicans'

コロラド樅〈別名：コンコロールモミ〉

分　類：マツ科モミ属の常緑中高木
原産地：北米西部〜メキシコ
用　途：クリスマスツリー、添景樹
樹　高：5〜8m
植栽可能域：北海道南西部から九州

コロラドモミ 'カンディカンス'
青白くやわらかい葉と球果

　コロラドモミはコロラド・ホワイト・ファーとも呼ばれ、クリスマスツリーによく利用されています。本種はその園芸品種で、樹高は5〜8m、樹形は円錐形、針葉は灰白色で葉触りはとてもやわらかいのが特徴です。球果は長さ約10cmの円筒形で灰緑色、のちに暗紫色になります。年間に30cm以上伸びます。

植えつけ　適期は1〜3月。やや暑がるため、西日が避けられる場所に植えます。
整枝・剪定　萌芽前と夏に全体的に刈り込む。
施肥　毎年2月頃に寒肥を与えます。
苗のふやし方　モミを台木とし、接ぎ木します。

モミの仲間
ノーブルモミ 'グラウカ'

Abies procera 'Glauca'

ノーブル樅

分　類：マツ科モミ属の常緑中低木
原産地：北米西部
用　途：添景樹
樹　高：5m
植栽可能域：北海道南西部から九州

ノーブルモミ 'グラウカ'
高級感が漂う姿とやわらかい針葉

　ノーブルモミは高さ30mにもなる高木ですが、本種はその矮性品種で5mほどにしかなりません。樹形は端正な円錐形で枝は水平あるいは若干斜上し、枝葉が密生します。針葉は常緑で灰青色、葉触りはやわらかく、名前（ノーブル・高貴）のとおり高級感があります。年間10〜20cm伸びます。

植えつけ　適期は1〜3月。
施肥　毎年2月頃に寒肥を与えます。
苗のふやし方　モミを台木とし接ぎ木しますが、側枝を接ぐと心が立たず横張り性が残ります。

レイランドヒノキの仲間
レイランドヒノキ

×*Cupressocyparis leylandii*
レイランド檜

分　類：ヒノキ科レイランドヒノキ属の常緑高木
原産地：属間雑種
用　途：トピアリー、生け垣
樹　高：25m
植栽可能域：北海道南西部から九州

芽吹き
1・2・3・4・5・6・7・8・9・10・11・12
施肥　　　　　　　刈り込み・剪定

　本種はモントレーイトスギとアラスカヒノキの属間雑種です。生育旺盛で樹高は25m以上、樹形は円錐形になります。主幹は直上し、枝は粗く水平に伸びるため若木のうちは観賞性が劣ります。アラスカヒノキの葉を細長くしたような鱗葉で、緑色あるいは青みを帯びた緑色で、冬も変色しません。大変生長が早く年間に80〜100cm伸びます。

植えつけ　1〜3月。
整枝・剪定　萌芽前と夏に全体的に刈り込む。
施肥　毎年2月頃に寒肥を与えます。
苗のふやし方　1〜3月に密閉挿しします。

成長が早いので防風樹としても利用されるレイランドヒノキ

レイランドヒノキ'ゴールド・ライダー'

レイランドヒノキの仲間
レイランドヒノキ 'ゴールド・ライダー'

×*Cupressocyparis leylandii* 'Gold Rider'
レイランド檜

分　類：ヒノキ科レイランドヒノキ属の常緑高木
原産地：属間雑種
用　途：トピアリー、生け垣、添景樹
樹　高：4〜6m
詳細可能域：北海道南西部から九州

芽吹き
1・2・3・4・5・6・7・8・9・10・11・12
施肥　　　　　　　刈り込み・剪定

　レイランドヒノキの黄金葉の園芸品種。鱗葉は日当たりがよいと一年中黄金色で、特に冬は鮮やかですが、日当たりが悪いと色が冴えません。樹形は円錐形になります。数回刈り込むと枝葉が密生してボリューム豊かになります。夏に枝蒸れすることがないので生垣向きの品種です。年間に30〜50cm伸びます。

植えつけ　適期は1〜3月。
整枝・剪定　萌芽前と夏に全体的に刈り込む。
施肥　毎年2月頃に寒肥を与えます。
苗のふやし方　1〜3月に密閉挿しします。

ローソンヒノキの仲間
ローソンヒノキ 'エルウッディ'

Chamaecyparis lawsoniana 'Ellwoodii'
ローソン檜〈別名：ベイヒ〉

分　類：ヒノキ科ヒノキ属の常緑中低木
原産地：北米西部
用　途：添景樹
樹　高：2〜3m
植栽可能域：北海道南西部から九州

芽吹き
1・2・3・4・5・6・7・8・9・10・11・12
施肥　　　　　　　刈り込み・剪定

　本種はシルバースターの名で主に鉢物として流通しています。主幹、側枝ともに直上し、樹高は2〜3m、樹形は狭円錐形になります。針葉は薄い緑青色で、葉触りがやわらかいため鉢物に向いています。欧米では前庭などに植栽されますが、残念ながら雨の多い日本では庭植えに向きません。年間30〜40cm伸びます。

植えつけ　適期は1〜3月。
整枝・剪定　萌芽前と夏に全体的に刈り込む。
施肥　毎年2月頃に寒肥を与えます。
苗のふやし方　1〜3月に密閉挿しします。発根は容易です。

ローソンヒノキ'エルウッディ'遮光下で栽培した株

ローソンヒノキ'コルムナリス・グラウカ'

ローソンヒノキの仲間
ローソンヒノキ 'コルムナリス・グラウカ'

Chamaecyparis lawsoniana 'Columnaris Glauca'
ローソン檜

分　類：ヒノキ科ヒノキ属の常緑中低木
原産地：北米西部
用　途：生け垣
樹　高：5〜6m
植栽可能域：北海道南西部から九州

芽吹き
1・2・3・4・5・6・7・8・9・10・11・12
施肥　　　　　　　刈り込み・剪定

　青みを帯びた緑葉の品種コルムナリスから選抜された品種で、本種のほうが多く生産されています。主幹、側枝とも直上し樹高は5〜6m、樹形は狭円錐形になります。分枝が旺盛で鱗葉は鮮やかな青色、あるいは緑青色になります。夏の暑さや過湿に弱い傾向があるのと移植が困難であるため、植えつけ場所の選定には十分注意が必要です。年間50cm程度伸びます。

植えつけ　適期は1〜3月。
整枝・剪定　萌芽前と夏に全体的に刈り込む。
施肥　毎年2月頃に寒肥を与えます。
苗のふやし方　1〜3月に密閉挿しします。発根は容易です。

コニファー

Column

伝統の庭園樹、マツ類を見直そう

住宅様式の変化に伴い、庭のスタイルも変わり、昔ながらの和風の庭はめっきり少なくなりました。これまで庭の定番とされてきたマツ類も需要は激減しています。けれども長年にわたり、庭の主木として扱われてきたのには、それだけの長所があるからです。伝統の庭園樹のよさを、もう一度再認識してみませんか。

マツ
Pinus

松

分　類：マツ科マツ属の常緑針葉樹、高木
原産地：北半球の寒帯〜亜熱帯
用　途：主木、景観樹、添景樹、盆栽

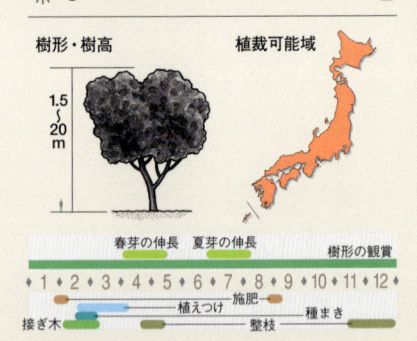

樹形・樹高　1.5〜20m
植栽可能域

春芽の伸長　夏芽の伸長　樹形の観賞
・1・2・3・4・5・6・7・8・9・10・11・12
接ぎ木　植えつけ　施肥　種まき
　　　　　　　　　整枝

すがすがしい緑が愛され、和の庭の主役とされてきた木

太い幹は天を突き、あるいは海上に浮かぶ岩上に根を張り、風雪に耐えながらも常に変わらない緑翠の枝を張ります。その強健さ、寿命の長さがマツの最大の魅力です。そこで私たち日本人は古来、百木の長、瑞祥木として崇めてきました。昔から庭園の主役とされてきたのも、そうした尊崇の念が働いていたからです。

前庭に植えられたアカマツ。関東地方では、昔から好んでアカマツが用いられてきた。

新年には一年の無事と豊穣をもたらす神聖な来迎の松として、門や玄関に供える風習は今でも残されています。

さて、身近に利用されているマツとしては、クロマツ、アカマツ、ゴヨウマツが代表的ですが、多くの園芸品種があります。

主な種類　タギョウショウ（多行松）…枝をよく分岐し、株状に育つアカマツの変種。シダレアカマツ…枝が美しく枝垂れます。ニシキマツ…樹皮が板状に縦に裂け、2〜4方向に発達するクロマツの変種。ジャノメマツ…黄白色の斑が蛇の目状に入るアカマツの変種。アカジャノメマツ…蛇の目が美しい紅色となるアカマツの変種。

植えつけ　寒さに強いので、2月中旬〜4月上旬が適期です（ゴヨウマツは3月中旬くらいまでが適期）。日当たり、水はけのよいところを選び、植え穴は根鉢よりも少し大きめに用意します。

普通の庭土であれば特に腐葉土を入れる必要はありませんが、2m以下の苗を植えつける場合は、10ℓほど腐葉土を入れて土とよく混ぜ、できるだけ高めに植えるようにします。根鉢は絶対に崩さないで植えます。

1m以下の根鉢のない素掘り苗の場合は、植えつけ前に根を水に浸し、そのあとに細かい庭土をよく根にまぶして植えると、よい結果が得られます。

植えつけるときは木の大小にかかわらず、植えつけ後に水を与える「土決め法」で植えつけます。

整枝・剪定　庭木の場合は、4月中旬〜5月中旬に萌芽した芽を掻き取り、前年の

葉姿も豪壮なクロマツ。樹勢もきわめて強い。

葉を少し残してもぎ取る「みどり摘み」と、11～12月に夏芽と古葉を整理する「もみ上げ」、この2回の作業を基本とします。作業程度の強弱は、樹勢、樹種によって異なります。

　仕立て上がったマツは、1年に2回、上記の手入れを行いさえすれば、端正な樹形を保つことができます。

四季の管理　1月下旬～2月上旬に施す寒肥には、油粕や発酵牛ふんを、9月上旬の追肥には油粕と粒状化成肥料を等量に混ぜたものを施します。

苗のふやし方　基本種は実生でふやしますが、園芸品種は2月に接ぎ木（主に腹接ぎ）でふやします。

病害虫　アブラムシ、カイガラムシ、マツケムシなどが発生するので、殺菌、殺虫剤を定期的に散布して防除します。

タギョウショウ。傘状に枝を広げ、庭の添景樹として面白い

クロマツの木肌　　アカマツの木肌

ジャノメマツ

ゴヨウマツの株立ち

春に行うクロマツのみどり摘み

春に伸び出た新芽（みどり）を切り取ります。枝姿を維持するために欠かせない作業です。

▼ 春になると枝先から数本、みどりが伸び出る。

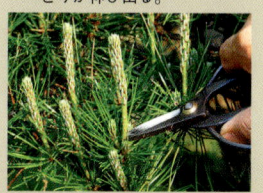

▼ 中心の強いみどりは基部から切り取る（他は樹勢に応じる）。

みどり摘みの作業完了。

カンキツ類

Citrus

柑橘類

分　類：ミカン科ミカン属、キンカン属の
　　　　常緑性低木〜小高木
原産地：アジア南東部およびその周辺の島々
開花期：5〜6月　花芽：タイプ 5
花　色：○
用　途：景観樹、採果用、盆栽

樹形・樹高　2〜7m
植栽可能域

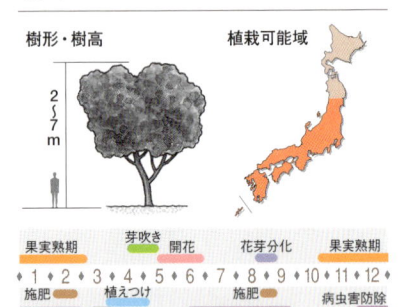

| 果実熟期 | 芽吹き | 開花 | 花芽分化 | 果実熟期 |
| 1 | 2 | 3 | 4 | 5 | 6 | 7 | 8 | 9 | 10 | 11 | 12 |
施肥　植えつけ　施肥　病虫害防除
病虫害防除　剪定　病虫害防除

カンキツ類の枝抜き

春先に大枝を間引いて通風・採光を図る

ウンシュウ（温州）ミカン

アマナツ（甘夏）ミカン 　　　ヒュウガナツ（日向夏）

生食用から香酸カンキツまで おどろくほど種類は豊富。 温暖化により栽培可能域も拡大

　30年ほど前までは、東京以北でミカンやナツミカンなどを庭に植えて楽しむのは、冬の寒さのため難しかったものです。ところが、近年は、秋ともなると街のそこかしこで黄金色に色づいたカンキツ類の姿を非常によく見かけるようになりました。関東地方では秋の家庭果樹といえば、どの家にも見かけたのはカキでしたが、今ではカンキツ類にとって代わられた感があります。その背景には、このところ急速に温暖化が進んできたことが挙げられます。

　もともとカンキツ類の生育できる地域は限られていました。冬の気温の低い地域の人たちにとっては憧れの果実であったところから、温暖化に乗じて一斉に植えられるようになってきたものと思われます。

　ところでカンキツ（柑橘）という名称ですが、中国では「柑」と「橘」とは区別されているようで、「柑」は南方系の大果種を指し、「橘」は北方系の小果種を指します。

おすすめの種類　ウンシュウミカン…カンキツ類の代表種。皮離れがよく食べやすいところから、近年は欧米でも人気が高まっています。ナツミカン…果実が大きなカンキツで、類似種にアマナツミカン、ハッサクがあります。シークワーサー…沖縄ブームに伴い健康フルーツとして一躍人気の出た日本原生のカンキツです。キンカン…小果の代表種で、果実の大きな福州キンカン、ナガミキンカンなどがあります。ユズ…最も耐寒性のある香酸カンキツで、古くから栽培されてきました。果皮の香りは絶品で冬季の鍋料理などには欠かせません。レモン…栽培が難しいといわれていますが、暖地であれば家庭でも十分楽しめます。オウゴンカン…甘味、酸味ともに強く生食、果実酒に適します。

　このほか、コミカン、ポンカン、ヒュウ

カンキツ類の多くは多胚種子なので、1個のタネから何本もの苗が生まれます。受精胚のほかに無性胚もあるので、栄養繁殖と同様、親木と同じ形質の子が生まれます。

ナツミカン（夏蜜柑）

ナガミ（長実）キンカン

ニンポー（寧波）キンカン

ナツミカンの花

門の脇で大きく育ったナツミカン

沖縄特産のシークワーサー

家庭果樹

ガナツ、日本原産のタチバナ、大型の土佐ブンタン、香酸カンキツではスダチやカボスなどが楽しめます。

植えつけ 最近は販売される苗のほとんどが鉢植えにされているので、3月の彼岸過ぎであれば扱えます。ただし、鉢植え苗でも、根鉢の土は表面を少し崩す程度で植えつけるのがコツです。

植え穴は大きめに掘り、腐葉土か堆肥を穴底に10ℓくらい入れてよく踏みつけ、再び土を戻してから高めに植え、たっぷり水を与えて支柱を取りつけておきます。

整枝・剪定 剪定の適期は3月上旬～中旬です。基本的には花芽をつける枝先の切りつめではなく、込んでいる部分の枝の一部をつけ根から切り取って（枝抜き）、樹冠内への通風、採光をよくします。春に長く伸びた枝は7～8月につけ根から10～15cm残して切り取り、夏～秋に伸びる枝は早めに切り取ります。

苗のふやし方 品種ものは接ぎ木でふやします。実生で育てたカラタチやキンカンを台木として利用し、3月下旬～4月上旬に切り接ぎをするか、7月下旬～8月に腹接ぎをします。

四季の管理 肥料は2月上～中旬に、油かす4：骨粉6の割で混合したものを木の大きさに応じて施します。

開花直前から果実が育つ9月上旬頃までは水切れに注意し、果実を大きく育てますが、その後は徐々に水を控え、糖度を高めていきます。

病害虫 アブラムシ、カイガラムシ、ハダニ、アゲハチョウの幼虫など、害虫が多く見られるので、通風、採光をよくし、結実後は10月上旬まで定期的に殺虫剤を散布していくと効果的です。

▶ **コンパクトに維持するポイント**

例えばザボン系を庭植えで小さく仕立てるというのは難しいので、小型の品種を選ぶことです。または鉢栽培をすすめます。

家庭果樹

庭で大きく育ったレモン

レモン

スダチの花

スダチ。徳島県特産の酸ミカン

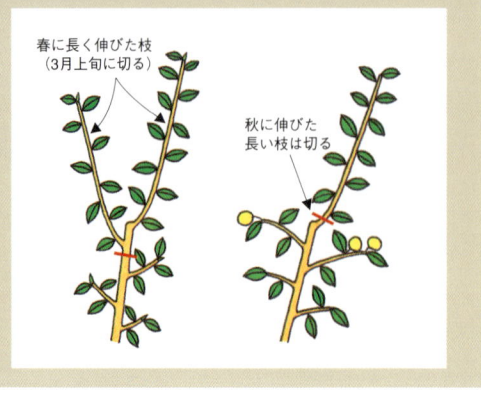

寒さに強いユズ（柚子）は東北南部まで栽培されている

シシユズ（獅子柚子）。巨大果だが観賞用

カンキツ類の整枝（適期＝3月上旬～中旬）

カンキツ類は、前年に伸びた充実した枝の先端もしくは2～3節めの腋芽が花芽となり、ここから伸び出た新梢の先端に開花、結実します。そこで、剪定は一律に枝先をつめるのではなく、徒長枝や込み合った個所の枝を間引く程度とします。

春に長く伸びた枝（3月上旬に切る）

秋に伸びた長い枝は切る

カキ

Diospyros kaki

柿〈別名：カキノキ〉

分　類	カキノキ科カキノキ属の落葉性小高木〜高木
原産地	日本自生説や中国からの渡来説
開花期	5月　　果実熟期：9〜11月
花　芽	タイプ 5　　花　色：○
用　途	景観樹、採果用

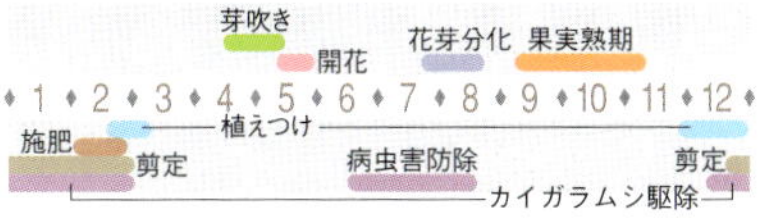

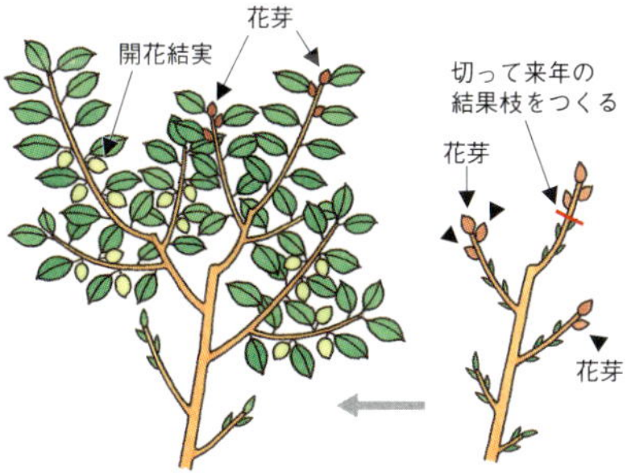

色づくカキの果実は郷愁を誘う秋の風物詩

甘ガキの代表品種 '富有'

シセントキワガキ。常緑性の観賞用カキ

渋ガキの代表品種 '蜂屋'

秋の味覚が楽しめるおなじみの家庭果樹。若葉の緑や秋の紅葉も美しい

日本各地に300〜400年の古木が見られるように、非常に古くから利用されてきた果樹です。干し柿にすることで非常に糖度が高くなるため、砂糖のない時代は甘味料として使われてきたと考えられています。日本の気候風土に合っていることから、地域ごとに適した品種が数多く育成されてきました。

おすすめの種類　'次郎'…品質の高い甘ガキですが受粉樹が必要。'富有'…形、色、食味ともにすぐれていますが受粉樹が必要。'平核無'…渋柿の代表的な品種。'黒柿'…黒褐色に熟す甘ガキで、木は2〜2.5mくらいと小さく、1本でもよく成ります。シセントキワガキ…中国四川省に自生する常緑性の観賞用カキ。雌雄異株。ロウヤガキ（老鴉柿）…指先大の橙赤色の美しい果実をつける観賞用のカキ。雌雄異株。

植えつけ　11月下旬〜12月、2月中旬〜3月上旬が適期。植え穴は大きく深く掘り、堆肥を10ℓくらい入れ、直根を切り詰めずに高めに植えつけ、支柱を立てておきます。

整枝・剪定　剪定は12月上旬〜2月が適期。今年実のなった枝は切り取り、充実した新しい枝は結果母枝となるので残します。

四季の管理　1〜2月に寒肥として、根元に溝を掘り、堆肥や発酵鶏ふんか発酵牛ふん、油粕などを埋めてやります。

苗のふやし方　4月上旬に接ぎ木（切り接ぎ）でふやします。

病害虫　特に気をつけたいのは落果の原因となるカキミガ（ヘタムシ）の幼虫です。6月中旬と8月中旬にスミチオンかパダン1000倍液を散布し駆除します。

コンパクトに維持するポイント

'黒柿'、'筆柿' など小型種を植えるか、鉢植えにして小さく仕立てます。

家庭では甘ガキが好まれる傾向がありますが、肉質や甘さという点では、むしろ渋ガキの優良品種が勝ります。上手に渋抜きをして利用したいものです。

イチジク

Ficus carica

無花果〈別名：トウガキ、ナンバンガキ〉

分　類	クワ科イチジク属の落葉性低木
原産地	アラビア半島、小アジア
果実熟期	7月～8月上旬（夏果）、8月下旬～10月（秋果）
花　芽	タイプ 1
用　途	採食用
樹　高	2～4m
植栽可能域	関東地方以西の温暖な地域

鉢植えでも容易に育てることができる

'桝井ドーフィン'

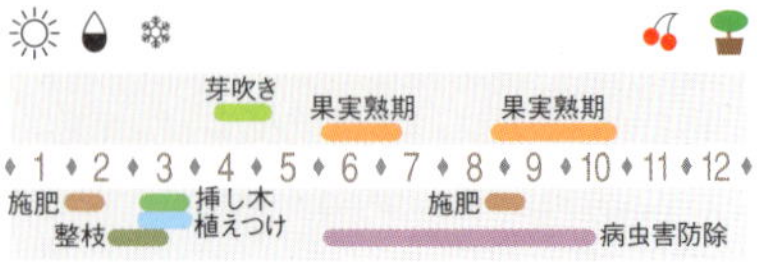

果実に見えるのは「花托」。暖かい地域なら栽培は容易

古い時代に渡来し、家庭果樹として広く親しまれてきました。「無花果」と書きますが、食用となる部分は果実ではなく、花托という部分です。受粉用の特殊な蜂が日本にはいないので、果実はなりません。夏果を収穫する品種と秋果を収穫する品種とがあります。

おすすめの種類 '桝井ドーフィン'…明治時代にアメリカから導入した大果品種。最も多く栽培されています。'ブラウン・ターキー'…夏・秋兼用種で高品質。木はコンパクト。'蓬莱柿(ほうらいし)'…在来種で最も寒さに強い。

植えつけ 落葉中が適期（寒地では3月）。苗は40～50cmに切りつめて植えます。

整枝・剪定 新梢の葉腋に花芽ができるので、元気な新梢を伸ばすようにします。枝を水平に引き下げてやると、わき芽が多数発生して結果枝となります。

四季の管理 排水不良とともに乾燥を嫌うので、マルチングが有効です。

苗のふやし方 落葉期に挿し木で簡単に発根し、苗が得られます。

病虫害 カミキリムシの幼虫の食入に注意。

コンパクトに維持するポイント

強剪定もできますが、小さく保つには、やはり鉢仕立てがよいでしょう。

キウイフルーツ

Actinidia chinensis

獼猴桃〈別名：シナサルナシ、オニマタタビ〉

分　類	マタタビ科マタタビ属の落葉性つる性木本
原産地	中国南部
開花期	5月中旬～下旬
花　芽	タイプ 5
花　色	○
用　途	採食用、棚、パーゴラ、フェンス
つるの長さ	10m以上
植栽可能域	関東地方以西の温暖な地域

'ヘイワード'の棚仕立て

雌花

雄花

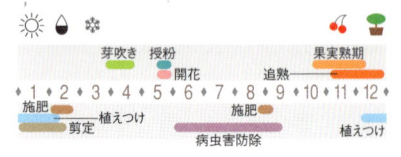

樹勢が強く、育てやすいが受粉用の雄木が必要

あまりにも樹勢が強く、太いつるを多数発生させるため、近年、一般家庭の庭では見かけなくなりました。収穫後に追熟が必要な点も家庭果樹として敬遠される理由のひとつかもしれません。

おすすめの種類 'ヘイワード'…大果の優良品種。'モンティ'…豊産種。このほか果皮が無毛の黄肉品種などがあります。

植えつけ 活動が早いので12月中が適期。植え穴は大きめに掘り、堆肥を15～20ℓ入れて土とよく混ぜ、高めに植えます。

整枝・剪定 春から長く伸びるつるは先の巻きづる部分を随時切り取り、結実した新梢は果実の先10節くらいを残して切り取っておきます。基本的な剪定は12～1月に行います。

四季の管理 特にありません。

苗のふやし方 実生苗は雌木か雄木かがわからないので台木に利用し、品種の増殖は3月下旬に接ぎ木で行います。

病害虫 クワシロカイガラムシ、コウモリガの幼虫などは早めに駆除します。

コンパクトに維持するポイント

庭植えでは難しいので、10～15号のプラスチック鉢であんどん仕立てがよいでしょう。

ビワ

Eriobotrya japonica

枇杷

分　類：バラ科ビワ属の常緑性高木
原産地：中国、日本（西日本の限られた地域）
開花期：11月中旬～12月　果実熟期：翌年6月
花　芽：タイプ❷　　　花　色：○
用　途：景観樹、採果用　樹　高：5～8m
植栽可能域：関東地方以西の温暖な地域

鈴なりに実をつけたビワ

ビワの花

大果品種の'田中'

代表的な初夏の味覚。
枝抜きをして繁りすぎを防ぐ

　夏季を告げる代表的な果樹で、奈良時代にはすでに生食されていました。果樹としての栽培は江戸時代後期に中国から大果種が導入されてからのことです。
おすすめの種類　'茂木'…中国から長崎に入った唐（から）ビワの実生から日本で生まれた品種。'田中'…中国から入った大果種のタネから生まれた品種。
植えつけ　3～4月中旬を適期とします。植え穴は大きめに掘り、堆肥を10ℓほど入れ、深植えにならないように植えつけます。
整枝・剪定　放任すると樹冠が大きく繁り、うっとうしくなるので、思い切った枝抜きを行います。開花前の9月中旬～下旬が適期です。
四季の管理　肥料は油かすと骨粉を半々に混ぜたものを9月、2月、6月（収穫直後）の3回に分けて根元に施します。また結実後は1房2～3個を残して摘果をします。
苗のふやし方　実生、接ぎ木でふやします。実生苗でもおいしい果実が採れます。
病害虫　特にありません。

コンパクトに維持するポイント

鉢栽培をおすすめします。8～15号のプラ鉢で育てるとよいでしょう。

フェイジョア

Feijoa sellowiana

〈別名：パイナップルグァバ〉

分　類：フトモモ科フェイジョア属の常緑性低木
原産地：ブラジル南部、パラグァイ
開花期：6月　果実熟期：10～11月
花　芽：タイプ❶　花　色：●（蕊）、○（花弁）
用　途：添景樹、採果用　樹　高：2～4m
植栽可能域：関東以西の温暖な地域

庭植えのフェイジョア。青みを帯びた葉も美しい

'マンモス'

フェイジョアの花。
肉質の花弁は甘く
生食できる

肉厚の白い花弁と
真っ赤な蕊（しべ）の対比が美しい

　昭和初期にアメリカから導入された亜熱帯性の果樹ですが、東京付近でも戸外で生育するほど強健です。
おすすめの種類　'マンモス'…大果種。このほか'クーリッジ'、'トライアンフ'、'ベソン'などが市販されています。
植えつけ　3月下旬～4月が適期です。2～3品種を植えたほうが結実がよくなります。
整枝・剪定　3月がよく、枝をつけ根から切り取り、樹冠を透かして採光通風をよくします。支柱を添えてやることも大切です。
四季の管理　肥料は油かすと骨粉を等量に混ぜたものを2月上旬と8月下旬に根元に施します。また、開花時に他品種の花粉をつけてやると結実しやすくなります。
苗のふやし方　挿し木がよいでしょう。7月に新梢を挿し穂にして挿します。
病害虫　テッポウムシやコウモリガなど幹を食害する害虫は、早めに駆除します。

コンパクトに維持するポイント

なかなか難しく、ある程度自然の形で育てるしかありません。

フサスグリ

Ribes rubrum

房酸塊〈別名：アカスグリ、カラント〉

| 分　類：ユキノシタ科スグリ属の落葉性低木
| 原産地：西ヨーロッパ
| 開花期：5月　果実熟期：7～8月
| 花　芽：タイプ **1**　花　色：
| 用　途：半日陰の植え込み、ゼリー、ジャム
| 樹　高：1～1.5m　栽培可能域：関東地方以北

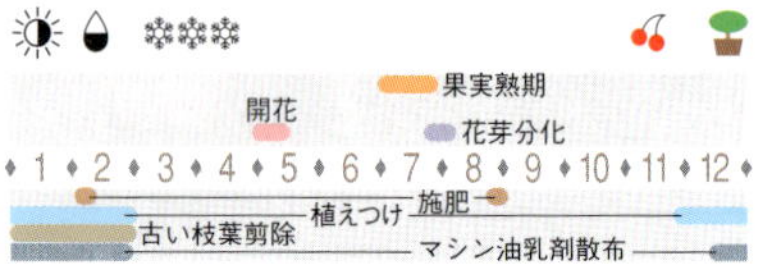

ルビーのような美しい果実。日陰で育つ家庭向きの小果樹

　半日陰を好む小果樹です。同属のスグリ（西洋スグリ）は1果ずつ実がつきますが、本種は房状の果房をつけ、赤い小さな実をたくさんつけます。また、スグリの枝には鋭いトゲがありますが、本種はトゲがないので扱いやすく家庭向きです。果実は酸味が強いのでゼリーやジャムに利用されます。

おすすめの種類　赤実種よりも酸味が少ない白実種があります。

植えつけ　11月下旬～3月が適期。土質は選びません。家の北側でもよく育ちます。風通しがよくて涼しい場所に植えつけます。

整枝・剪定　根際から次々と出る新梢は、強い枝を数本残し、弱々しい枝は地際から切り取ります。また、実がつきにくくなった古い枝幹も冬の間に間引きます。

半日陰を好むので、雑木の下などに植えるとよい

フサスグリ（白実種）

四季の管理　浅根性なので、根元にピートモスなどでマルチングし、乾燥を防ぎます。

苗のふやし方　9月頃成熟した枝を用いて挿し木をします。株分けも簡単です。

病害虫　暖地ではうどんこ病が、また風通しが悪いとカイガラムシが発生します。

▶ **コンパクトに維持するポイント**

冬の間にふえすぎた枝幹を間引いて株を小さく保ちます。

ラズベリー

Rubus

〈別名：キイチゴ〉

| 分　類：バラ科キイチゴ属　落葉性低木
| 原産地：ヨーロッパ、北米
| 開花期：5～6月　果実熟期：6～7月
| 花　芽：タイプ **2**　花　色：○
| 用　途：添景樹、フェンス、生食、ジャム
| 樹　高：1～1.5m　栽培可能域：日本全国

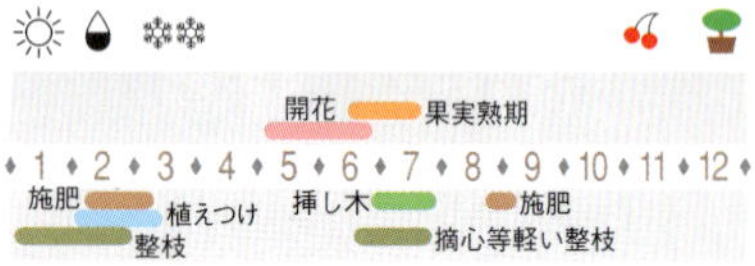

キイチゴの仲間。フェンス沿いなどに植えて楽しみたい

　キイチゴ類は、大別すると「ラズベリー」と「ブラックベリー」（P173）の二つに分けることができます。果実が熟すと花床からすぽっと抜け、果実が中空で帽子状になるのがラズベリーで、枝幹は直立性です。

おすすめの種類　'インディアン・サマー'、'ローヤリティー'。その他いくつかの品種が市販されています。

植えつけ　2月～3月上旬がよく、土壌中の通気性を必要とするので、堆肥や腐葉土を多めに入れてやると根がよく張ります。

整枝・剪定　1～2月が適期。昨年結実した

'インディアン・サマー'

ラズベリーの花

短枝は古いシュートごと地際で切り取り、花芽をつけた新しい枝幹に更新します。

四季の管理　2月に根元周囲に溝を掘り、腐葉土と油粕と骨粉を等量に混ぜたものを施し、埋め戻しておきます。

苗のふやし方　ヒコバエの株分け。枝先を土中に埋めておいて取り木。または7月に挿し木でふやします。

病害虫　通風が悪いとカイガラムシが発生するので冬期に駆除します。

▶ **コンパクトに維持するポイント**

鉢仕立てがよいでしょう。10号前後のプラ鉢での栽培をおすすめします。

ブドウ

Vitis

葡萄

分　類：ブドウ科ブドウ属の落葉性つる性木本
原産地：中央アジア～地中海沿岸、北米、東アジア
開花期：5月　果実熟期：9～11月
花　芽：タイプ 5
花　色：
用　途：採果用、日よけ棚、フェンス

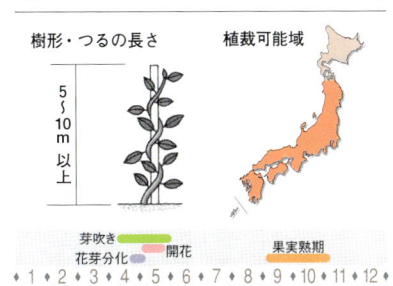

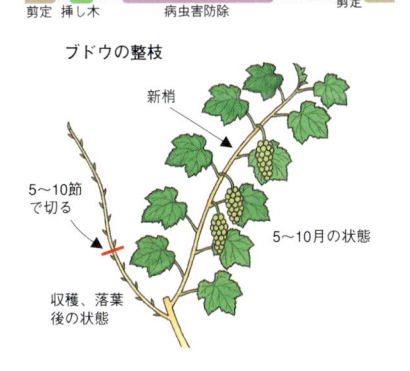

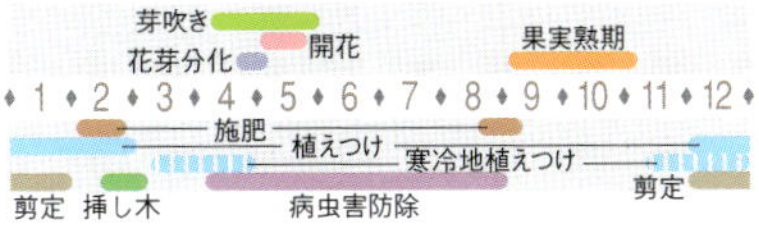

パーゴラに誘引したブドウ

'巨峰' 　　　'甲斐路' 　　　'ロザリオ・ビアンコ'

暑さ、寒さに強く、育てやすい。実をならせるのも簡単なのでホームフルーツに最適

日本にもヤマブドウをはじめエビヅル、サンカクヅルといった野生種が見られますが、栽培種は欧米系の園芸品種で占められています。本格的に栽培が始められたのは明治に入ってからですが、今ではカキ、ウメに次いで家庭果樹としてよく植えられています。

おすすめの種類　'甲州'…平安時代末期に偶然発見されたヨーロッパ系のブドウ。晩生種。'巨峰'…果実が大きくて食味がよく、現在最も多く植えられている品種。'デラウェア'…小粒小房の育てやすい品種。'マスカット・ベリー・A'…中粒大房の強健種と家庭栽培向きの品種。'ナイアガラ'…中粒種と小粒種の中間の大きさで、育てやすい青ブドウ。

植えつけ　東京付近では12～2月ごろが適期ですが、寒冷地では11～12月または3～4月に植えつけます。乾燥を好み、根は浅く広く張るところから、植え穴は広めに掘り、堆肥か腐葉土を多めに入れ、できるだけ高めに植えつけることが大切です。

整枝・剪定　12～1月が適期。花芽は新梢の葉腋につくので、長い枝は1/3、または10芽くらい残して切り取ります。

四季の管理　肥料は、油粕と骨粉を等量に混ぜたものを2月と9月上旬に施します。摘果は花後20～30日に行い、その後、紙袋をかけて保護します。

苗のふやし方　挿し木が容易です。2月に2～3節に切って挿すとよく活着します。

病害虫　病気が多いので、冬期、石灰硫黄合剤を、また4～8月にかけて殺菌剤を散布します。

コンパクトに維持するポイント

鉢仕立てがよいでしょう。プラ鉢の8～12号に植えれば十分育てられます。

平安時代末期に'甲州'が発見されたのは山梨県勝沼地方とされていますが、このヨーロッパ系のブドウのタネが、どのような経路でもたらされたかは不明です。

ブルーベリー

Vaccinium cvs.

分　類：ツツジ科イスノキ属の落葉性低木
原産地：北米〜カナダ
開花期：4月　果実熟期：6〜8月
花　芽：タイプ 2
花　色：○
用　途：採果用、植え込み、生け垣

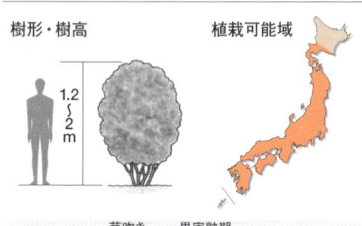

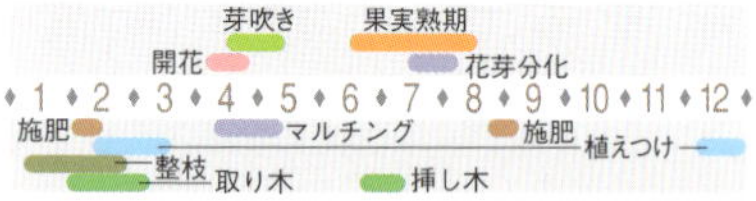

ブルーベリーの整枝

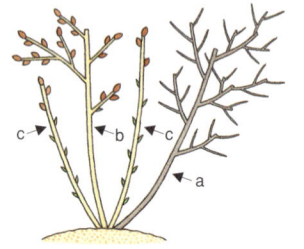

a 枝は5年生くらいの古い枝なので根元から切り取る。
b 枝は2〜3年生枝でよく結実する。
c 枝は新梢で先に花芽をつけるが、必ず結実するとは限らない

愛らしい壺形の花を咲かせる

'ウッダード'

見て美しく食べておいしいことから、ホームフルーツとして大の人気

秋には真っ赤な紅葉が楽しめる

栽培容易な小果樹として人気。また、秋の紅葉もすばらしく観賞用樹木としても注目

　北米〜カナダに広く自生し、古くから野生種の果実がジャムやジュース、ケーキなどに利用されてきました。今では選抜や交雑によって、鮮青色から黒色に熟する風味のよい大粒の果実をつける品種が数多くつくり出されています。
　日本には60年ほど前から導入され、栽培が始まりました。壺形の愛らしい花と秋の紅葉も美しいため、庭木としての人気も高まっています。

おすすめの種類　ラビット・アイ・ブルーベリー系の'ホーム・ベル'、'ティフ・ブルー'、'ウッダード'などとハイブッシュ・ブルーベリー系の'ウェイマス'、'ブルー・レイ'、'アーリー・ブルー'など、それに両種の交配種も続々と導入されています。
植えつけ　12月および2〜3月上旬が適期。軽い火山灰質の水はけのよい酸性土壌が適するので、鹿沼土や無調整のピートモスを直径1〜1.2m、高さ30〜50cmに盛って植えつけます。植えつけ後さらにピートモスでマルチングをします。
整枝・剪定　毎年地際から勢いのよい新梢を出すので、5〜6年生の古い枝幹を1〜2月につけ根から切り取っていきます。
四季の管理　油粕と骨粉を等量に混ぜた肥料を2月と8月下旬に施します。
苗のふやし方　2〜3本の苗なら株が大きくなれば取り木できますが、数多くふやすなら挿し木によります。6月下旬〜7月上旬に新梢を鹿沼土に挿します。
病害虫　あまり見られません。果実を生食するので薬剤散布は避けたいものです。

コンパクトに維持するポイント

ラビットアイもハイブッシュも立ち性と横張り性があるので、横張り性の品種を選び鉢仕立てにするとよいでしょう。

この仲間では日本でも、冷涼な高山に自生するクロマメノキ（アサマベリー）が、古くからジャムなどに利用してきました。

アンズ
Prunus armeniaca
杏

分 類：バラ科サクラ属の落葉性低木〜小高木
原産地：中国　開花期：3〜4月　果実熟期：6〜7月
花 芽：タイプ **1**　花 色：●
用 途：景観樹、採果用　樹 高：4〜6m
植栽可能域：北海道南部、本州

　花も果実も美しく、庭木としてもおもしろいのですが、ウメよりも夏冷涼な気候を好むので、リンゴ同様北方系の果樹です。'新潟大実'、'平和'、'甲州大実'といった品種があります。苗の植えつけ適期は12月または2月です。

ウメ（実ウメ）
Prunus mume
梅〈別名：ムメ〉

分 類：バラ科サクラ属の落葉性高木
原産地：中国　開花期：2〜3月　果実熟期：5〜6月
花 芽：タイプ **1**　花 色：○
用 途：景観樹、採果用、盆栽
樹 高：5〜10m　植栽可能域：本州、四国、九州

　花の観賞を目的とする「花ウメ」に対し、果実の採取を目的とするウメを「実ウメ」と呼んで区別していますが、両者の厳密な区別は難しいところです。実ウメは複数の異なった品種が近くにあることで結実がよくなります。

カリン
Choenomeles sinensis
花梨、花櫚

分 類：バラ科ボケ属の落葉性小高木〜中高木
原産地：中国　開花期：4〜5月　果実熟期：10月下旬から
花 芽：タイプ **1**　花 色：●
用 途：景観樹、採果用、盆栽　樹 高：5〜8m
植栽可能域：本州

　冷涼地を好みます。土質は選びません。淡紅色の花も美しいのですが、特に楕円形をした大きな黄色い果実が枝に下がる様子は、晩秋から初冬の庭を飾るのに格好な木です。果実は香りがよく、果実酒や砂糖漬けに利用されます。

グミ（ナツグミ）
Elaeagnus multiflora
夏茱萸、木半夏

分 類：グミ科グミ属の落葉性低木
原産地：北海道〜九州　開花期：4〜5月
果実熟期：7月　花 芽：タイプ **5**
花 色：●　用 途：添景樹、盆栽
樹 高：2〜4m　植栽可能域：日本全国

　グミのなかで果実が最もおいしく、特に変種のトウグミから選抜された'ダイオウグミ'（別名ビックリグミ）は大果で、家庭果樹として栽培されています。育て方は非常に簡単で、ほとんど剪定の必要もなく、毎年収穫が見込めます。

ザクロ（実ザクロ）
Punica granatum

分 類：ザクロ科・ザクロ属の落葉性小高木
原産地：小アジア〜アフガニスタン
開花期：6月　果実熟期：9〜10月
花 芽：タイプ **1**　花 色：●　用 途：景観樹、盆栽
樹高：3〜5m　植栽可能域：関東以西、四国、九州

　果実の液果がおいしく食べられるグループを「実ザクロ」と呼んでいます。これまで果樹としての利用はあまりされてきませんでしたが、花も木姿も美しく、家庭果樹としておすすめです。植えつけは3月中旬〜4月中旬が適期です。

ブラックベリー
Rubus fruticosus

分 類：バラ科キイチゴ属の落葉性つる性木本
原産地：北米東部　開花期：6月　果実熟期：7〜8月
花 芽：タイプ **2**　花 色：●　○
用 途：添景樹、フェンス　つるの長さ：2〜5m
植栽可能域：本州、四国、九州

　キイチゴ類の中で、熟した果実が萼のすぐ上の花盤から離れる系統をブラックベリーと呼んでいます。いろいろな種類がありますが、多くはつる性で長いシュートを伸ばし、翌年、ここから発生した短枝に開花・結実します。

家庭果樹

アケビ

Akebia quinata

野木瓜、木通

分　類：アケビ科アケビ属の落葉性つる性木本
原産地：本州、四国、九州、朝鮮半島、中国
開花期：4～5月　果実熟期：9月中旬～10月
花　芽：タイプ ❹　花　色：●
用　途：棚仕立て、フェンス、アーチ、盆栽など
つるの長さ：3～7m　植栽範囲：北海道南部以南

1	2	3	4	5	6	7	8	9	10	11	12
		芽吹き		開花		花芽分化		果実熟期			
施肥		剪定		授粉			施肥				

野趣に富んだアケビの果実

アケビの花

見て楽しめ、食べておいしい
野趣豊かな果実が魅力

　大果でおいしく、眺めて楽しめる身近な山野に自生しているつる植物です。

おすすめの種類　ミツバアケビ…3枚の小葉からなり、5枚の小葉を持つアケビ（ゴヨウアケビ）より果実が大きく美しい。シロミノアケビ…花、果実が白色の品種。

植えつけ　腐植質に富んで保湿性があり、同時に水はけのよい場所が適します。植えつけ適期は2～3月中旬です。

整枝・剪定　つるは、ムベのようには太くならないので、絡み合ったつるを整理する程度です。1～2月に行います。

四季の管理　1～2月と9月上旬に油粕と粒状化成肥料を等量混ぜたものを1～2握り、根元にまく程度でよいでしょう。雌雄同株ですが、異株があるほうがよく結実します。

苗のふやし方　実生、取り木（高取り、ヒコバエの切り離し）によります。

病害虫　胴に2つの目玉模様があるアケビコノハの幼虫は見つけ次第捕殺します。

コンパクトに維持するポイント

庭植えでは、著しく小さく仕立てるのは困難です。鉢仕立てをおすすめします。

イタビカズラ

Ficus sarmentosa var. *nipponica*

板碑蔓

分　類：クワ科イチジク属の常緑性つる性木本
原産地：関東南部以西、四国、九州、沖縄
開花期：6～7月　花　芽：タイプ ❶
用　途：壁面　つるの長さ：2～4m
植栽範囲：関東以西～沖縄

1	2	3	4	5	6	7	8	9	10	11	12
			芽吹き		開花						
	剪定		挿し木		植えつけ			挿し木			

密に繁る性質なので壁面緑化に最適

オオイタビカズラの実

壁面をびっしりと覆い
小さな葉が密に繁る

　ガーデニングでよく使われるプミラの近縁種です。壁面をカバーする植物としてはキヅタ、セイヨウキヅタ、ナツヅタ、テイカカズラなどがよく使われていますが、本種は小葉で、壁面にぴったり張りついているので美しく仕上がります。壁面は少しざらついているほうがよく這い広がります。

おすすめの種類　オオイタビカズラ…葉は全縁で先はとがりません。

植えつけ　4～5月が適期。最初はつるをステイプルで壁面に固定していきます。根づいて伸びはじめると気根をたくさん出しながら少しずつ這い上がっていきます。

整枝・剪定　壁に這いそこねて垂れ下がってしまった枝を切る程度です。

四季の管理　ほとんど必要ありません。

苗のふやし方　挿し木でふやします。6月下旬～7月および9月が適期です。挿し穂は8～10cmくらいに調整して挿します。

病害虫　ほとんどありません。

コンパクトに維持するポイント

生長はそれほど早くないので、心配ありません。

カロライナジャスミン

Gelsemium sempervirens

分　類：マチン科ゲルセミウム属の常緑性つる性木本
原産地：北米南東部　　開花期：4月
花　芽：タイプ 1　　花　色：🟡
用　途：フェンス、トレリス、アーチ仕立て
つるの長さ：5〜7m　　植栽範囲：東北南部以南

明るい黄色花がフェンス一面を覆う

八重咲き種

株いっぱいに咲く黄色い花が春の庭を明るく装う

　属名のゲルセミウムはジャスミンのイタリア名Gelsominoに由来します。丈夫で育てるのは容易ですが、有毒植物なので口に入れたりしないよう注意が必要です。
おすすめの種類　ヤエザキカロライナジャスミン、二重咲きカロライナジャスミン。
植えつけ　大株の移植は難しいので、5〜6号鉢仕立てくらいの苗を植えます。花の直後くらいが適期。鉢仕立て苗は根鉢を崩さないようていねいに扱い、高めに植えつけます。
整枝・剪定　つるが込みすぎたときには花後に切りつめ、新梢を伸ばし、場所に応じて誘引します。
四季の管理　花の終わった直後と8月下旬に粒状化成肥料を根元に少量ばらまいてやる程度で十分です。
苗のふやし方　実生もできますが、6月下旬〜7月に挿し木でふやすのが一般的です。
病害虫　特に見られません。

コンパクトに維持するポイント
鉢仕立てがよいでしょう。5号鉢くらいの小さな鉢でも花が楽しめます。

ツタ

Parthenocissus tricuspidata

蔦〈別名：ナツヅタ〉

分　類：ブドウ科ツタ属の落葉性つる性木本
原産地：日本全土　　開花期：6〜7月
花　芽：タイプ 5　　花　色：🟢
用　途：壁面、グラウンドカバー、盆栽
つるの長さ：10m以上　　植栽範囲：全国

吸盤を持った吸着根で壁面をしっかりとらえる

美しい葉で人気の高いヘンリーヅタ

夏の緑葉も秋の紅葉も見事。登攀力が強く壁面緑化に最適

　常緑性のウコギ科のキヅタ（フユヅタ）に対し、冬期落葉するツタ属は日本には本種1種のみ自生します。吸盤をもった吸着根で他のものに付着しながら上っていきます。葉は掌状複葉から3浅裂し、紅葉したあとは葉身部分が落ち、次いで葉柄が落ちます。
おすすめの種類　ヘンリーヅタ…葉は5小葉の掌状葉で、小葉の主脈に沿って銀白色の模様が美しく入ります。
植えつけ　2〜3月上旬が適期です。
整枝・剪定　つるは壁面に沿ってぴったり生育していくので、誘引などの作業はまったくといってよいほどありません。
四季の管理　チッ素分を控え、油粕と骨粉を等量に混ぜたものを2月に施します。
苗のふやし方　2月下旬〜3月上旬に1.5mくらいのつるを挿してふやします。
病害虫　コスズメの幼虫が発生すると2〜3日で葉身部分をすべて食べ尽くされてしまいます。ミノガ（ミノムシ）も見られます。

コンパクトに維持するポイント
鉢植えにし、つるを切りつめて、盆栽仕立てにするとよいでしょう。

つる植物

クレマチス

Clematis

〈別名：テッセン（鉄線）、カザグルマ（風車）〉

分　類：キンポウゲ科クレマチス属のつる性多年草
原産地：北半球を中心に250〜300の原種がある
開花期：4〜10月　11〜3月（冬咲き）
花　芽：タイプ❻
花　色：● ● ● ○ ●
用　途：フェンス、アーチ、壁面、オベリスク

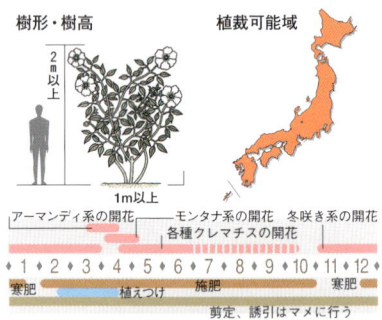

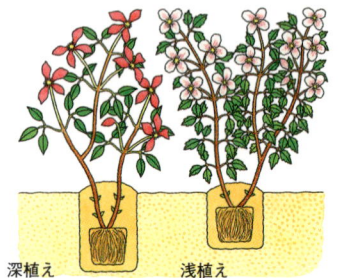

窓辺に淡色のリトル・ネルと濃色のビオラを誘引

クレマチスは多様なつる性植物。花色が豊富で冬咲き種もあります。移植は嫌うので注意します

クレマチスは北半球を中心に250〜300の原種があり、14ほどの系統に分類されます。よく見られる大輪系のクレマチスは日本原産のカザグルマや中国原産のラヌギノーサがヨーロッパで改良され日本にもどってきたものです。つる性だけでなく木立性や這い性、四季咲き性の品種があり、花色、花形が豊富です。

土質は選びませんが、乾燥や夏の暑さが苦手です。半日陰にも耐えますが、日当たりよく風通しのよい場所が理想です。

植えつけ　クレマチスの苗は1年生苗、2年生苗、開花鉢などが出回っています。1年生苗は挿し木後1年未満のもので、安価ですがまだ露地植えには耐えられません。一回り大きな鉢に植え、養生します。2年生苗も、新規に購入したものは1年ほど鉢で育ててから露地植えします。

露地植えの際は、完熟腐葉土や堆肥などの有機物をよくすき込み、株元に日が当たらないようにします。時期は2〜3月が一般的です。

なお、クレマチスは移植を嫌います。根の再生力が弱いので、一度露地植えにしたものを植え替えや鉢に移植すると弱ったり、時として枯れる場合があります。

剪定・誘引　主に新枝咲き、新旧両枝咲き、旧枝咲きがあります。新枝咲きは今年伸びた新しい枝に花が咲くので、冬に地上部をすべて剪定します。

旧枝咲きは、昨年伸びた枝に花が咲くので、冬剪定は弱い（細い）枝と込み合った部分を整理する程度にします。

新旧両枝咲きは、両者の性格を備えており、どこで切っても花が咲きます。

いずれも春以降、つるが伸びるごとに斜め上に誘引して花つきをよくし、適宜切り戻して、節の数を増やします。

俗にクレマチスのことをテッセンと呼びますが、正確には、テッセンは原種のひとつです。

旧枝咲き（前年に伸びた枝に花が咲く）

モンタナ・ルーベンス

'カートマニー・ジョー'

'ベル・オブ・ウォッキング'

旧枝咲きの剪定＝弱剪定

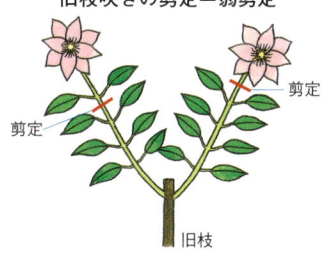

剪定
剪定
旧枝

花後、花首か花に1節つけたところで剪定し、その後伸びるつるを大切にする。冬剪定は、細いつる先を切り戻す程度にする

'マクロペタラ'

'ミサヨ（美佐世）'

'カウンテス・オブ・ラブレース'

つる植物

四季の管理　多肥を好む植物なので、12月中旬〜1月中旬の寒肥はしっかり行い、花後の追肥も必ず行います。また、2〜10月の生育期間中、月2〜3回の液肥、1〜2ヵ月に1回、緩効性肥料を置肥します。鉢栽培では水切れに注意しますが、腰水は厳禁です。

　鉢植えは、ネマトーダ（ネコブセンチュウ）の心配があります。また、根が地面にいってしまうことがあるので、必ず地面から離します。

苗のふやし方　4月下旬から8月上旬頃まで、挿し木でふやせます。

病害虫　比較的病害虫の少ない植物ですが、ネマトーダ、立ち枯れ病、うどんこ病、アブラムシなどの被害が見られます。

切り戻しで枝数を増やす

株や苗を丈夫にし、花つきをよくするには、枝数を増やして葉の枚数を多くしていくことが大切です。そのためには、剪定作業を繰り返し、枝づくりが大切になります。

特に春に購入した1年生苗や2年生苗を健全に育てるには大切な作業です

6〜7節伸びたら、2節程度を残して剪定する

剪定後、1〜2週間で節から新芽が伸びだす

つるが伸びるごとに同様の剪定を行い、枝数を増やす

新枝咲き（その年伸びた枝の先端に花が咲く）

'ミセス・T・ランデル'　'オドリバ（踊場）'　'ベティ・コーニング'

新枝咲きの剪定＝強剪定

開花後すぐに切り戻す

開花後早めに地上から2〜3節目程度のところまで切り戻すと、年に2〜3回花が楽しめる。冬は地上部まで枯れる

'アラベラ'

テキセンシス・スカーレッド　'マダム・ジュリア・コレボン'

新旧両枝咲き（新旧どちらのつるにも花が咲く）

'ユキコマチ（雪小町）'　'ビクトリア'　'ジョセフィーヌ（エビジョヒル）'

'ジェイムス・メイスン'

新旧両枝咲きの剪定＝自由剪定

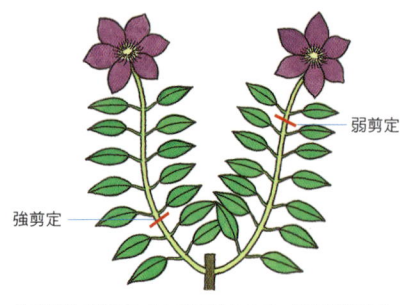

弱剪定

強剪定

どの部分で剪定しても花が咲くので、剪定に強弱をつける。花後に剪定すると年2〜3回花が楽しめる。冬剪定は全体のバランスを考え、よい芽の上で切る

テッセン（鉄線）　'マルチ・ブルー'

モンタナの管理

　モンタナは、前年に伸びたつるの節から出る新芽に花が咲くので、冬の強剪定は厳禁です。開花期後半から翌年の開花枝となるつるが伸び始めるので、6月下旬までに新しく伸びたつるを1/3ほど切り戻し、枝数を増やします。誘引はつるを斜め上方に向かうようにバランスよく配し、風通しに気をつけます。

　モンタナは暑さが苦手で、関東以西では5〜7年の寿命であることが多いようです。挿し木などで予備の苗を用意します。

冬咲きクレマチスの管理

　冬咲きクレマチスには、アンスンエンシス（ユンネンシス）などの常緑性と、シルホサ系などの落葉性のものがあります。常緑性のクレマチスは寒さにあまり強くなく、北海道での露地での越冬は困難です。

　常緑性は、花後7月上旬までに伸びた枝を切り戻して枝数を増やす以外は、基本的に無剪定で育てます。ただし、数年に一度、枝の更新のため、古い枝を強剪定します。

　落葉性も基本的に無剪定で育てます。花後4〜5月までに中剪定で枝数を増やすほか、数年に一度の強剪定で、枝の世代交代をします。

フジと合わせたモンタナ・スプーネリー

冬咲き常緑性のフレックス

冬咲き常緑性のシルホサ

フレックス、カリシナなど冬咲きクレマチスのアレンジメント

◆クレマチスの主な系統と咲き方

旧枝咲き	新枝咲き	新旧両枝咲き
アトラゲネ系　アルピナ、マクロペタなどの改良種。下向きの花を持ち、花後の種子（果球）も魅力。山野草としても人気がある	**インテグリフォリア系**　インテグリフォリアなどの改良種。木立性でつるがからみにくい。芳香性種もある	**タングチカ系**　タングチカ、オリエンタリスなどの改良種。黄色の花が特徴。芳香性種も多い。夏の暑さに弱いので風通しをよくする
アーマンディ系　アーマンディなどの改良種。常緑性で光沢のある葉を持ち、生育旺盛。芳香性種が多い	**テキセンシス系**　テキセンシスと大輪系園芸品種の改良種。花は主にチューリップ形で、多花性種が多い。夏に強く、よく育ちよく咲く	**大輪系改良種（遅咲き大輪系）**　ジャックマニー系、ラヌギノーサ系などの改良種。5月上旬より開花。多花性種が多く、一重咲きのほか八重咲きもある
シルホサ系　シルホサなどの改良種で、冬咲き。花は下を向き、オフホワイトや斑の入る品種があり、愛らしい。花後の種子も魅力	**ビオルナ系**　ビオルナ、テキセンシス、クリスパ、フスカなどの改良種。ベル形の愛らしい花を持つ品種が多く、芳香性種もある	**テッセン系**　テッセン（フロリダ）の枝変わり改良種。四季咲き性が強く、個性的な花が魅力
フォステリー系　ニュージーランドの改良種。花は白や緑。常緑の葉を持ち、早春咲き	**ビタルバ系**　ビタルバ、ボタンヅルなどの改良種。夏に、株を覆うほどに小輪の花を咲かせる	**その他の原種**　タングチカ、ラヌギノーサ、テッセンなど
モンタナ系　モンタナなどの改良種。芳香性で春に多数群開する。生育旺盛で育てやすい。近年は八重咲き種もある	**ビチセラ系**　ビチセラの改良種。小輪から中輪で多花性種が多い。花の変異も多く、横向きや下向きなどがある	
大輪系改良種（早咲き大輪系）　パテンス系（カザグルマ）、ラヌギノーサ系などの改良種。4月中旬より開花する。一重咲きのほか八重咲きもある	**フラミュラ系**　フラミュラ、センニンソウなどの改良種。芳香性のある十文字の小花を群開させる	
その他の原種　ハンショウヅル、ナパウレンシス、パテンス（カザグルマ）、アンスンエンシス、マルモラリア、ペトレイなど	**ヘラクリフォリア系**　ヘラクリフォリア、クサボタンなどの改良種。芳香性で、ヒヤシンスに似たクレマチスらしからぬ花を咲かせる	
	その他の原種　テキセンシス、ビチセラ、インテグリフォリアなど	

クレマチスの種子の楽しみ

クレマチスは花以外に、「果球」といわれる種子にも観賞価値があります。白毛で覆われた姿が印象的で風情があり、フラワーアレンジメントなどの花材としても欠かせません。

アトラゲネの果球

※分類にはいくつかの説があります。どの枝の花が咲くかは、品種により異なることがあります

つる植物

ツキヌキニンドウ

Lonicera sempervirens　突抜忍冬

分　類：スイカズラ科スイカズラ属の落葉性つる性木本
原産地：北米東部～南部
開花期：6～8月　花芽のつき方：タイプ 6
花　色：●
用　途：フェンス、アーチ、パーゴラ

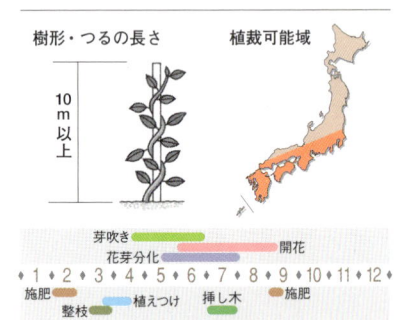

樹形・つるの長さ　10m以上
植栽可能域

芽吹き／花芽分化／開花
1・2・3・4・5・6・7・8・9・10・11・12
施肥／整枝／植えつけ／挿し木／施肥

ツキヌキニンドウの整枝
前年の開花枝
早春に1～2節で切る

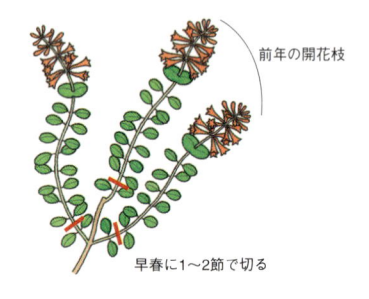

トレリスに誘引した交雑種のテルマンニアナ
ツキヌキニンドウ 
ベニバナスイカズラ 
ロープ仕立てにしたロニセラ 

夏の間、長く咲くおしゃれな花。トレリスやパーゴラを飾る材料として大の人気

　この仲間では日本にも半常緑性のスイカズラ（ニンドウ）が自生していますが、本種は北米原産で、葉やつるが無毛なのが特徴です。また、ニンドウに比べて節間が長く、花序のすぐ下の対生葉の基部が合着しているため、葉を突き抜いて花が咲くことからツキヌキニンドウの名があります。
おすすめの種類　スイカズラ'ゴールド・フレーム'…ニンドウの交雑種。テルマンニアナ'シダーズ・レーン'…ツキヌキニンドウと中国産種との交配種で披針形の葉と下序がすべて垂れて咲くのが特徴。その他黄色の花を咲かせるキバナノツキヌキニンドウなど多くの園芸種があります。
植えつけ　3月中旬～4月上旬が適期です。植え穴には堆肥か腐葉土を10ℓくらい入れて土とよく混ぜ、高めに植えつけます。支柱はこのときに目的の形に取りつけておきます。ポット仕立て苗は根鉢を崩さないで植えつけますが、根鉢が崩れてしまった場合は、つるを20～30cm残して切って植えるとよいでしょう。
整枝・剪定　つるはよく伸びますが、あまり太くならず、つる同士がお互いに絡み合って生育するので、ほとんど剪定の必要はありません。繁りすぎたときには3月中旬につるを強く切りつめておくとよいでしょう。
四季の管理　2月と9月上旬に油粕と粒状化成肥料を等量に混ぜたものを根元にばらまきます。
苗のふやし方　主に挿し木でふやします。7月に新梢を挿し穂に使って挿します。
病害虫　特にありません。

コンパクトに維持するポイント

強剪定をすると逆につるが長く伸びてしまうので、7～8号鉢で育て、長く伸びたつるを支柱に絡ませていくとよいでしょう。

スイカズラの仲間の学名はロニセラですが、イギリスでは、花の香りがよいこの仲間を「ハニーサックル」と呼んでいます。

ツルマサキ

Euonymus fortunei var. *radicans*

蔓柾

分　類：ニシキギ科ニシキギ属の常緑性つる植物
原産地：本州、四国、九州
開花期：6〜7月　　花芽：タイプ 1
花　色：○
用　途：壁面、ロックガーデン、グラウンドカバー
植栽可能域：本州以西　つるの長さ：5〜7m

半日陰でも育つ強健種。
美しい斑入り葉品種も多い

　茎から気根を出して付着します。大きな庭石、枯れた木の株、山灯籠の基壇などに絡んで繁っているのをよく見かけます。狭い場所や壁面の緑化に格好の材料です。
おすすめの種類　'シロフクリンツルマサキ'…葉縁に白い覆輪が入り、秋以降淡紅色と

立木に這い上がるツルマサキ

なります。'エメラルド・ゴールド'…ヨーロッパから導入された小型種で小さい葉に黄色の斑が入り、冬は褐紅色に変わります。
植えつけ　植えつける際は、鉢から抜いた根鉢を崩さないで植えつけます。3月下旬〜4月および9〜10月が適期です。

'エメラルド・ゴールド'

整枝・剪定　特にありません。
四季の管理　2〜3月に油粕を根元にばらまいてやるくらいで十分です。
苗のふやし方　6〜7月につるを10〜15cmに切って挿し穂にし、小粒の赤玉土か鹿沼土などに挿すと簡単に発根します。
病害虫　ユウマダラエダシャクやカイガラムシ、うどんこ病などが見られるので早めに駆除します。

コンパクトに維持するポイント
放任しても、密に葉を繁らせながら這っていくのでよくまとまります。

ナツユキカズラ

Polygonum aubertii

夏雪葛

分　類：タデ科タデ属の落葉性木本つる性木本
原産地：中国西部〜チベット
開花期：8月下旬〜10月
花　芽：タイプ 6　　花　色：○
用　途：パーゴラ、アーチ、フェンス、壁面
つるの長さ：10m以上　植栽可能域：日本全国

香りのよい白い小花が
秋まで株を覆って無数に咲く

　タデ科のつる性植物で細いつるをたくさん伸ばし、旺盛に生長します。夏のころから花弁が5枚の小さな花をたくさんつけた穂状花序をつるの先に咲かせ、遠くから見ると株全体が雪に覆われたようになります。寒さの強い所では冬期地上部は枯れますが

夏の終わりごろから穂状花序を伸ばし、花をつける

地下部は残り、翌年春になると萌芽して生育を繰り返します。
植えつけ　ポット仕立ての小苗を求めるのがよいでしょう。鉢から抜いたら根鉢を崩さないよう注意して植え穴に入れ、堆肥か腐葉土を入れて植えつけます。適期は4月。
整枝・剪定　3月上旬から中旬の萌芽前に細かいつるを切り取り、太めのつるだけを整理して骨格をつくっていきます。
四季の管理　特にありません。
苗のふやし方　挿し木が容易です。9月につるを2〜3節で切って挿すと容易に苗が得られます。また、実生も簡単です。
病害虫　特に見られません。

優しげな花姿からヨーロッパでも大の人気

コンパクトに維持するポイント
10号ほどの鉢に植え、あんどん仕立てで楽しむのがよいでしょう。

テイカカズラ

Trachelospermum asiaticum var. *intermedium*

定家葛〈別名：マサキノカズラ〉

- 分　類：キョウチクトウ科テイカカズラ属の常緑性つる性木本
- 原産地：関東以西、四国、九州
- 開花期：5～6月　　花芽：タイプ **2**
- 花　色：○
- 用　途：棚仕立て、アーチ、ポール仕立て、盆栽

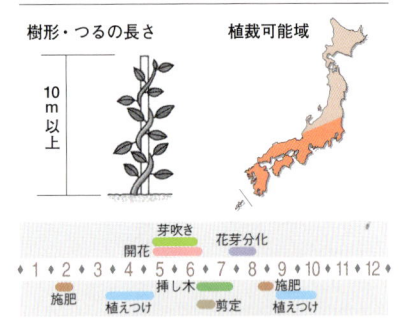

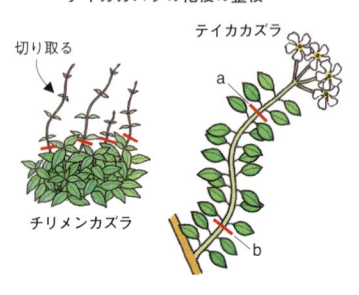

果実は10～11月に裂開し、先に長毛のあるタネを飛ばす

甘い香りを漂わせるテイカカズラ

斑入り葉のニシキテイカ

ハツユキカズラ。新葉は白色で新梢は紅を帯びる

初夏に株を埋めて咲き、甘い香りを漂わせる花が魅力。美しい斑入り葉の変種も多い。

葉は広披針形で長さ3～5cm。厚革質でやや光沢があります。初夏に咲く乳白色をした5弁のスクリュー状の花は微芳香があります。樹勢の強い植物で、フェンスなどに絡ませるのに適した材料のひとつです。

おすすめの種類　モモイロテイカズラ…紅色の美しい花を楽しませてくれます。ハツユキカズラ…新梢が白色、帯紅白色で美しく、生長は遅い。フイリテイカカズラ…葉に白色の覆輪斑が入ります。チリメンカズラ…葉が小さな披針形で節間のつまった品種。トウテイカカズラ…テイカカズラの近縁種。スタージャスミンの名で売られていることが多く、純白色の花を咲かせます。

植えつけ　3月下旬～5月上旬および9月～10月中旬を適期と見てよいでしょう。大きめに掘った植え穴に、根鉢を崩さないよう、ていねいに入れて植えつけます。

整枝・剪定　つるを長く伸ばしますが、ナツヅタやノウゼンカズラほど登る力は強くありません。気根の数は少なく、付着する力が弱いため、誘引してやる必要があります。ブロック塀ならば電話線などを留めるステイプルや3cmほどの釘で留めておき、気長に誘引しましょう。繁ってきたら、花の咲き終わった直後に短枝を1～2節残して切り取るとすっきりした株になります。

四季の管理　多肥の必要はなく、2月に油粕を、また8月下旬に粒状化成肥料を根元にまいてやる程度で十分です。

苗のふやし方　挿し木でふやします。6月下旬～7月に今年生枝を6～8cmに切って挿し穂とし、小粒の赤玉土か鹿沼土に挿します。

病害虫　特にありません。

コンパクトに維持するポイント

鉢植えにし、支柱や小型のトレリスに絡ませて楽しむのがよいでしょう。

テイカカズラの和名は、式子内親王を愛した藤原定家が、死後、この植物に生まれ変わって彼女の墓にからみついたという伝説に基づきます。

トケイソウ

Passiflora caerulea

時計草

分　類	トケイソウ科トケイソウ属の常緑性つる性木本
原産地	ブラジル
開花期	7～9月　　花芽：タイプ❻
花　色	●○
用　途	フェンス、スクリーン仕立て

樹形・つるの長さ　植栽可能域
7～8m

トケイソウの整枝
蕾／果実／3月上旬に切る

トケイソウの花は個性的。3つに分かれた雌しべが時計の針のように見える

クダモノトケイソウの花

クダモノトケイソウの果実（パッションフルーツ）

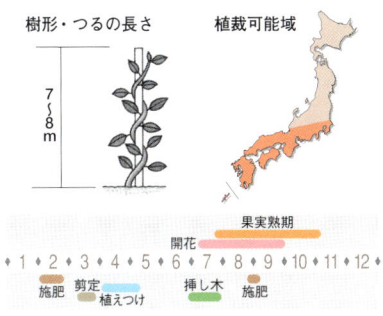

ユニークな花を楽しむ植物。霜の当たらない地域なら戸外での冬越しも可能

　時計の文字盤を思わせる奇抜な花を咲かせます。昨今の温暖化により、この仲間は多くの種類が導入されていますが、本種は耐寒性が強く、今では東京付近で唯一戸外で冬越ししています。葉は5～9深裂の掌状葉で裂片は全縁。地際からもつるをたくさん発生させるのが特徴です。

おすすめの種類　クダモノトケイソウ…パッションフルーツと呼び、緑色の果実は熟すと濃紫色となり、ジュースなどに利用されます。オオミノトケイソウ…果実が最も大きな種類で食用となります。このほか、鮮かな赤花を咲かせる種もいくつか導入されています。

植えつけ　十分暖かくなった4～5月上旬が適期。植え穴は大きめに掘り、腐葉土を10ℓほど入れて土とよく混ぜ、高めに植えつけます。

整枝・剪定　生育期間中の剪定はほとんど必要ありません。著しく不用なつるは随時切り取ってかまいませんが、基本的な剪定は3月中旬に行います。太いつるが健全であれば前年に発生したつるは全部切り取っても差しつかえありません。

四季の管理　2月と8月下旬に油粕と骨粉を等量に混ぜたものを株の大きさに応じ根元にばらまいてやります。

苗のふやし方　実生でもふやせますが、挿し木が一般的です。6月下旬～7月に、今年生枝を2～3節ずつ切り分け、小粒の赤玉土や鹿沼土に挿すと9月下旬には十分発根して植え替えられます。

病害虫　特に気になるものは見られません。

コンパクトに維持するポイント
オオミノトケイソウは15号鉢内外のものに植えますが、トケイソウやクダモノトケイソウは6～10号鉢でも十分楽しめます。

熟したクダモノトケイソウの果実は二つ割りして果肉を取り出し、ミキサーにかけて布でこし、5～6倍に薄めて砂糖を入れて飲むと美味です。

ハゴロモジャスミン

Jasminum polyanthum

分　類：モクセイ科ヤスミヌム属の常緑性つる性木本
原産地：中国南部
開花期：2月下旬〜3月　花　芽：タイプ❷
花　色：○　用　途：フェンス、アーチ
つるの長さ：3〜5m
植栽範囲：東京付近以西の太平洋岸沿いの温暖地

春早くから咲き、甘い香りを漂わせるハゴロモジャスミン

淡い紅を帯びた白色花色は、まるで天女の羽衣のよう

　正式な和名はありませんが、一般にハゴロモジャスミンの名で売られている樹勢の強いつる植物です。芳香の強い小花を早春に咲かせることから人気があります。以前はもっぱら鉢花として扱われていました。

植えつけ　花の終わった4月がよく、鉢植えの苗木は根鉢の土を崩さずにていねいに植えることが大切です。根鉢が崩れてしまったときには地上部のつるを20〜30cm残して切りつめて植えます。植え穴は大きめに掘り、堆肥を入れ高めに植えつけます。つるは支柱を添えて誘引していきます。

整枝・剪定　細いつるが絡み合って伸びるので、1本ずつ整理するのは不可能です。なかば放任して育てていくのが一般的です。

四季の管理　花が終わったら花柄の部分は切り取ります。また、2月上旬と8月下旬に油粕と粒状化成肥料を等量に混ぜたものを根元に施すとよいでしょう。

苗のふやし方　6月下旬〜7月中旬に、充実した今年のつるを2〜3節に切って鹿沼土か小粒の赤玉土に挿します。

病害虫　特に見られません。

コンパクトに維持するポイント

鉢仕立てで楽しむのがよいでしょう。

ムベ

Stauntonia hexaphylla

郁子〈別名：トキワアケビ、ウベ〉

分　類：アケビ科ムベ属の常緑性つる性木本
原産地：関東南部以西〜沖縄
開花期：5月　果実：10〜11月　花　色：○
花　芽：タイプ❷
用　途：アーチ、フェンス　つるの長さ：3〜7m
植栽可能域：関東地方以西の温暖地

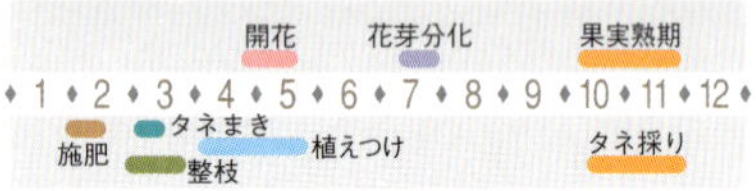

ムベのアーチ仕立て

ムベの花

果実は熟してもアケビのようには割れない

光沢のある常緑葉が美しいので、フェンスやアーチに最適

　暖地の山地に自生するアケビ科の植物。掌状複葉の小葉が3、5、7枚と生長に従って増えていき、7枚になると開花結実が始まるところから七五三にちなみ吉祥の木とされます。果実はアケビのように裂開しませんが大きく、果肉は甘く生食できます。

植えつけ　暖かくなった4〜5月が植えつけの適期です。植え穴には堆肥を10〜15ℓ入れて土とよく混ぜ、鉢仕立て苗は根鉢を崩さないようていねいに植えつけます。

整枝・剪定　目的の形に沿ってつるを誘引していきます。整枝は3月が適期で、込みすぎた部分はつるを抜いていきます。

四季の管理　油粕と骨粉を等量に混ぜたものを、2月に根元にばらまけば十分です。

苗のふやし方　挿し木もできますが実生が簡単です。10〜11月に熟した果実の中のタネを採り、川砂に混ぜて土中に埋めておきます。翌春3月上旬にこれを掘り上げてまくと5〜6月に発芽します。翌年4月に2〜2.5号鉢に1本ずつ鉢上げして肥培します。

病害虫　特に見られません。

コンパクトに維持するポイント

8〜10号鉢くらいの大鉢で仕立てると結実まで楽しめますが、6〜7号鉢だと実をつけさせるのはやや困難です。

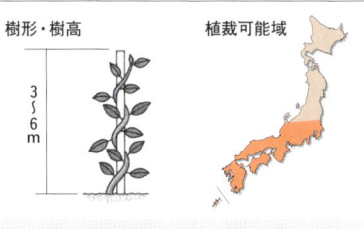

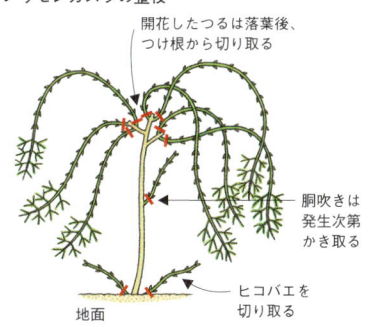

ノウゼンカズラ

Campsis grandiflora

凌霄花

- 分　類：ノウゼンカズラ科ノウゼンカズラ属の落葉性つる性木本
- 原産地：中国中部～南部
- 開花期：7～9月　花芽：タイプ ❻
- 花　色：🟠
- 用　途：添景樹、フェンス、ポール仕立て

夏空に映えるオレンジ色の花。パーゴラやアーチに絡ませたり、スタンダード仕立てに

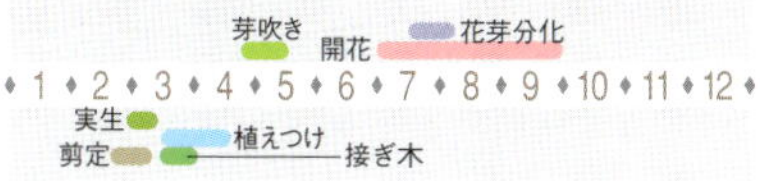

　数少ない夏のつる性花木で、平安時代にはすでに導入されていた記録が見られます。新梢の先に大きな円錐花序をつけ、径6～7cmのラッパ状の花を咲かせます。

おすすめの種類　アメリカノウゼンカズラ…花冠は小さく花柄が短い橙黄色。黄花の'フラバ'などがあります。'マダム・ガレン'…ノウゼンカズラとアメリカノウゼンカズラの交雑種。花は両種の中間型ですが、一般的にはこの交雑種をアメリカノウゼンカズラと呼んでいます。ヒメノウゼンカズラ…ヒメノウゼンカズラ属。1.5～2mの半つる性の低木で、新梢の頂部につく花序に、紅橙色の小花を5～8花咲かせます。

植えつけ　暖地性の植物なので3月下旬～4月上旬が適期。植え穴は大きめに掘り、腐葉土を多めに入れて高植えとします。つるは気根を密生させて他物に付着して伸びるのでしっかりした支柱に誘引しましょう。

整枝・剪定　萌芽後の剪定はほとんど行いません。途中から出るつるを早めに切り取る程度とします。本格的な剪定は2月下旬～3月上旬に、昨年花を咲かせた長いつるをつけ根から切り取ります。

四季の管理　肥料は油粕と骨粉を半々に混ぜたものを2月上旬～中旬に株元に埋めてやります。

苗のふやし方　根元に出ているヒコバエを3月に切り離して苗をつくります（株分け）。挿し木は3月の春挿し、および6月下旬～7月に新梢を挿します。

病害虫　あまり見られません。

コンパクトに維持するポイント

アメリカノウゼンカズラやヒメノウゼンカズラは6号鉢以上で十分育てられますが、ノウゼンカズラを鉢でコンパクトに保つのは難しいでしょう。

若木のうちはなかなか花をつけませんが、幹の直径が3cm以上に育つと花をつけるようになります。できるだけ幹を伸ばし、早く太らせましょう。

フジ

Wisteria floribunda

藤〈別名：ノダフジ〉

- 分　類：マメ科フジ属の落葉性つる性木本
- 原産地：本州、四国、九州
- 開花期：4～6月
- 花　芽：タイプ 4
- 花　色：■■
- 用　途：棚、垣根、壁面、ポール仕立て、盆栽

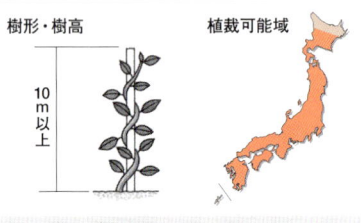

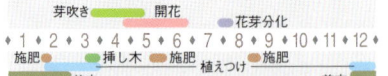

日本情緒あふれる花姿。旺盛に伸びるつる植物なので多彩な仕立て方が楽しめる

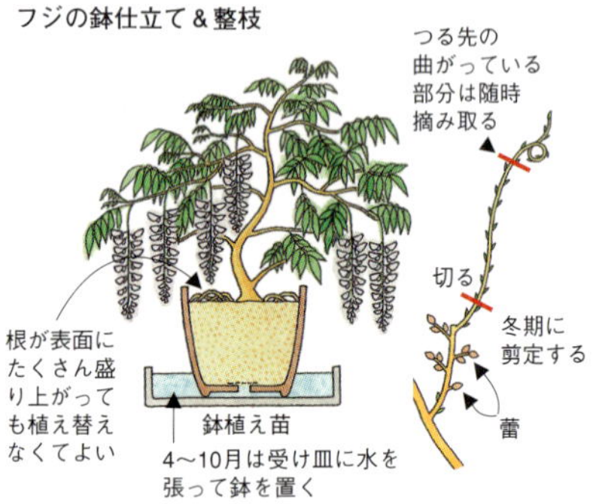

　フジは古くから親しまれてきた花木で、各地の神社や寺院などに、年経た古木を見ることができます。花房が30～90cmと長く、蝶形の花が花房の基部から先に向かって順次咲いていきます。葉は奇数羽状複葉で、小葉はやや小さくて5～9対で、つるは他物にからみついて伸びていきます。なお花房が90cm以上長くなるものを'ノダナガフジ（野田長藤）'と呼んでいます。

おすすめの種類　ヤマフジ…フジに比べ花房は15～25cmと短いが花が大きく、房全体が同時に咲き、花色も濃いのが特徴。西日本の山野で多く見かけます。我が国ではこの2種が山野に自生しており、これらには多くの園芸品種が見られます。'ショウワシロフジ'（フ）…白花の長フジ。'ノダナガフジ'（フ）…房が1m以上ある。'ベニフジ'（フ）…淡紅色の美しいフジ。'アケボノフジ'（フ）…口紅フジとも呼ばれる美しいフジ。'ヤエコクリュウ'（フ）…濃紫色の八重咲き。'ナガサキイッサイフジ'（フ）…矮性でよく花を咲かせる品種。'シロカピタン（白花美短）'（ヤ）…ヤマフジの白花種。

※上記の品種名のあとに記した（フ）はフジ（ノダフジ）の変種で、（ヤ）はヤマフジの変種。

植えつけ　樹齢100年、200年という古い木でも移植が容易に行えることも、フジの大きな特徴です。植えつけは12月および2～3月が適期です。特に注意したいのは健全な根は絶対に切らないこと。掘り上げは根を切らずに掘り取ることが大切です。長い根は折らないようていねいに根元にまとめ、ワラ縄かシュロ縄で結わえて植えつけます。

整枝・剪定　12～2月が適期です。すでに蕾が判明できるので、長く伸びたつるを蕾を残して切りつめます。不要な部分や枯れ込みの進んだ太い枝は切り取り、切り口に保護剤を塗っておきます。

フジの花が咲かない原因としては日照不足、チッ素過多、乾燥過多などが考えられます。株の周囲に溝を掘り水を張って、根の伸長を抑えるのも手です。

ブロック塀の上に沿って誘引した例

'シロカピタン（白花美短）' 　満開のフジ（ノダフジ）

淡紅色の花色が美しい'ベニフジ' 　'ショウワシロフジ'

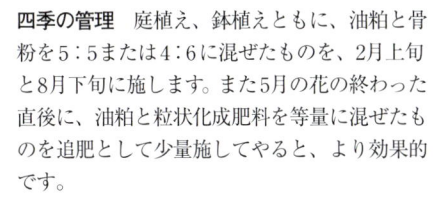

四季の管理　庭植え、鉢植えともに、油粕と骨粉を5：5または4：6に混ぜたものを、2月上旬と8月下旬に施します。また5月の花の終わった直後に、油粕と粒状化成肥料を等量に混ぜたものを追肥として少量施してやると、より効果的です。

苗のふやし方　実生、接ぎ木によります。接ぎ木は3月下旬に切り接ぎをします。

病害虫　特に大きな被害を与えるようなものはありません。

コンパクトに維持するポイント

矮性種を6〜7号鉢で育てると、小さく楽しむことができます。

庭の添景として面白い「株仕立て」

フジは棚仕立てなどにされますが、「株仕立て」にしても見事な庭の添景となります。これは、毎年冬に強く切りつめ、少しずつ枝を伸ばしていくもので、「切り込み仕立て」ともいい、特に芝庭などによく似合います。枝が十分太くなるまで、周囲に丸太で枠を組んで枝が垂れるのを防ぎます。

つる植物

ヘデラ

Hedera

〈別名：キヅタ〉

分 類：ウコギ科キヅタ属の常緑性つる性木本
原産地：アジア、ヨーロッパ、北アフリカ
開花期：10月
花 芽：タイプ❷
花 色：○
用 途：壁面緑化、グラウンドカバー

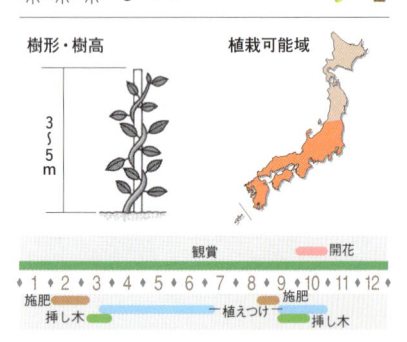

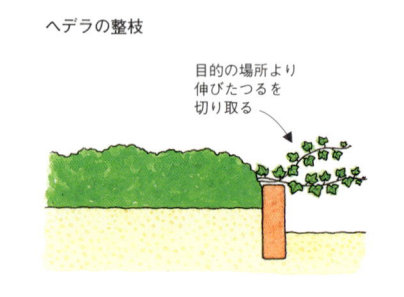

ヘデラを使ったオブジェを庭の添景に

セイヨウキヅタ'グレイシャー'

セイヨウキヅタ

フイリカナリーキヅタ

壁面緑化に最適の優れもの。利用されている多くは品種の多いセイヨウキヅタ

　庭園や公共の緑化などに本格的に利用されるようになったのは昭和30年代の後半頃からです。日陰に強く、つる性で地被に適した性質が多用されるようになった理由です。利用されている多くはヨーロッパから北アフリカ、アジア西部、カナリア諸島に分布するセイヨウキヅタの園芸品種で、その数は数百種といわれています。

おすすめの種類　カナリーキヅタ…葉は大きく基部は浅い凹型の生育のよい品種。オカメヅタともいいます。フイリカナリーキヅタ…覆輪斑が美しく、冬に覆輪部が帯紅となります。セイヨウキヅタ'ゴールド・ハート'…黄色の中斑が大きく入る美しい品種。セイヨウキヅタ'グレイシャー'…フイリセイヨウキヅタに似ますが、葉が長く斑が不規則に入ります。

植えつけ　グラウンドカバーの場合、1㎡当たり6～9株ほど植えるので、植えつけ場所には堆肥を多めに入れて耕し、鉢から抜いた苗をていねいに植えつけます。

整枝・剪定　目的以外の部分に伸びたつるは、随時切り取ります。

四季の管理　普通の土質であれば改めて施肥の必要はありませんが、2月と8月下旬に油かす、または粒状化成肥料を根元にばらまいてやるとよい生育が望めます。

苗のふやし方　3月に春挿しがよく、次いで9月～10月中旬が適期です。赤土、鹿沼土、ピートモスなどに2～3cmの間隔で挿し、発根後2.5～3号鉢に上げます。

病害虫　通風が悪いとカイガラムシが発生するので幼虫発生時の5～6月に殺虫剤を散布して駆除します。

▶ **コンパクトに維持するポイント**

こまめな剪定で伸びすぎを抑えるか、鉢植えで楽しむかです。

一般にアイビーと呼ばれていますが、アイビーは落葉性のツタの英名で、セイヨウキヅタは英名でイングリッシュ・アイビーと呼ばれています。

イワガラミ
Schizophragma hydrangeoides
岩絡み

分　類：ユキノシタ科イワガラミ属の落葉性つる植物
原産地：日本全土、朝鮮半島
開花期：5～7月　　花芽：タイプ❸
花　色：○　　用途：グラウンドカバー、壁面緑化
つるの長さ：10m以上　　植栽可能域：日本全国

茎から気根を出して他物に這い上がり、新梢の頂端に花序をつけてガクアジサイを思わせる白花を咲かせます。日陰にも強く、山石や太い枯れ木などに這わせると面白い。淡紅色の花を咲かせるベニバナイワガラミもあります。

ツルウメモドキ
Celastrus orbiculatus
蔓梅擬

分　類：ニシキギ科ツルウメモドキ属の落葉性つる性木本
原産地：日本全土
開花期：5～6月　　花芽：タイプ❺
花　色：　　用　途：添景樹
つるの長さ：10～12m　　植栽可能域：全国

つるを長く伸ばし他物に絡みながら生長していきます。雌雄異株。短枝から発生した新梢に開花結実し、7～8mmの果実は秋に熟して外皮が裂け、橙赤色の仮種皮に包まれたタネが現れます。垣根やパーゴラ、ポール仕立てに。

ツルハナナス
Solanum jasminoides
〈別名：ソケイモドキ〉

分　類：ナス科ナス属（ソラヌム属）の常緑性つる性木本
原産地：南アメリカ　　開花期：5～9月
花芽：タイプ❻　　花色：○
用　途：フェンスやトレリスに誘引　つるの長さ：3～4m
植栽可能域：関東以西の太平洋岸沿いの温暖地

近年、東京付近では戸外で傷まずに冬越しします。楕円状披針形の葉を互生して白花を咲かせます。羽状葉を互生し、青紫色の花を咲かせるルリイロツルナスは、こんもりと繁りますが、多くは同一に扱われています。

ハーデンベルギア
Hardenbergia
〈別名：ヒトツバマメ〉

分　類：マメ科ハーデンベルギア属の匍匐性常緑小低木
原産地：オーストラリア　　開花期：3～6月
花芽：タイプ❶　　花色：● ○
用　途：トレリス、ネットに誘引　枝の長さ：2～3m
植栽可能域：無霜地帯（その他の地域では冬期は室内で保護）

美しい紫色の蝶形花を穂状に咲かせます。枝はつる状に伸びますが、自力で登ることはできないので、厳密にはつる性ではありません。冬越しには7～10℃くらいの温度を必要としますが、夏は冷涼な環境を好みます。

ビグノニア
Bignonia capreolata
〈別名：ツリガネカズラ、カレーバイン〉

分　類：ノウゼンカズラ科ビグノニア属の常緑性つる性木本
原産地：北アメリカ南部　　開花期：4～5月
花芽：タイプ❶　花色：○
用　途：パーゴラ、アーチ、壁面　つるの長さ：7～10m
植栽可能域：関東中部以西の温暖地

吸着根を出すとともに、小枝につく先端部の小葉が細いつるに変化して脇の枝や葉に巻きつきながら這い上がっていきます。前年枝の葉腋に花穂を出し、カレーのような香りをもつ長さ5cmほどの筒状の花を固まって咲かせます。

ビナンカズラ
Kadsura japonica
美男葛　〈別名：サネカズラ〉

分　類：マツブサ科サネカズラ属の常緑性つる性木本
原産地：関東南部以西の太平洋岸沿い～沖縄
開花期：7～8月　　花芽：タイプ❶　花色：○
用　途：フェンス、パーゴラ、盆栽　つるの長さ：7～10m
植栽可能域：関東以西、四国、九州、沖縄

長楕円形の光沢のある肉厚の葉と、秋に赤熟する果実が魅力です。葉に覆輪斑や、細かい散り斑が入るものなどもあります。雌雄異花なので、受粉をしてやると実つきがよくなります。北関東など寒い地域では葉を落とします。

クマザサの仲間

Sasa veitchii

隈笹

分　類：イネ科ササ属の多年生常緑笹
原産地：京都付近
観賞期：若葉期から冬の隈取り期まで
用　途：庭木、緑化樹

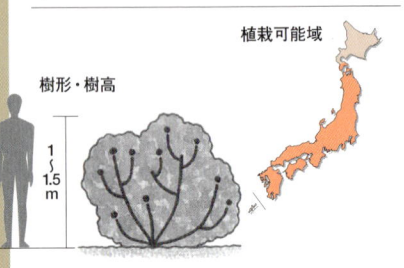

樹形・樹高　1〜1.5m
植栽可能域

葉の観賞期　芽吹き　葉の観賞期
出笋
1・2・3・4・5・6・7・8・9・10・11・12
施肥　植えつけ　病虫害防除　植えつけ
剪定　　　　　　　　　　　　剪定

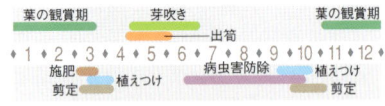

クマザサの整枝 
4〜5年に一度くらいで刈り込む

類似種が多いがほかと比べて葉は大きく葉質が厚いクマザサ。寒いと葉に白い隈取りができる

白い隈取りのある美しい緑葉。クマザサを代表とするササ類は、下草として日本庭園に欠かせない

　若い葉は全体に緑ですが、冬の寒さに当たると縁に白い隈取りができるところから名前がつきました。半日陰を好んで地下茎をよく伸ばし、地中からたくさんの稈を叢生して葉をつけます。
　ササ属の植物は約60種あり、樹性が強いところから日本庭園の下草やグラウンドカバーとしてよく使われています。タケとササの区別は一般に小型のものをササ、大型のものをタケと呼びますが、詳しくは節につく皮が腐るまで落ちないのがササ、生長とともに落ちるのがタケとされます。このためササ属とアズマザサ属のほか、メダケ属とヤダケ属もササの仲間に入ります。ここではこれらササの仲間を取り上げました。
　おすすめの種類　**クマザサ**（ササ属）…葉は大きく厚く、稈は基部で分枝することがあります。多湿な半日陰で寒気にさらされると白い隈取りが際立つ美しいササ類の代表。似たものが多く、北海道ではミヤコザサ、東北ではチシマザサなどもクマザサと呼ばれることがあります。**ミヤコザサ**（都笹・ササ属）…クマザサに比べて葉は薄く、細い稈が1本出て分枝しません。**ヒメシノ**（姫篠・アズマザサ属）…クマザサに似て小型（高さ40㎝）なので別名コグマザサ、コチクとも。冬も葉が枯れないので重宝します。**カムロザサ**（禿笹・メダケ属）…若葉に鮮黄色縦縞が入る小型種で黄斑品種にオウゴンカムロザサがあります。**オロシマチク**（於呂島竹・メダケ属）…稈は細く葉が密生する小型のササで盆栽や盆景用。**チゴザサ**（稚児笹・メダケ属）…葉に白や淡黄色の縦縞が入る小型種で盆栽などに使われます。**オカメザサ**（阿亀笹・オカメザサ属）…ササと名がつきますが分類上はタケの仲間。稈は細く、名は年末の酉の市に売られる熊手に挿すおかめや小判などの飾りに由来します。

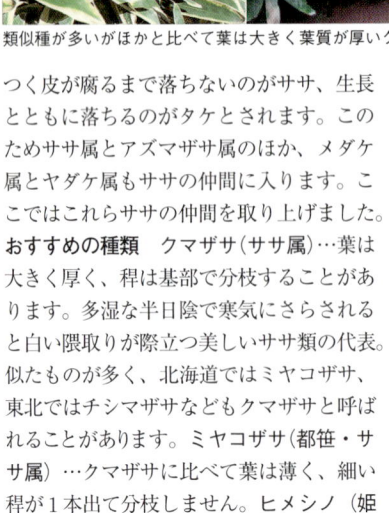

熊笹と誤記されることがありますが、原産地は京都周辺で、植栽の北限は北海道南部。道北部でクマザサと呼ぶのはミヤコザサほか葉に隈取りができる他種。

高さ20〜50cmと小さいチゴザサ

カムロザサの斑は春の若葉で最も美しく、夏以降は徐々に薄れてしまう

よく分枝するのでこんもりとした茂みになるオカメザサ

緑のかすかな筋が入るオウゴンカムロザサ

福岡県の於呂島で発見されたオロシマチク

比叡山で発見されたミヤコザサ

植えつけ それぞれ筍の出る20〜30日前の3月下旬〜4月上旬と、9月下旬〜10月中旬くらいが適期。植え穴は大きめに大体根鉢の倍くらい掘り、堆肥か腐葉土を多めに入れ（有機質に富む保水性と水はけのよい肥沃土を好む）、土をよく混ぜて植えつけます。この際、掘り上げてから植えつけるまでの間、根を乾かさないように扱うことが大切なので、掘り上げたらすぐ水をかけます。

整枝・剪定 芽の活動が始まる直前くらいか、3月上旬〜4月上旬または9月中旬〜10月中旬が適期。

四季の管理 剪定や刈り込み後に粒状化成肥料を軽く施します。

苗のふやし方 クマザサなど中型のササ類は、3〜5本の稈を一株として掘り取りますが、小型のササ類は株を掘り上げ、稈を地際から切り取って、地下茎を水洗いしてよくばらし、一鉢に2〜3本ずつ植えてふやします。

病虫害 通風が悪いと出るカイガラムシやサビ病などは早めに駆除します。

> **コンパクトに維持するポイント**

前述のとおりに刈り込めばよく、早春か秋に行います。鉢植えでもよく育ちます。

タケ&ササ類

191

モウソウチク

Phyllostachys heterocycla

孟宗竹

分　類：イネ科マダケ属の多年生常緑竹
原産地：中国
筍　期：3～4月
用　途：景観樹、食用

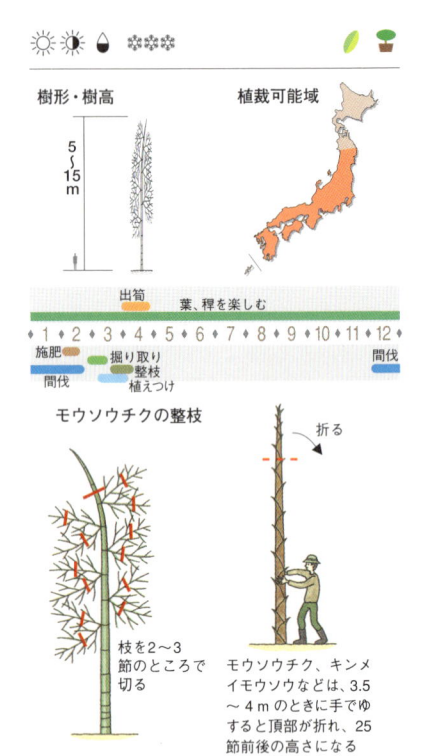

モウソウチクの稈は直径10～18cmで上に行くほど細くなる。筍は硬い皮で覆われている

一日5mも伸びる抜群の生命力。食べて美味、多方面に利用される高さ20mを超える国内最大のタケ

モウソウチクの筍（たけのこ）は春を代表する食材として名高く、特に手入れの行き届いた竹林で地上に現れる前に収穫したものは、「白子（しろこ）」と呼ばれ珍重されます。小枝が竹ぼうきや垣根にされるほか、稈は直径10～18cmから太いものでは20cmを超え、垣根の材料や民芸品に利用されます。ただし材質は折れやすくマダケに劣ります。また皮は食品等の包装に利用されるなど、人の生活と非常にかかわりの深いタケです。稈は基部が著しく太く、梢部に行くにしたがい次第に細くなるので、地際部を利用した花器などには美しいものが見られます。

おすすめの品種　キンメイ（金明）モウソウ…稈の枝溝の部分が緑色で美しい品種ですが、残念なことに伐採すると退色してしまいます。筍はモウソウチクよりさらに軟らかく美味。高知県と大分県には県の天然記念物に指定された林があります。タテジマモウソウ…稈に縦に多数の黄色い条斑が入ります。オウゴンモウソウ…稈全体が黄色く明るい雰囲気が好まれ、観賞用に栽培されますが、古くなると色は褪せます。葉にわずかに白条が入ります。キッコウチク（亀甲竹）…稈の下部の節間が交互にふくれ、正面から見ると亀甲状に見えるところに由来します。別名ブツメンチク（仏面竹）とも呼びますが、別品種に区別する人もいます。ヒメモウソウチク…実生選抜によって育成されたタケで、基本種に比べると2/3程度の高さのタケです。ホテイチク（布袋竹）…節の下部がふくれてキッコウチクに似ますがモウソウチクよりはマダケに近い別種のタケで、細く小さいので釣り竿によく使われています。

植えつけ　タケは掘り取ってすぐ植えるということは少なく、庭に3～5本くらい植える程度の場合は事前に一本ずつ掘り上げて根

モウソウチクの名前は、中国南陽の学者孟宗が年老いた母親の望みで冬に筍を探しに行き、竹林で願ったところ筍が出てきたという古事に因みます。

緑色の稈に黄金色の縦縞が入る変種のキンメイモウソウ

亀の甲羅のようなキッコウチク。飾り床柱や花器などに利用される

稈全体が金色のオウゴンモウソウ

タテジマモウソウ

稈のふくらむ別種のホテイチク

モウソウチクの節には 質物がつく

巻きをし、仮植えしておいた苗を用います。腐植質に富む保湿性のある水はけのよい肥沃土を好み、根巻きのまま深植えにならないよう行い、植えつけ後は支柱を取りつけて保護します。適期は2月下旬～3月まで。

整枝・剪定 掘り上げ、仮植えするときに稈を一定の高さで切りつめ、枝も切りつめておくので植えつけ後3～4年は必要ありません。4～5年後に太い筍が出るようになったら、3～4月に稈は23～25節で心を止め、枝も4～5節で切りつめます。

四季の管理 2月に油粕単用か油粕と粒状化成肥料を等量混ぜたものを根元に施すくらいで十分です。

苗のふやし方 開花するとよく結実するので実生も可能ですが、趣味としてはむずかしいので、2年生ほどの稈を掘り取ってふやします。2月下旬～3月上旬に一本ずつ掘り取ります。掘り取りは稈一本に地下茎を30～40cmつけて行い、根鉢を稲わらでしっかり包んでおきます。

病害虫 通風が悪いとカイガラムシの被害が見られるので早めに駆除していきます。

■ **コンパクトに維持するポイント**

12～15号くらいの鉢植えで楽しむのがよいでしょう。ヒメモウソウチクを植えるのもひとつの方法です。

タケの花は不吉の前兆？

俗に「タケの花が咲くと異変が起こる」といわれ不吉の前兆とされてきました。タケとササは長期一回開花型植物で、咲き終わると結実して枯れてしまうからでしょう。開花の周期は大変長くモウソウチクは67年、マダケは120年とされます。花は先端に雄しべが垂れ下がり、雌しべはノギに隠れて目立ちません。繁殖は挿し木や株分けで行いますが、不思議なことに親株が枯れる頃に子株も枯れるといわれます。

マダケ

Phyllostachys bambusoides

真竹〈別名：ニガタケ〉

- 分　類：イネ科マダケ属常緑多年生常緑竹
- 原産地：中国中部
- 用　途：景観樹、垣根、竹細工材 食用
- 樹　高：7～15m
- 植栽可能域：本州、四国、九州

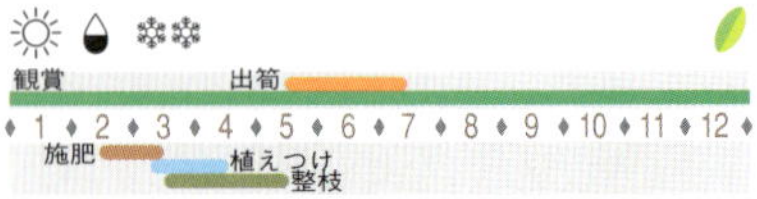

モウソウチクとともに広く繁茂し、筍は5～6月に出て食用に

材質は竹類の中で最高。稈は肉が薄くねばりがあって加工しやすいため、竹細工には欠かせません。適地では稈の直径が15cm、高さ20mに達するものも見られます。

おすすめの品種　キンメイチク(金明竹)…マダケより少し細く、黄色い稈の芽溝部が緑色となる変種。ギンメイチク…キンメイチクの逆で緑色の稈の芽溝部が黄色の変種。オウゴンチク…稈全体が黄色で部分的に緑色の縦条が入ります。

植えつけ　秋に根鉢に切って稲わらで巻いた苗をつくり、稈と枝を切りつめておきます。これを2月下旬～3月に浅めに植え、支柱を立てます。

マダケより全体に細めのキンメイチク

マダケ 　　ギンメイチク

整枝・剪定　植えつけ時に切りつめれば4～5年は必要ありません。その後は3～4月に適宜切りつめます。

四季の管理　2月に油粕単用か油粕と粒状化成肥料を等量混ぜて根元に施します。

苗のふやし方　2月下旬～3月上旬に、2年生の稈を地下茎20～30cmつけた根鉢に切り取って稲わらで包み、植え込みます。

病虫害　通風が悪いとカイガラムシの被害が出るので早めに駆除します。

コンパクトに維持するポイント

12～15号くらいの鉢植えに仕立てます。

ダイミョウチク

Sinobambusa tootsik

大名竹〈和名：トウチク〉

- 分　類：イネ科トウチク属の多年生常緑竹
- 原産地：東アジア
- 用　途：添景樹
- 樹　高：6～8m
- 植栽可能域：東北地方南部以南の太平洋岸沿いの平野部

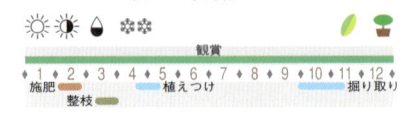

スズコナリヒラ

ダイミョウチクと呼ばれるトウチク

長い節間につく葉の繁り具合が絶妙。庭のアクセントに最適のタケ

ダイミョウチクの名でよく庭に植えられますが、正式和名はトウチク（唐竹）です。この名は美しいがあまり役に立たないタケということに由来しているようです。

おすすめの品種　ダイミョウチク…以前はおもに西日本の暖地を中心として栽培されていましたが、近年は東日本でも見られるようになりました。節間が60～80cmとタケ類の中では最も長く、節から枝を出し紙質の葉をつけます。スズコナリヒラ…葉に白または黄色の縦縞が入る品種で、葉のつき方のバランスがよいため庭のアクセントに最適。

植えつけ　秋に2年生の稈をつけた地下茎2節以上を根鉢をつくって掘り上げて稲わらで巻き、植え直しておきます。これを4月上旬～下旬に掘り上げて庭に植えます。

整枝・剪定　新しく出た枝を切除すると、枝数がふえて姿が整います。

四季の管理　2月に油粕単用か油粕と粒状化成肥料を等量混ぜて根元に施します。

苗のふやし方　2月下旬～3月上旬に、2年生の稈を地下茎20～30cmつけた根鉢に切り取って稲わらで包み、植え込みます。

病虫害　通風が悪いとカイガラムシが発生するので早期に駆除します。

コンパクトに維持するポイント

適度な高さで心を止めます。

カンチク
Chimonobambusa marmorea
寒竹

分　類：イネ科カンチク属の多年生常緑竹
原産地：日本と考えられているが不明
用　途：添景樹
樹　高：1.5～2.5m
植栽範囲：東北地方南部以南

稈が細く繊細な小型のタケで9～10月に筍を出すことに名は由来。古くから庭に植えられてきました。日当たりがよいと稈が朱色になるベニカンチクは朱竹の名で鉢植えで珍重されます。

クロチク
Phyllostachys nigra
黒竹

分　類：イネ科マダケ属の多年生常緑竹
原産地：中国（浙江省地方）
用　途：添景樹、鉢植え、袖垣
樹　高：2～4m
植栽範囲：東北南部以南の太平洋岸の温暖な地域

唯一稈が帯紫黒色となる中型のタケで、日本庭園の中でも茶庭や坪庭に最適。稈や枝は袖垣や天井に使われるなど、侘（わび）、寂（さび）の演出には最高の材料として珍重されます。

シホウチク
Tetragonocalamus angulatus
四方竹〈別名：シカクダケ、イボタケ〉

分　類：イネ科シホウチク属の多年生常緑竹
原産地：中国中部～中国南部
用　途：添景樹、食用
樹　高：3～6m
植栽範囲：関東地方以西の温暖な地域

稈がにぶい四角形になり、下部の節からトゲ状の気根が出て上部の節も気根がつく。節間は長いが稈の表面に細かい縦しまが入り、つやがないので竹細工には不向きです。秋の筍は美味。

ナリヒラダケ
Semiarundinaria fastuosa
業平竹〈別名：ダイミョウチク〉

分　類：イネ科ナリヒラダケ属の多年生常緑竹
原産地：本州西南部、四国、九州と推定される
用　途：添景樹
樹　高：7～8m
植栽範囲：東北地方南部以南

男性的でありながら枝のしなりが女性的なことから、牧野富太郎博士が万葉歌人の在原業平に因んで命名。全体に優雅で落ち着くので玄関前や茶室の前庭などに植えられています。

ホウオウチク
Bambusa multiplex var.elegance
鳳凰竹〈別名：ホウビチク〉

分　類：イネ科ホウライチク属の多年生常緑竹
原産地：ホウライチクは中国南部
用　途：添景樹、生け垣
樹　高：3～5m
植栽範囲：関東地方以西の太平洋側

亜熱帯性外来種のホウライチクの矮小変種で、稈は叢生してこんもりとした株立ちとなり、鳳凰の羽に似た葉をつけます。地下茎が伸びないのであまり広がらないことが重宝されます。

ラッキョウチク
Pseudosasa japonica cv. 'Tsutsumiana'
辣韮竹〈和名：ラッキョウヤダケ〉

分　類：イネ科ヤダケ属の多年生常緑笹
原産地：ヤダケの園芸品種
用　途：目隠し、生け垣
樹　高：1.5～2.0m
植栽範囲：関東地方以西

分類上はササの仲間となるヤダケの変種。下部5～6個の節間がふくれてラッキョウのようになることに名は由来。稈だけでなく地下茎はさらに著しく数珠状になる珍しいタケです。

剪定の目的と効果

自然界の樹木はだれも手入れなど行わないのに、美しい姿に育っています。しかし、庭木はそうはいきません。庭という自然界とは違った条件下で育っていくので、放っておくと茂りすぎたり形が崩れたりして不自然な姿になってしまいます。そこで、どうしても人為的な操作が必要となります。

■ 生活に適した樹形をめざすため

剪定を行う第一の目的は、住まいという建物、庭という限られたスペース内で、調和のとれた景観を構成するにふさわしい樹形を維持することです。室内への日当たりや庭の風通しをよくするには、樹高や樹幹の広がりを制限する必要がありますし、道路や隣家からの目が気になる場所では、遮蔽のための枝を大事にする必要も出てきます。伸びるがままに育てるわけにはいかないのです。

■ 木の健全な生育を助けるため

庭木は実用的な効果のためだけでなく、眺めて美しいように配慮されて植え込まれています。ところが植え場所によっては、水はけや日照条件などもさまざまなので、どの木にとっても理想的な環境ということはありません。そこで、放っておくと弱い木は強い木に圧倒されてますます弱ってしまいます。こうした場合は、適切な剪定を行うことで、強い木の生長を抑制し、ほかの庭木とのバランスを保つ必要があります。

1本の木についても、放っておいて枝が込みすぎると、樹冠の内部に日光が差し込まなくなり、枯れ枝が出たり、病害虫の発生が多くなります。こうした場合も、不要な枝を間引いたり、伸びすぎた枝を切りつめたりすることで、健全な生育を助ける必要が出てきます。

■ 美しい樹形をつくるため

庭は実用的な空間であるとともに、眺めて楽しむことも大切な要素です。そこで、庭木もそれぞれの庭のスタイルと雰囲気にマッチした樹形に仕立てたり、美しい姿を維持したりしなければなりません。

そのためには、どうしても枝抜きや刈り込み、あるいは枝の誘引といった人為的な整枝・剪定が必要となります。

図-1 不要な枝（忌み枝）のいろいろ

徒長枝 1年で長く伸び出し、節間が間伸びしている枝

内向き枝 途中から樹冠の内側を向いて伸び出た枝

ふところ枝 樹冠のふところ部に、あとになって発生した枝

平行枝 同程度の強さの枝が、同じ方向を向いて伸び出ている

立ち枝 枝の途中から上向きに立ち上がった枝。ほかの枝と交差しやすい

かんぬき枝 幹の同じ高さのところから、幹をはさんで対向している枝。対生枝ともいう。どちらかを整理する

胴吹き枝 幹の途中からから発生した不要な枝。幹吹き枝ともいう

下垂枝 下向き枝、下り枝ともいう

車枝 幹や太枝の1ヵ所から、何本もの枝が車軸のように伸び出ている。早期に整理が必要

ヒコバエ 根元周辺から発生した不定芽。ヤゴ吹きともいう

どんな枝を切ったらよいか？

初めての人は、姿の乱れた庭木を前にしても、はたしてどの枝を切ったらよいものやら、迷いに迷うのが普通です。そうしたときは、昔から「忌み枝」とされている枝を切り取ることから考えるとよいでしょう。

忌み枝には図-1に示したようにいろいろな枝があります。いずれも残しておいても木の生育を阻害したり、やがては枯れたりするなど、役に立たない枝ばかりです。忌み枝を切除するだけでも、かなり整理された姿となります。

交差枝 幹を横切って交差する枝のこと。これも忌み枝のひとつ

間引き剪定と切り戻し剪定

剪定の仕方には、大きく分けて「間引き剪定」と「切り戻し剪定」とがあります。実際に整枝・剪定を行う際には、この2つの剪定法を組み合わせながら進めていくのが普通です。

■ 間引き剪定

ある枝を剪定するとき、その枝の途中で切りつめるのではなく、つけ根から切り取るやり方を「間引き剪定」といいます。込みすぎた枝や不要な枝を元から切り取る作業で、「枝すかし」とか「枝抜き剪定」ともいいます。

この剪定は、樹形をつくることよりも、木の健全な生育を図ることを目的としたものです。枝を間引くことで、繁りすぎた樹冠が適当にすけて、風通しや日当たりがよくなりますから、ふところ枝が枯れ込むのを防げますし、病害虫の発生を予防する効果もあります。

この間引き剪定は、1度行えば2～3年は行わなくてかまいません。

■ 切り戻し剪定

樹形を小さくしたり、一定の大きさを保ったりするために、伸びすぎた枝を途中で切り縮める剪定法を「切り戻し剪定」（単に切り戻しともいう）といいます。

1本の枝を途中で切って、残した部分から強い新梢を吹かせる作業なので、どの位置で切れば、どのような新梢が伸び出すか、見極めが大切です。

切り戻しをすると、枝の芽数が少なくなるため、切らなかったときよりも勢いよく新梢が伸び出すのが普通です。果樹苗を植えるときなど、思い切って枝幹を切りつめて植えるのは、そうすることで勢いのよい枝を発生させ、一気に心を伸ばして早期に基本樹形をつくるためです。

このほか、生け垣や玉もの仕立てなど、刈り込みバサミを使って枝先を整形に刈り込む剪定法（刈り込み剪定）があります。これは一律に枝先を切りつめることになるので、切り戻し剪定の一種と考えてよいでしょう。

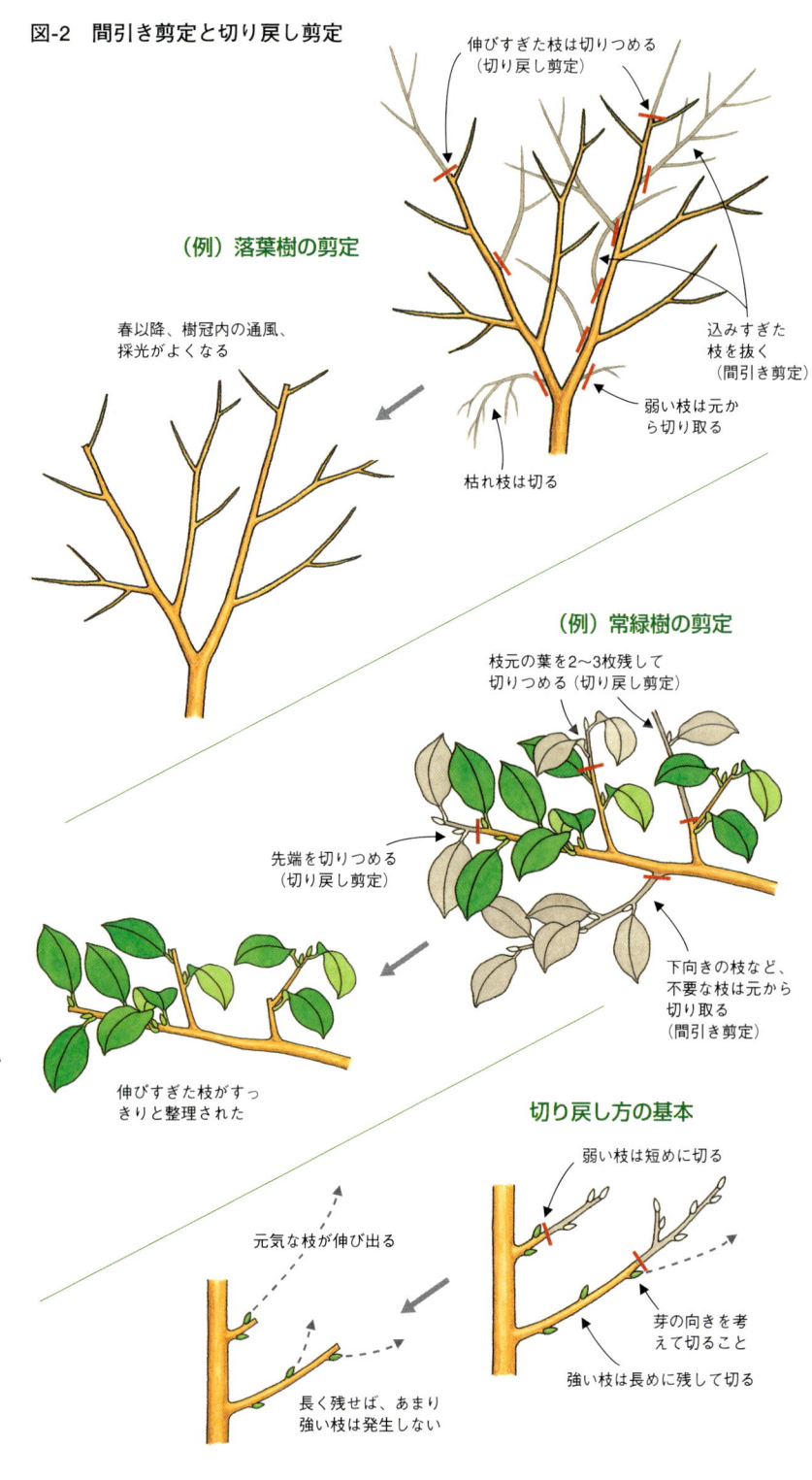

図-2 間引き剪定と切り戻し剪定

（例）落葉樹の剪定
- 伸びすぎた枝は切りつめる（切り戻し剪定）
- 込みすぎた枝を抜く（間引き剪定）
- 弱い枝は元から切り取る
- 枯れ枝は切る
- 春以降、樹冠内の通風、採光がよくなる

（例）常緑樹の剪定
- 枝元の葉を2～3枚残して切りつめる（切り戻し剪定）
- 先端を切りつめる（切り戻し剪定）
- 下向きの枝など、不要な枝は元から切り取る（間引き剪定）
- 伸びすぎた枝がすっきりと整理された

切り戻し方の基本
- 弱い枝は短めに切る
- 芽の向きを考えて切ること
- 強い枝は長めに残して切る
- 元気な枝が伸び出る
- 長く残せば、あまり強い枝は発生しない

美しい木姿にするために知っておきたい「枝の切り方」

太枝から細い枝へと移るのが手順

実際に剪定をするとなると、多くの人がまず樹冠の外部の目につく不要な枝から切り始めます。あちらこちらの枝を切りつめていっても、なかなかバランスのとれた樹形にはなりません。あげく、気づいたときには、「しまった！この枝はもう少し長めに残しておけばよかった」などと嘆く結果となります。

それは手順を間違えたからです。例えば人間の絵を描くとき、いきなり指先や耳などから描き始めることはありません。まず全体のデッサンから始めなければ、まとまりがつきません。樹木の剪定をするときも、まったく同様です。全体の姿をよく観察し、まず、どの太い枝を間引いたら、バランスのとれた木姿になるかをじっくりと判断しましょう。

まず、ノコギリで不要な太い枝を間引くと、目指す樹形の骨格が見えてきます。そこで、中枝の剪定に移り、徐々に小枝の剪定へと向かうのが正しい手順です。

作業は頂部から順に下へと向かう

枝先の小枝を間引いたり、刈り込んだりする作業は、上から下へと進めるのが手順です。この手順を間違えると、せっかくきれいに整えた下方の枝に、上からの切りかすが降り積もってしまい、清掃作業が二度手間となってしまいます。

安全対策を忘れない

背丈以下の小さな庭木を剪定するときは問題ありませんが、丈の高い木を切るときは脚立や園芸用ハシゴを使うことになります。バランスを崩すと思わぬ落下事故につながるので、くれぐれも注意が必要です。ハシゴを使う場合は、ロープで木の幹に結わえつけて作業をするのが安全です。ハシゴの一番下の段に、重い砂袋を置くのも効果的です。

また、高く登った場合は、万一ハシゴが倒れることも想定して、片方の脚を木の幹に絡ませておくとよいでしょう。

服装も、長袖、長ズボン、帽子、滑らない運動靴（長靴はハシゴには不向き）、それに軍手か園芸用の手袋を着用します。襟元には汗ふき用のタオルを巻いておくと、落ち葉や切りかすが入るのを防ぐことができます。

徒長枝の処理

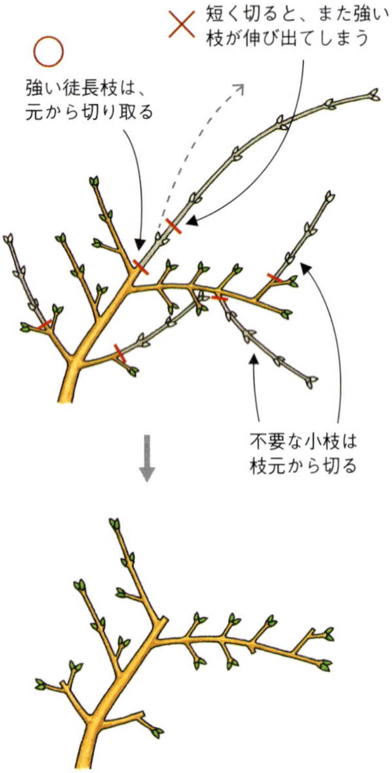

○ 強い徒長枝は、元から切り取る

× 短く切ると、また強い枝が伸び出してしまう

不要な小枝は枝元から切る

平行枝の処理

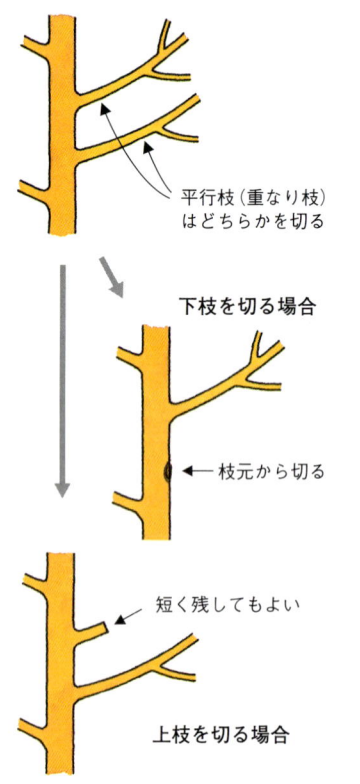

平行枝（重なり枝）はどちらかを切る

下枝を切る場合 — 枝元から切る

上枝を切る場合 — 短く残してもよい

かんぬき枝の処理

左右対等の強さで出ているかんぬき枝は、どちらか一方を切り、交互に枝が配られるようにする

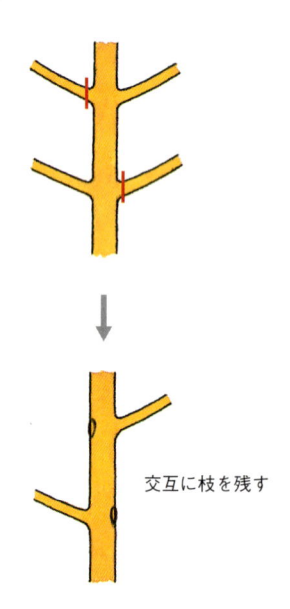

交互に枝を残す

芽のある枝先の切り方

芽の向き（伸び出る方向）を見きわめて、どの芽の上で切ったらよいかを決める

○ 芽の上、3mmほど上にハサミを当て、芽の反対側に少し傾斜をつけて切る

× 浅すぎる。枯れ込む部分が長すぎて、普通はよくない（例外としてアジサイやブドウなどは、節の中間で切る）

× 深すぎる。切り口から乾燥して芽が枯れやすい

芽のある枝先の切り戻し方

■ **必ず外芽の上で切る**

枝先を切りつめるときは、まず芽の伸びる方向を見きわめて切ることです。必ず幹側から見て外側を向いた芽（外芽）の上で切ってください。内側を向いた芽（内芽）の上で切ると、内向き枝が伸び出てしまい、樹形を乱してしまいます。

■ **切る深さで伸び出る枝の強さが異なる**

長く残して切ると、芽の数が多いため力が分散され、先端からは弱い枝が伸び出します。ところが、短く切ると少なくなった芽に力が集中するため、強い枝が長く伸び出します。

太い枝を切り落とすときの注意

剪定バサミでは切れないような太い枝を切るときは、注意が必要です。面倒だからといって、一度に枝元の近くから切ろうとすると、枝の重さで幹まで裂けてしまうことがあります。

そこで、次にあげるような方法で切り落とすようにします。

❶ **直径が5〜10cmの枝の場合**

枝元から30〜40cmほど離れた箇所にノコギリを入れて切り落とし、次に改めて枝元近くで切り直します。

❷ **直径が10cm以上の枝の場合**

下の図に示したように、いったん下側に切れ目を入れてから切れば、枝の重さで幹まで裂けるのを防ぐことができます。

不要な太い枝の切り方

× 一気に落とそうとしないこと

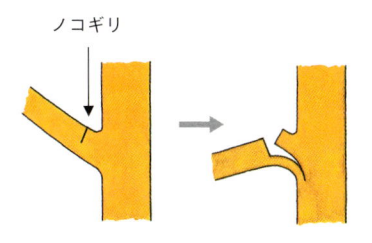

一度に切り落とそうとすると、枝の重みで幹まで裂けてしまう恐れがある

○ 安全な枝の落とし方

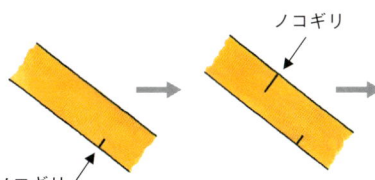

まず、枝の直径の1/3くらいまで、下からノコギリ目を入れる

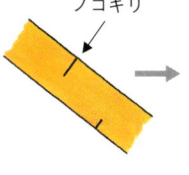

下から入れた切れ目より少し先の位置で、上からノコギリを入れて切り落とす

枝は途中で折れて落ちるため、枝元まで裂けることはない

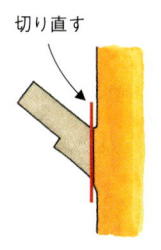

切り残した部分を枝元からきれいに切り直し、切り口には癒合剤を塗っておく

花芽のつき方（開花習性）6つのタイプ

どの枝のどんな場所に花芽がつくられ、そこからどのようにして花が咲くのか、開花習性は、樹種によって異なります。厳密にいえば、各樹種ごとに少しずつ異なるといってよいほどですが、ここでは便宜的に大きく6つのタイプに分けてみました。（図鑑ページに掲載した花芽のタイプも、この分類によります）

この開花習性を知っておかないと、花木や実もの、果樹などでは、剪定をする際にせっかくの花芽を切り落としてしまうといった失敗を犯しがちです。

タイプ1
今年伸びた枝の葉腋に花芽ができるタイプ。多くは短枝によくつくられ、長い枝にはあまりつくられません。
モクセイもこのタイプですが、初夏にできた花芽が、その年のうちに咲くのが特徴です。

タイプ2
今年伸びた枝の頂芽に花芽ができるタイプ。これにはライラックのように長い枝の頂部に花芽ができるものと、モクレンやツバキ、シャクナゲなど、短枝の頂芽に花芽がつくられるタイプとがあります。

タイプ3
今年伸びた枝の頂芽やその下の腋芽が花芽となり、翌春、そこから新梢が伸び出て、その頂部に開花するタイプです。
ボタンやアジサイ、トチノキなどがこのタイプに属します。

タイプ4
このタイプには、①今年伸びた短枝の腋芽に花芽がつくられるもの（ガマズミの仲間）、②長く伸びた枝の各葉腋に花芽がつくもの（ヤマブキ、ユキヤナギなど）、③ごく短い枝に2～3個固まるようにして花芽がつくもの（リンゴ、ハナカイドウ、ナシなど）と、3通りあります。
このタイプに共通している性質は、花が咲くときわずかに新梢を伸ばし、葉を2～3枚展開させて、その間から花を咲かせることです。

タイプ5
今年伸びた充実した枝の頂芽およびその下の1～2芽が花芽となり、翌年ここから新梢が伸び出し、その新梢の葉腋に開花結実するタイプです。
カキ、クリなどがこのタイプに属します。

タイプ6
特に花芽というものを持たず、充実した枝から伸び出た新梢に花をつけます。バラやノウゼンカズラのように新梢の枝先に開花するものと、アベリア、ハギ、ムクゲなどのように新梢の葉腋に開花するものとがあります。
このタイプは、春、芽吹く前であればどこで切っても花が見られますが、新梢は花が咲くまで切ってはいけません。

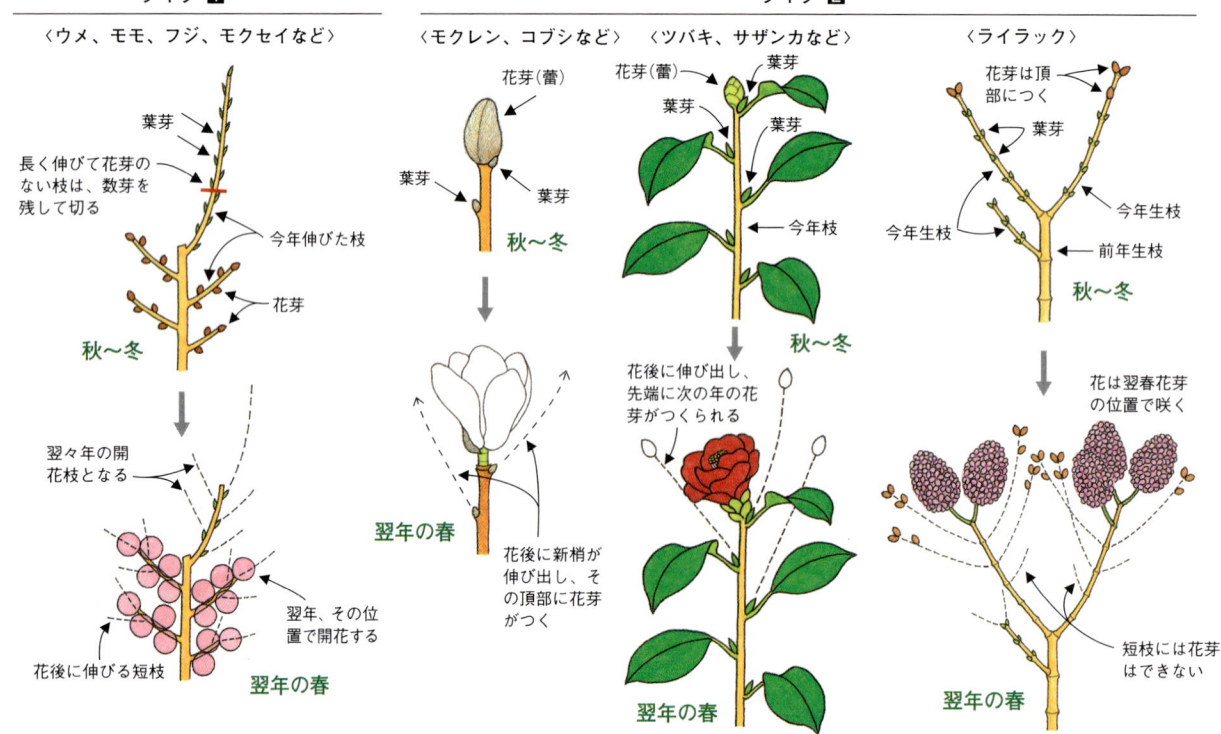

タイプ 3

〈ボタン、アジサイなど〉

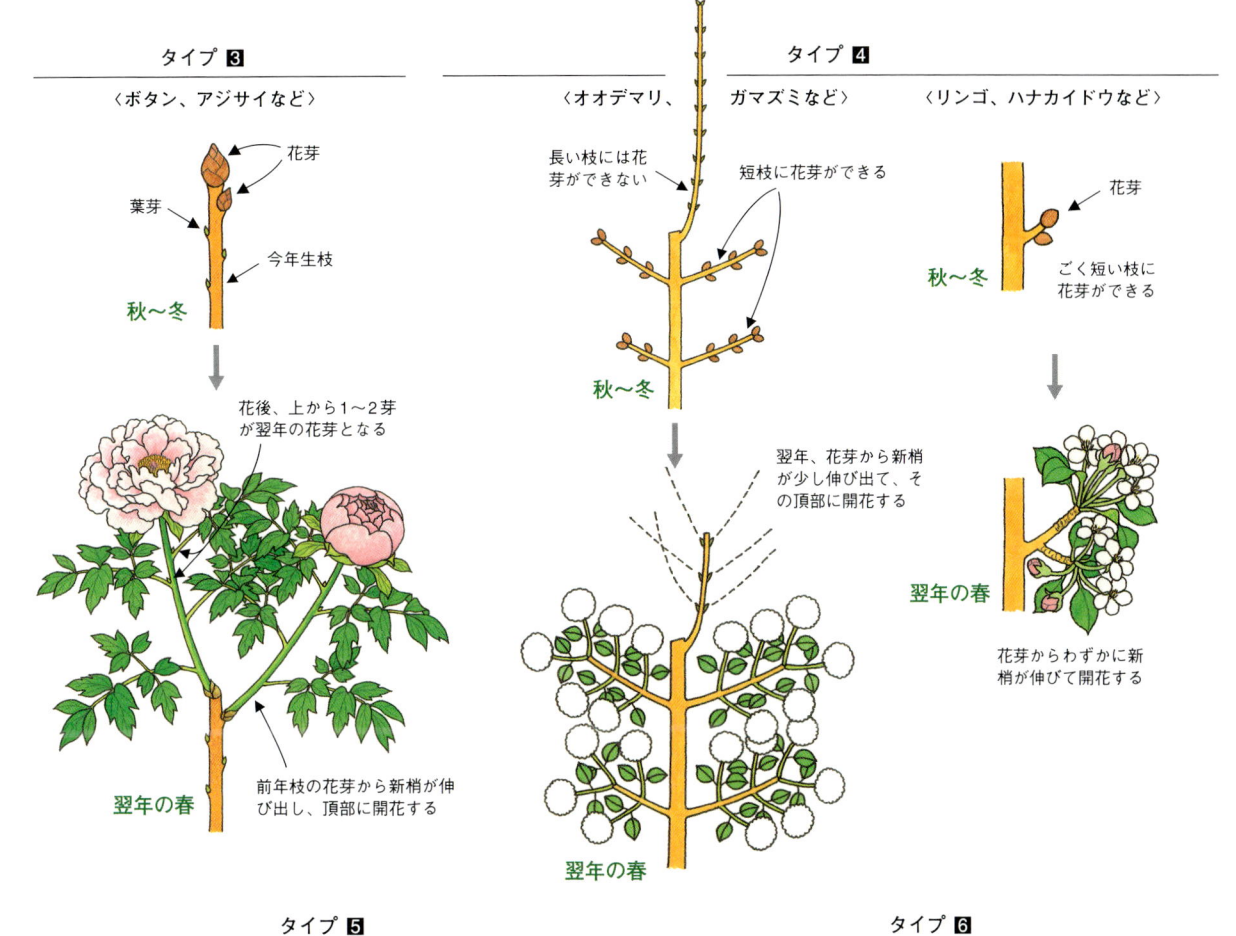

- 花芽
- 葉芽
- 今年生枝

秋～冬

花後、上から1～2芽が翌年の花芽となる

前年枝の花芽から新梢が伸び出し、頂部に開花する

翌年の春

タイプ 4

〈オオデマリ、ガマズミなど〉

- 長い枝には花芽ができない
- 短枝に花芽ができる

秋～冬

翌年、花芽から新梢が少し伸び出て、その頂部に開花する

翌年の春

〈リンゴ、ハナカイドウなど〉

- 花芽

秋～冬

ごく短い枝に花芽ができる

花芽からわずかに新梢が伸びて開花する

翌年の春

タイプ 5

〈カキ、クリなど〉

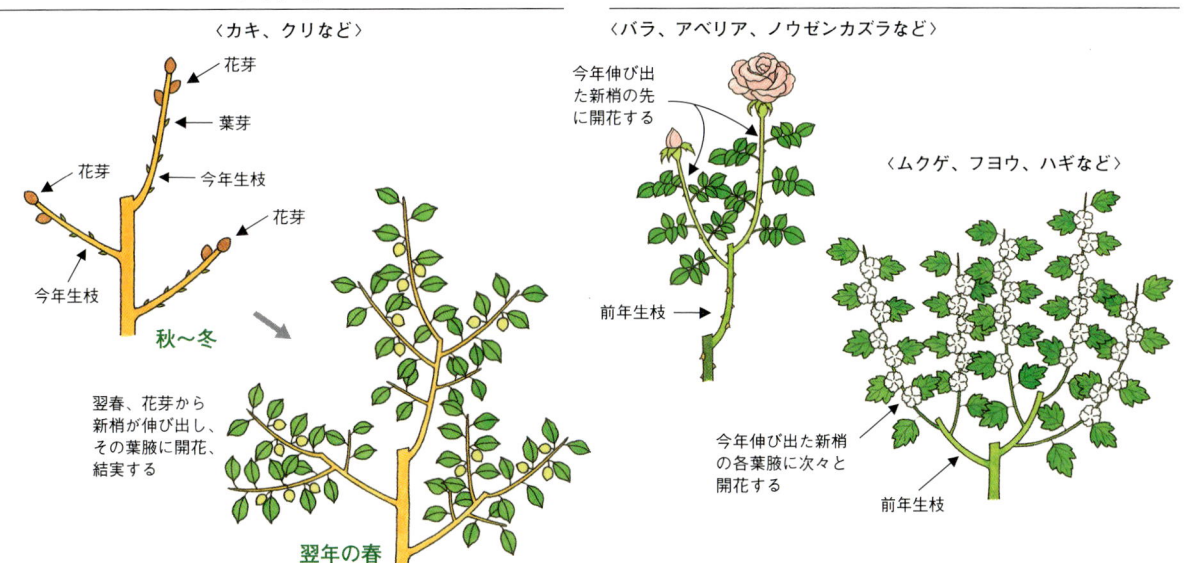

- 花芽
- 葉芽
- 今年生枝
- 花芽
- 今年生枝
- 花芽

秋～冬

翌春、花芽から新梢が伸び出し、その葉腋に開花、結実する

翌年の春

タイプ 6

〈バラ、アベリア、ノウゼンカズラなど〉

今年伸び出た新梢の先に開花する

前年生枝

〈ムクゲ、フヨウ、ハギなど〉

今年伸び出た新梢の各葉腋に次々と開花する

前年生枝

植物名音順索引

*「・」は別名または項目に含まれる植物。（ ）は項目以外の写真掲載ページ。

ア
アオキ……………………92
アオダモ…………………133
アオハダ…………………133
アカシア……………………12
・アカシデ………………124
・アカバナアセビ…………12
・アカバナトキワマンサク…35
・アカボシシャクナゲ……33
・アカマツ………………162
・アカヤシオ………………37
アケビ……………………174
アジサイ……………………62
アズキナシ………………133
アセビ………………………12
・アセボ……………………12
アトラスシーダー'グラウカ'
…………………………157
アトラスシーダー
'グラウカ・ペンデュラ'………157
アブチロン…………………67
・アブラチャン…………122
アベリア……………………66
・アマミヒイラギモチ……106
・アマチャ…………………65
・アマナツ………………164
・アメリカイワナンテン……99
・アメリカザイフリボク……20
アメリカデイコ……………67
アメリカテマリシモツケ…133
・アメリカナツツバキ……79
・アメリカノウゼンカズラ…185
アメリカハイビャクシン
'ウイルトニー'……………157
アメリカハイビャクシン
'マザー・ローデ'…………158
・アメリカハナズオウ……44

アメリカヒトツバタゴ………60
・アメリカロウバイ………71
アリゾナイトスギ
'サルフレア'……………149
アリゾナイトスギ
'ブルー・アイス'…………149
アンズ……………………173

イ
イイギリ…………………146
イタビカズラ……………174
イタリアンサイプレス
'スウェンズ・ゴールド'…149
イチイ……………………148
イチゴノキ………………139
イチジク…………………168
イチョウ…………………116
・イヌコリヤナギ………132
イヌツゲ……………………93
イリシウム…………………68
・イロハモミジ……121（136）
イワガラミ………………189

ウ
・ヴィバーナム……………34
・ウキツリボク……………67
ウグイスカグラ……………60
・ウケザキオオヤマレンゲ…55
・ウスギモクセイ…………86
ウツギ………………………28
・ウノハナ…………………28
ウバメガシ………………111
ウメ…………………14・173
ウメモドキ………………138
ウルムス'ダンピエリ・オーレア'
…………………………134
・ウンシュウミカン………164
ウンナンオウバイ…………27
・ウンナンオガタマ………31
・ウンナンミツマタ………21

エ
エゴノキ…………………114

・エドヒガン………………19
エニシダ……………………29
エンジュ…………………115
エンゼルストランペット…69
エンピツビャクシン
'グレイ・オウル'…………158
エンピツビャクシン
'バーキィー'……………158

オ
・オウゴンガシワ…………123
・オウゴンカムロザサ……191
・オウゴンモウソウ………193
オウバイ……………………27
・オオイタヤメイゲツ……121
・オオカメノキ……………61
オオチョウジガマズミ……60
オオデマリ…………………30
オオベニウツギ……………69
・オオムラサキツツジ……39
・オオモミジ……………121
・オオヤエチナシ…………71
・オオヤマレンゲ…………55
オガタマノキ………………31
・オカメザサ……………191
・オタフクナンテン………103
オトコヨウゾメ…………146
オリーブ……………………94
・オロシマチク…………191

カ
カイノキ…………………134
カエデ……………………118
カキ………………………167
・ガクアジサイ……………64
カクレミノ………………111
カシワ……………………116
・カシワバアジサイ…63（136）
・カスミノキ………………76
カツラ……………………117
カナダトウヒ'コニカ'……152
カナダトウヒ
'サンダース・ブルー'……152

カナメモチ……………………95	クチナシ……………………71	コロラドトウヒ'ホプシー'……153
ガマズミ……………………140	クマザサ……………………190	コロラドビャクシン
カマツカ……………………146	・クマシデ……………………124	'スカイロケット'……………158
・カムロザサ…………………191	グミ………………………96・173	コロラドビャクシン
カラタチバナ………………146	・クルメツツジ…………………39	'ブルー・ヘブン'……………159
・カラタネオガタマ………………31	クレマチス……………………176	コロラドモミ'カンディカンス'
・カリステモン……………………53	クロガネモチ…………………111	……………………………160
カリン………………………173	クロチク……………………195	
カルミア……………………31	クロバナロウバイ……………71	サ
・ガールマグノリア………………55	・クロマツ……………………163	サカキ………………………97
カロライナジャスミン………175	クロモジ……………………122	サクラ…………………………18
・カワヅザクラ……………………19		ザクロ…………………85・173
カンキツ類…………………164	ケ	サザンカ………………………88
カンチク……………………195	ゲッケイジュ…………………96	・サトウカエデ…………………119
・カンツバキ………………………89	・ケムリノキ………………………76	・サトザクラ………………………19
・カンヒザクラ……………………19	・ゲンカイツツジ…………………37	・サラサウツギ……………………28
・カンボク……………………140	ケンポナシ……………………146	・サラサドウダン………………126
		サルココッカ…………………111
キ	コ	サルスベリ……………………72
キウイフルーツ………………168	・コアジサイ………………………64	サワラ'ゴールデンモップ'……151
キソケイ……………………85	コーカサストウヒ'オーレア'	サワラ
・キッコウチク…………………193	……………………………152	'フィリフェラ・オーレア'……151
・キバナニオイロウバイ…………71	・コクチナシ………………………71	サワラ'ボールバード'………152
キブシ…………………………16	木立バラ………………………46	サンゴジュ……………………111
・キミガヨラン…………………109	コデマリ………………………32	サンゴミズキ…………………124
・キミノセンリョウ………………142	コトネアスター………………139	サンシュユ……………………17
キャラボク'キンキャラ'………148	コナラ………………………123	
キョウチクトウ………………70	コノテガシワ	シ
ギョリュウ……………………134	'エレガンティシマ'…………150	シイ……………………………97
・キリシマツツジ…………………38	コノテガシワ'オーレア・ナナ'	シキミ…………………………68
・キレンゲツツジ…………………37	……………………………150	・シークヮーサー………………165
キングサリ……………………60	コノテガシワ	シコンノボタン………………75
・キンシバイ………………………80	'フィリフォルミス'…………151	・シジミバナ………………………25
ギンバイカ……………………85	コノテガシワ'ローズダリス'	・シシユズ………………………166
・キンメイチク…………………194	……………………………151	・シセントキワガキ………………167
・ギンメイチク…………………194	コバノズイナ…………………117	・シダレエンジュ………………115
・キンメイモウソウ……………193	コブシ…………………………13	・シダレカツラ…………………117
キンモクセイ…………………86	・コマユミ…………128（136）	シダレグワ……………………134
・ギンヨウアカシア………………12	コムラサキ……………………141	・シダレザクラ……………………19
	・ゴヨウマツ……………………163	・シダレヤナギ…………………132
ク	コルクウイッチア………………60	シデ……………………………124
クスノキ………………………95	コロラドトウヒ	・シデコブシ………………………13
・クダモノトケイソウ……………183	'グラウカ・グロボーサ'……153	・シナマンサク……………………23

・シナレンギョウ……………26	セイヨウサンザシ……………61	テ
シホウチク………………195	・セイヨウシデ………………124	テイカカズラ………………182
シマトネリコ………………98	セイヨウニンジンボク………75	テマリカンボク………………61
・シモクレン…………………54	セイヨウバクチノキ………112	
シモツケ……………74（137）	セイヨウヒイラギ……………100	ト
シャクナゲ……………………33	センリョウ……………………142	・トウオガタマ………………31
シャシャンボ………………111		・トウカエデ………120（137）
ジャノメエリカ………………87	ソ	ドウダンツツジ……………126
・ジャノメマツ………………163	・ソシンロウバイ……………91	・トウチク……………………194
・シャラノキ…………………78	ソテツ…………………………112	・トウネズミモチ……………110
シャリンバイ…………………99	ソヨゴ…………………………101	・トキワサンザシ……………144
・ジュウガツザクラ…………19		トキワマンサク………………35
ジューンベリー………………20	タ	トケイソウ……………………183
常緑性ガマズミ………………34	タイサンボク…………………77	トサミズキ……………………21
シラカシ………………………112	ダイミョウチク………………194	トチノキ……………42（136）
シラカバ………………………125	・タギョウショウ……………163	トネリコ………………………125
・シラタマミズキ……………124	・タチバナモドキ……………144	トベラ…………………………112
・シロカピタン………………187	・タテジマモウソウ…………193	
・シロシキブ…………………141	・タニウツギ…………………69	ナ
・シロバナガクアジサイ……64	タラヨウ………………………112	・ナガミキンカン……………165
・シロバナジンチョウゲ……16	・ダンコウバイ………………122	ナギイカダ……………………101
・シロバナハギ………………90		ナツグミ………………………173
・シロバナヤエウツギ………28	チ	ナツツバキ……………………78
・シロミナンテン……………103	・チゴザサ……………………191	ナツハゼ……………127（136）
・シロミノウメモドキ………138	・チャイニーズ・ホーリー…100	・ナツミカン…………………165
・シロモジ……………………122	チャンチン'フラミンゴ'………135	ナツメ…………………………146
・シロヤシオ…………………37	・チョウジュバイ……………22	ナツユキカズラ………………181
シロヤマブキ…………………60	・チョウセンレンギョウ……26	・ナツロウバイ………………71
ジンチョウゲ…………………16		ナナカマド……………………143
	ツ	ナリヒラダケ…………………195
ス	ツキヌキニンドウ……………180	ナンキンハゼ…………………127
・スイフヨウ…………………81	ツゲ……………………………102	ナンテン………………………103
・スズコナリヒラ……………194	ツタ……………………………175	
スズランノキ…………………32	ツツジ…………………………36	ニ
スダジイ………………………97	ツバキ…………………………40	ニイタカビャクシン
・スダチ………………………166	ツリバナ………………………142	'ブルー・カーペット'………159
スモークツリー………………76	・ツルアジサイ………………65	ニイタカビャクシン
	ツルウメモドキ………………189	'ブルー・スター'……………159
セ	ツルハナナス…………………189	ニオイシュロラン……………104
・セイヨウアジサイ…………64	つるバラ………………………49	ニオイヒバ
セイヨウイワナンテン………99	ツルマサキ……………………181	'グリーン・コーン'…………154
・セイヨウキヅタ……………188		ニオイヒバ'グロボーサ'……155
		ニオイヒバ'スマラグ'………155

ニオイヒバ'ヨーロッパ・ゴールド' ……… 155
ニオイヒバ'ラインゴールド' ……… 155
ニシキギ ……… 128
ニシキテイカ ……… 182
・ニシキモクレン ……… 55
ニセアカシア ……… 128
ニッサ・シルバチカ ……… 134
ニワウメ ……… 143
ニワザクラ ……… 61
・ニンポーキンカン ……… 165

ネ
・ネグンドカエデ ……… 118
・ネコヤナギ ……… 132
ネジキ ……… 135
ネムノキ ……… 81

ノ
ノウゼンカズラ ……… 185
・ノリウツギ ……… 65
ノーブルモミ'グラウカ' ……… 160
・ノルウェーカエデ ……… 119

ハ
バイカウツギ ……… 43
・ハイドランジア ……… 62
ハイネズ'ブルー・パシフィック' ……… 159
ハイノキ ……… 113
ハイビャクシン ……… 160
・ハウチワカエデ ……… 120
・ヤマモミジ ……… 121
ハギ ……… 90
ハクウンボク ……… 61
・ハクサンボク ……… 34
ハクチョウゲ ……… 113
・ハクモクレン ……… 55
・ハゴロモガシワ ……… 116
ハゴロモジャスミン ……… 184
ハゼノキ ……… 135（136）
・ハチジョウキブシ ……… 16

・ハツユキカズラ ……… 182
ハーデンベルギア ……… 189
ハナイカダ ……… 147
花ウメ ……… 14
ハナカイドウ ……… 45
花ザクロ ……… 85
ハナズオウ ……… 44
ハナセンナ ……… 87
・ハナゾノツクバネウツギ ……… 66
ハナミズキ ……… 52（10・137）
花モモ ……… 24
・ハマヒサカキ ……… 105
バラ ……… 46
半つるバラ ……… 49
ハンカチノキ ……… 45

ヒ
ヒイラギ ……… 104
ヒイラギナンテン ……… 91
ヒイラギモクセイ ……… 113
・ヒカゲツツジ ……… 38
ビグノニア ……… 189
ヒサカキ ……… 105
ビナンカズラ ……… 189
ヒノキ'カマクラヒバ' ……… 156
ヒノキ'クリプシー' ……… 156
ヒノキ'ナナ・グラシリス' ……… 156
ヒノキ'ナナ・ルテア' ……… 156
ヒペリカム ……… 80
ヒマラヤシーダー ……… 157
・ヒマラヤトキワサンザシ ……… 144
・ヒメウツギ ……… 28
・ヒメエニシダ ……… 29
・ヒメシャラ ……… 79
・ヒメタイサンボク ……… 77
・ヒメツゲ ……… 102
・ヒメノウゼンカズラ ……… 185
ヒメリンゴ ……… 145
・ヒュウガナツ ……… 164
ヒュウガミズキ ……… 27
・ビヨウヤナギ ……… 80
ピラカンサ ……… 144
ビワ ……… 169

フ
フィゼリアナビャクシン'セイブルック・ゴールド' ……… 160
フェイジョア ……… 169
フォサーギラ ……… 27
・フサアカシア ……… 12
フサスグリ ……… 170
フジ ……… 186
ブッドレア ……… 82
ブドウ ……… 171
ブナ ……… 129
フヨウ ……… 81
ブラシノキ ……… 53
ブラックベリー ……… 173
・フリソデヤナギ ……… 132
ブルーベリー ……… 172

ヘ
ヘデラ ……… 188
・ベニカエデ ……… 119（137）
・ベニカナメモチ ……… 95
・ベニシタン ……… 139
・ベニドウダンツツジ ……… 126
・ベニバスモモ ……… 135
・ベニバナシャリンバイ ……… 99
・ベニバナトチノキ ……… 42
・ベニバナミツマタ ……… 21
・ベニヒメイチゴノキ ……… 139
・ベニフジ ……… 187
・ヘンリーヅタ ……… 175

ホ
ホウオウチク ……… 195
・ホオベニエニシダ ……… 29
ボケ ……… 22
ホザキシモツケ ……… 85
ホザキナナカマド ……… 85
ボタン ……… 58
・ホテイチク ……… 193

マ
- マサキ　105
- マダケ　194
- マツ　162
- マテバシイ　113
- ・マメツゲ　93
- マユミ　147
- ・マルバシャリンバイ　99
- ・マルバデイコ　67
- マルバノキ　130
- ・マンゲツロウバイ　91
- ・マングリエティア　53
- マンサク　23
- マンリョウ　145

ミ
- 実ウメ　173
- 実ザクロ　173
- ミズキ'バリエガータ'　135
- ・ミツバツツジ　36
- ・ミナヅキ　64
- ミツマタ　21
- ・ミヤギノハギ　90
- ・ミヤコザサ　191
- ミヤマシキミ　147

ム
- ムクゲ　83
- ムシカリ　61
- ムベ　184
- ・ムラサキシキブ　141

メ
- メギ　131
- ・メグスリノキ　121

モ
- モウソウチク　192
- ・モクセンナ　87
- モクレン　54
- モクレンモドキ　53
- モチノキ　106
- モッコク　107
- モモ　24
- モントレーイトスギ'オーレア'　150
- モントレーイトスギ'ゴールドクレスト'　150

ヤ
- ・ヤエヤマブキ　59
- ヤツデ　106
- ヤナギ　132
- ヤブコウジ　113
- ・ヤブデマリ　30
- ・ヤマアジサイ　65
- ・ヤマハギ　90
- ヤマブキ　59
- ヤマボウシ　56
- ヤマモモ　108
- ・ヤマモミジ　121

ユ
- ユキヤナギ　25
- ・ユズ　166
- ユスラウメ　147
- ユズリハ　109
- ユッカ　109

ヨ
- ヨーロッパイチイ'ファスティギアータ'　149
- ヨーロッパトウヒ　153
- ヨーロッパトウヒ'アクロコナ'　153
- ヨーロッパトウヒ'ペンデュラ'　154
- ヨーロッパブナ　129

ラ
- ライラック　59
- ラズベリー　170
- ラッキョウチク　195
- ラベンダー　84
- ランタナ　84

リ
- リガストラム　110
- リキュウバイ　61
- ・リュウキュウツツジ　39
- リョウブ　130
- ・リョクガクザクラ　19

レ
- レイランドヒノキ　161
- レイランドヒノキ'ゴールド・ライダー'　161
- ・レッドオーク　123
- ・レモン　166
- レンギョウ　26

ロ
- ロウバイ　91
- ローズマリー　113
- ローソンヒノキ'エルウッディ'　161
- ローソンヒノキ'コルムナリス・グラウカ'　161
- ロドレイア　27
- ・ローレル　96

◆執筆者紹介
船越亮二（ふなこし・りょうじ）
植木研究家・中央工学校造園建設科講師。東京農業大学農学部造園学科卒。元埼玉県住宅公園緑地課長。長年にわたり造園・緑地の建設と指導に携わる。埼玉県景観アドバイザー（造園）、(財)さいたま市公園緑地協会理事等を務める。花木、常緑樹、落葉樹、実もの、家庭果樹、つる植物、タケ&ササ類を担当。

金子明人（かねこ・あきひと）
1962年千葉県生まれ。クレマチスの第一人者としてNHK「趣味の園芸」や雑誌・書籍で活躍中。「日本の気候風土に合った植物栽培」を提唱し、わかりやすい解説と親しみやすいキャラクターで人気がある。クレマチスを担当。

柴田忠裕（しばた・ただひろ）
千葉県農業総合研究センター生産技術部花き緑化研究室　主席研究員。新潟大学大学院農学研究科卒。庭木の生産・指導に携わり、日本におけるコニファー研究の第一人者として活躍する。コニファーを担当。

前野義博（まえの・よしひろ）
1946年鳥取県生まれ。大阪府立大学農学部卒業後、確実園本園に勤務。バラの専門家として各地のバラ園の栽培指導のほか、愛好家向けのバラのセミナーを開催している。バラを担当。

◆協力
一般社団法人　日本植木協会
（いっぱんしゃだんほうじん・にほんうえききょうかい）
植木の生産・流通に携わる会員によって構成され、都道府県を単位とする42支部で組織され、支部の連合体として6地域ブロックがある。
URL=http://www.ueki.or.jp

◆写真提供
阿久津　昌・浅見良一・アルスフォト企画・一般社団法人　日本植木協会・尾上信行・神谷好則・木原　浩・耕作舎・小林公成・柴田忠裕・スタジオアスティ・根元　久・広瀬省一・船越亮二・真鍋憲太郎・三上常夫・村越匡芳・山田幸子・若林芳樹・講談社資料センター

◆写真撮影
鈴木善実・関沢正憲・講談社写真部（山口隆司・林桂多・森　清・浜村葉月）

◆編集協力
水沼高利・高橋貞晴・澤泉美智子・ぷれす

◆図版・イラスト製作
水沼マキコ・森　佳織

◆レイアウト
野中耕一（NONAKA DESIGN OFFICE）

◆装丁
岡本一宣デザイン事務所

＊本書は2008年に刊行した『ガーデン植物大図鑑』の'ガーデン樹木図鑑'の一部を割愛し、判型をコンパクトにしたものです。

くらしを楽（たの）しむ 庭木（にわき）の本（ほん）

2014年10月2日 第1刷発行

こうだんしゃへん
講談社編

発行者　鈴木 哲
発行所　株式会社講談社
　　　　〒112-8001　東京都文京区音羽2-12-21
　　　　販売部　TEL03-5395-3625
　　　　業務部　TEL03-5395-3615
編　集　株式会社 講談社エディトリアル
代　表　田村 仁
　　　　〒112-0013　東京都文京区音羽1-17-18
　　　　護国寺SIAビル6F
　　　　TEL03-5319-2171
印刷所　大日本印刷株式会社
製本所　大口製本印刷株式会社

定価はカバーに表示してあります。
落丁本、乱丁本は購入書店名を明記のうえ、講談社業務部あてにお送りください。
送料小社負担にてお取り替えいたします。
なお、この本の内容についてのお問い合わせは講談社エディトリアル宛にお願いします。
本書のコピー・スキャン・デジタル化等の無断複製は、著作権法上での例外を除き禁じられています。
本書を代行業者等の第三者に依頼してスキャンやデジタル化することは、
たとえ個人や家庭内での利用でも著作権法違反です。

N.D.C.620 207p 24cm
©Kodansha 2014
Printed in Japan
ISBN978-4-06-219100-5